U0710871

铁路自轮运转设备司乘人员指导图册

中铁电气化局集团有限公司城铁公司 组编

北京交通大学出版社

·北京·

内 容 简 介

　　本图册是根据国家铁路局、中国国家铁路集团有限公司的有关规定、标准，综合历年来国家铁路局铁路机车车辆驾驶人员资格考试中心下发的铁路机车车辆驾驶人员资格考试大纲编制的。

　　本图册内容包括轨道车检查作业技能、轨道车驾驶与操作技能、轨道车故障处理技能，以及普速铁路、高速铁路、城市轨道交通的呼唤应答、车机联控作业技能，适用于轨道车司机、副司机、学习司机及有关人员，对铁路自轮运转设备司乘人员乘务作业具有规范、指导的作用。

版权所有，侵权必究。

图书在版编目（CIP）数据

　　铁路自轮运转设备司乘人员指导图册 / 中铁电气化局集团有限公司城铁公司，潘义红主编. —北京：北京交通大学出版社，2023.12
　　ISBN 978-7-5121-4474-3

　　Ⅰ. ① 铁…　Ⅱ. ① 中…　② 潘…　Ⅲ. ① 铁路运输–驾驶员–资格考试–自学参考资料　Ⅳ. ① U268.48

　　中国版本图书馆 CIP 数据核字（2021）第 114378 号

铁路自轮运转设备司乘人员指导图册
TIELU ZILUN YUNZHUAN SHEBEI SICHENG RENYUAN ZHIDAO TUCE

责任编辑：陈跃琴
出版发行：北京交通大学出版社　　　　电话：010–51686414　　http://www.bjtup.com.cn
地　　址：北京市海淀区高粱桥斜街 44 号　邮编：100044
印 刷 者：北京虎彩文化传播有限公司
经　　销：全国新华书店
开　　本：185 mm×260 mm　　印张：12.375　　字数：309 千字
版 印 次：2023 年 12 月第 1 版　　2023 年 12 月第 1 次印刷
定　　价：175.00 元

本书如有质量问题，请向北京交通大学出版社质监组反映。对您的意见和批评，我们表示欢迎和感谢。
投诉电话：010-51686043，51686008；传真：010-62225406；E-mail：press@bjtu.edu.cn.

本书编委会

前　言

　　本图册根据国家铁路局、中国国家铁路集团有限公司的有关规定、标准，综合历年来国家铁路局下发的各类标准、文件，以及铁路机车车辆驾驶人员资格考试中心下发的铁路机车车辆驾驶人员资格考试大纲，针对铁路自轮运转设备司机、副司机、学习司机实作练习和考试要求进行编制。

　　本图册内容包括车辆检查、JZ-7 型制动机五步闸性能试验、故障判断与排除、轨道作业车驾驶（发车前的准备工作、调度命令的执行、行车安全装备的使用、车机联控、信号识别、呼唤应答、车辆操纵、信号旗的使用、车辆连挂与摘解、停车后的防护），适用于铁路自轮运转设备司乘人员在相关乘务作业中的呼唤应答、车机联控等作业，对乘务作业具有规范、指导的作用。

　　本图册未尽事宜按有关规定或标准执行。

　　本图册由中铁电气化局集团有限公司城铁公司提出、组织编写并归口。

规范性引用资料

下列资料对本图册的应用是必不可少的。凡是注日期的引用文件，仅所注日期的版本适合于本图册。

——《轨道作业车管理规则》（铁工电〔2021〕24号）

——《铁路技术管理规程》（普速铁路部分）（铁总科技〔2014〕172号）

——《铁路技术管理规程》（高速铁路部分）（铁总科技〔2014〕172号）

——《轨道车运行控制设备规章汇编》（第二版）（中国铁道出版社）

——《轨道车实作技能训练指导》（西南交通大学出版社）

——《接触网作业车实作技能训练指导》（西南交通大学出版社）

目 录

一、绕车检查

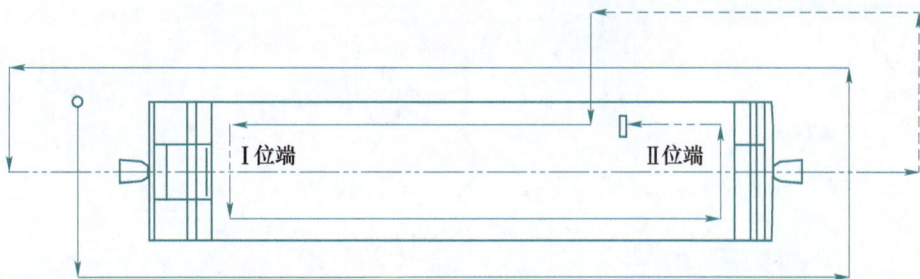

I位端　　　　　　　　　　　　II位端

始点 ○　终点 ▯　检查线 ——　空走线 - - - -　检查地沟线 —·—·—

绕车检查线路示意图

1. 车辆前端检查

风笛

上大灯

雨刮器

挡风玻璃

下大灯

百叶窗

上大灯、下大灯、挡风玻璃、雨刮器、百叶窗外观完好，无破损。

信号灯

调车扶手

上踏板

下踏板

调车扶手、上踏板、下踏板安装牢固，无开焊。

排障器安装牢固，无裂纹，无开焊；排障器下缘距轨面高度为 90～130 mm。

电气化区段 严禁攀登车顶

排障器

扫石器

扫石器橡胶板安装牢固，无裂纹；扫石器下缘距轨面高度为 20～25 mm。

电气化区段 严禁攀登车顶

排障器

扫石器

（1）车钩底座安装螺栓紧固，无松动；车钩左右摆动灵活；润滑良好；钩体表面无裂纹；大钩销、锁提销、钩舌销齐全，锁提销无弯曲、变形，钩舌内部无裂纹。

（2）车钩全开位，开距为 220～250 mm。

锁提销

大钩销

钩舌销

钩舌

钩体

底部安装螺栓

车钩中心线

开口销

（1）车钩闭锁位，开距为 110～130 mm。
（2）车钩中心线距轨面高度为 845～890 mm。
（3）车钩底部检查，各开口销齐全、无丢失。

制动主管

折角塞门

管卡

水压试验牌

制动软管

水压试验标

安全链

制动软管连接器

防尘堵

2. 车辆左侧检查

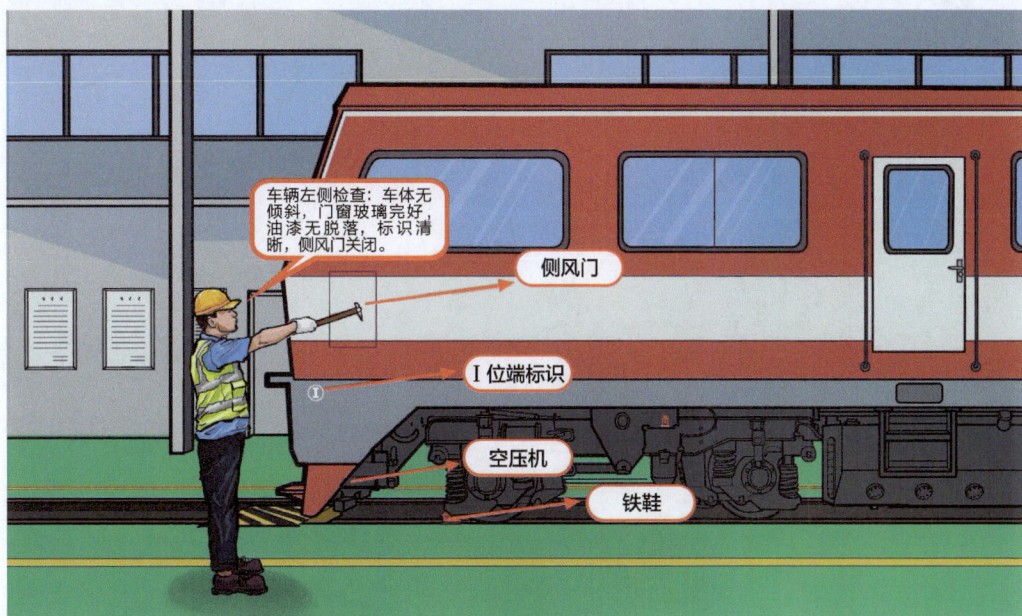

车辆左侧检查：车体无倾斜，门窗玻璃完好，油漆无脱落，标识清晰，侧风门关闭。

侧风门

Ⅰ位端标识

空压机

铁鞋

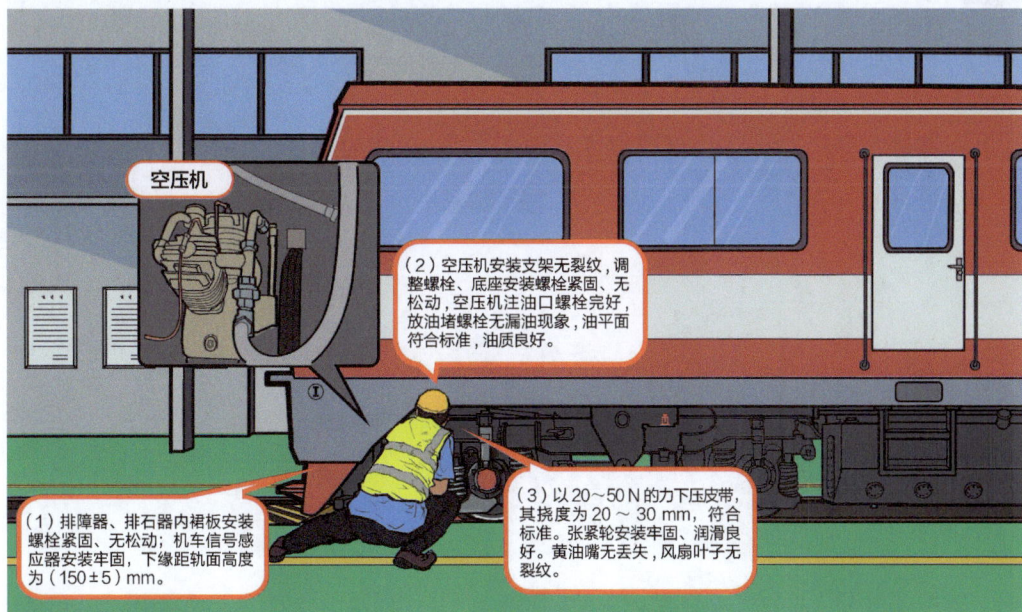

空压机

（2）空压机安装支架无裂纹，调整螺栓、底座安装螺栓紧固、无松动，空压机注油口螺栓完好，放油堵螺栓无漏油现象，油平面符合标准，油质良好。

（1）排障器、排石器内裙板安装螺栓紧固、无松动；机车信号感应器安装牢固，下缘距轨面高度为（150±5）mm。

（3）以20～50 N的力下压皮带，其挠度为20～30 mm，符合标准。张紧轮安装牢固、润滑良好。黄油嘴无丢失，风扇叶子无裂纹。

左一动轮检查：车轮踏面无擦伤、剥离、碾片现象，轮缘厚度不小于 23 mm。

构架

垂向液压减振器

制动缸

轴箱端盖

轴箱弹簧

轴箱弹簧无裂纹，上拉杆无弯曲，防缓铁丝无松动。轴箱侧挡单边间隙为 2～3 mm，双边间隙之和为 4～7 mm。

上拉杆

防缓铁丝

下拉杆

垂向油压减振器无漏油现象。各圆销、开口销齐全、完好。

圆销、开口销

轴箱端盖螺栓

轴箱端盖螺栓紧固、无松动。

（1）制动缸安装螺栓紧固，制动缸压力在 300 kPa 时制动活塞行程为 70～120 mm，符合标准。

（2）轴箱弹簧无裂纹，下拉杆无弯曲、无变形。

（1）基础制动装置各部件连接紧固，闸瓦厚度不小于 14 mm，闸瓦间隙为 3～8 mm，闸瓦钎、安全环无丢失。

（2）闸瓦间隙调整杆无弯曲，闸瓦间隙调整杆、安全托架无裂纹。

闸瓦
闸瓦间隙
闸瓦钎
安全环
安全吊钩
闸瓦间隙调整杆

牵引座、牵引杆、拐臂无裂纹，无弯曲。

牵引座
拐臂
车体侧挡间隙
牵引杆
黄油嘴

黄油嘴齐全、润滑良好。车体侧挡间隙为 29 ~ 32 mm，符合标准。

（2）左二动轮检查：车轮踏面无擦伤、剥离、碾片现象，轮缘厚度不小于23 mm。

（3）基础制动装置各部件连接紧固，闸瓦厚度不小于14 mm，闸瓦间隙为3～8 mm，闸瓦钎、安全环无丢失，闸瓦调整杆无弯曲，闸瓦调整杆、安全托架无裂纹。

（1）砂箱安装牢固，锁闭良好。撒砂管距轨面高度不小于25 mm。

（4）轴箱弹簧无裂纹，上拉杆无弯曲、无变形。垂向油压减振器无漏油现象。各圆销、开口销齐全、完好；轴箱端盖螺栓紧固、无松动。轴箱弹簧无裂纹，下拉杆无弯曲、无变形。

砂箱

撒砂管

上下车扶手

上下车扶手安装牢固。

脚踏板

脚踏板安装牢固。

燃油箱安装螺栓紧固、无松动，油位传感器接线牢固、无松脱。

油位传感器

燃油箱

油位镜

放油螺栓

燃油箱清洁口盖

燃油箱透气孔盖锁闭良好，燃油箱注油口盖锁闭良好。

燃油箱透气孔盖

燃油箱注油口盖

蓄电池箱柜门锁闭良好，蓄电池外观清洁，各接线柱无氧化、腐蚀，螺丝无松动，蓄电池透气孔良好，电解液高出极板 10～15 mm，符合标准。

蓄电池箱

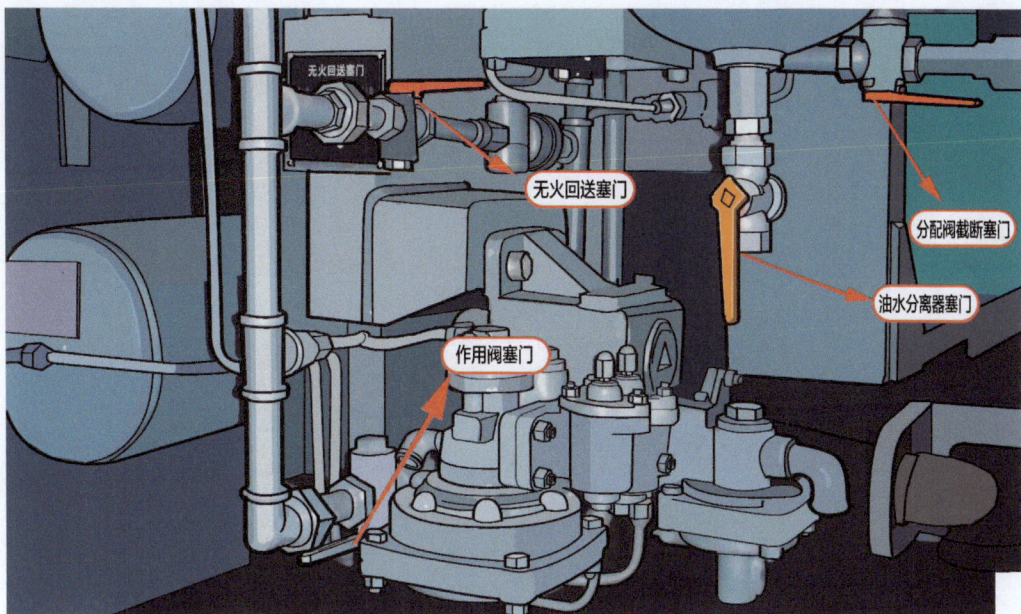

无火回送塞门

无火回送塞门

分配阀截断塞门

油水分离器塞门

作用阀塞门

（1）各空气制动阀件安装牢固，无漏风现象。
（2）各截断塞门开度正确。
（3）无火回送开关置牵引位。
（4）油水分离器安装牢固，无积水现象。

作用阀

油水分离器

分配阀

3. 车辆后端检查

报告老师：车辆后端检查方法及标准同前端，请求空走。

4. 车辆右侧检查

（1）车辆右侧检查：车体无倾斜，门窗玻璃完好，油漆无脱落，局段标识清晰，侧风门关闭。

（2）报告老师：右二转向架检查方法及标准同左二转向架，请求空走。

5. 车下检查

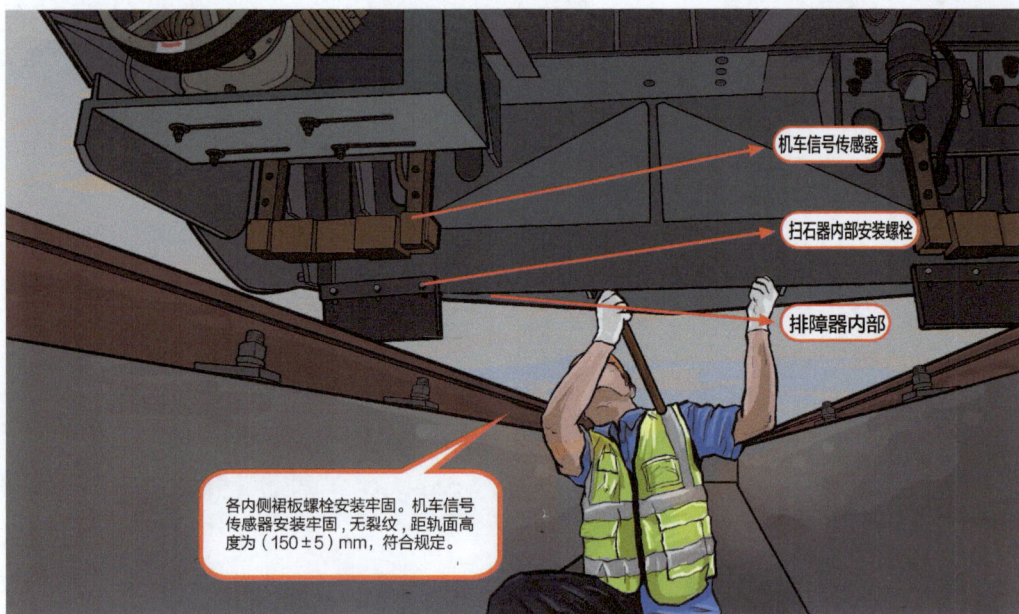

机车信号传感器

扫石器内部安装螺栓

排障器内部

各内侧裙板螺栓安装牢固。机车信号传感器安装牢固，无裂纹，距轨面高度为（150±5）mm，符合规定。

空压机风扇叶片

空压机皮带

空压机放油螺栓

空压机底部安装螺栓

空压机安全托架内部无裂纹。

发动机机油滤芯

发动机油底壳螺栓

启动电机

发动机安装螺栓紧固，无松动。

发动机放油堵螺栓

发动机放油堵螺栓紧固，无漏油现象。

闸瓦穿销

制动横拉杆

闸瓦间隙调整杆

制动横拉杆无弯曲、无裂纹。

闸瓦、闸瓦托架内侧无裂纹。

安全吊钩

闸瓦托架

轮对迟缓线

车轴

车轮

车轴无裂纹，轮对迟缓线无位移现象。

变速箱安装牢固，各部螺栓紧固。
油位螺栓、放油堵螺栓紧固，无漏油现象。
允许温升不超过 120℃。

放油螺栓

前车轴齿轮箱各部螺栓紧固，无漏油现象，油平面符合标准。允许温升不超过50℃。

传动轴

安全托架

黄油嘴

法兰盘螺栓

（1）传动轴各法兰盘螺栓紧固、可靠。
（2）传动轴无弯曲、无裂纹。
（3）黄油嘴齐全、润滑良好。

（1）传动轴各法兰盘螺栓紧固、可靠。
（2）传动轴无弯曲、无裂纹。
（3）黄油嘴齐全，润滑良好。

安全托架无裂纹。

二、车上检查

1. 车上静态检查

门窗玻璃完好，开关灵活。行车备品齐全、有效，灭火器铅封完好。

2. 车辆发动机检查

水箱水质良好，水量充足。水箱盖锁闭完好。水位距注水口 20 ～ 30 mm，符合规定。

水箱盖

（1）检查发动机。
（请老师帮忙抬一下发动机盖）

（2）发动机表面清洁，注油口盖锁闭完好。各部螺栓紧固，无漏油、漏水、漏风现象。风扇皮带挠度符合标准（以20～50 N的力下压皮带，其挠度为10～20 mm）。

（3）报告，请问老师哪端是操作端？

发动机盖

灭火器

3. 非操作端检查

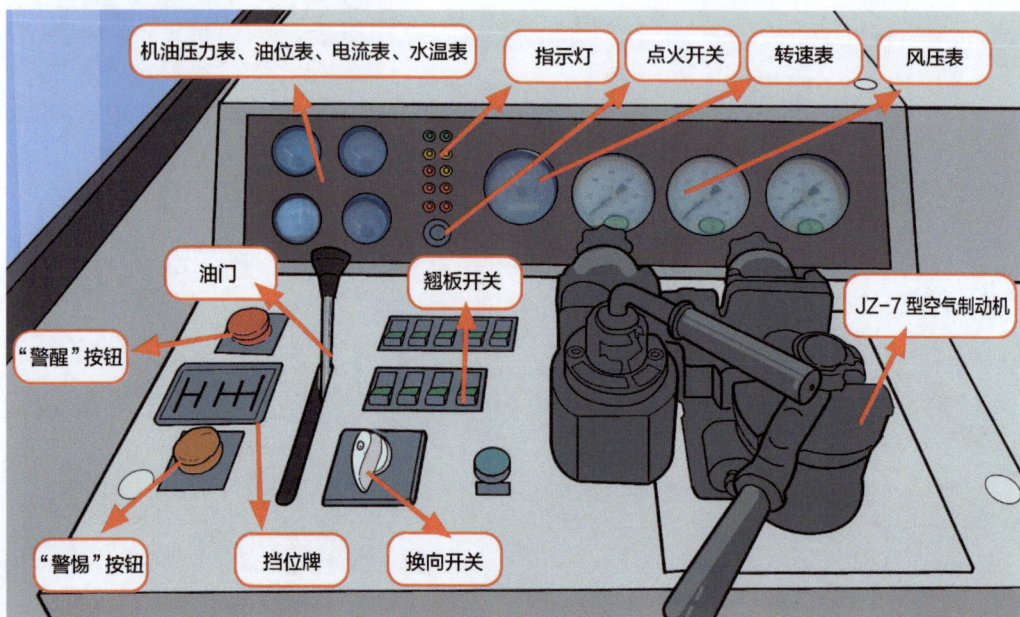

机油压力表、油位表、电流表、水温表

指示灯

点火开关

转速表

风压表

油门

翘板开关

JZ-7型空气制动机

"警醒"按钮

"警惕"按钮

挡位牌

换向开关

（2）将小闸手柄置运转位后取出。将大闸手柄置手柄取出位后取出。

（3）I 位端离合器踏板外观良好，自由行程为 40～60 mm，符合规定。

（1）油门放到最低位，将中间换向箱转换开关置于中立位，所有的翘板开关归零位。取出点火钥匙，把变速杆置于低速空挡位。

（4）检查电源总开关。

防溜已设置

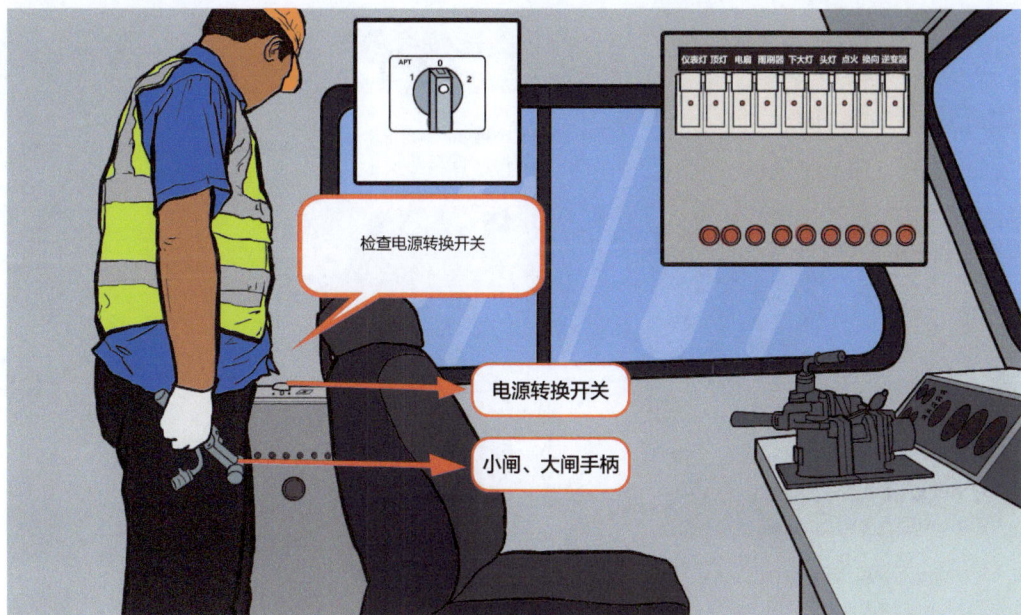

检查电源转换开关

电源转换开关

小闸、大闸手柄

仪表灯　顶灯　电扇　雨刷器　下大灯　头灯　点火　换向　逆变器

4. 启机

非操作端处理完毕后，将大闸、小闸手柄放入操作端，均置于运转位，因为启机后，在确认完侧风门是否有故障后，老师会要求熄火，如果大闸、小闸没有置于运转位，等到做五步闸试验时，再移置运转位，总风缸会出现风压不足的情况，从而发生误报，导致扣分或者考试失格。

防溜已设置

考生到Ⅱ位端坐到司机椅后，请示："报告老师：请求启机。"

检查变速杆是否在空挡位，鸣笛，启机。

防溜已设置

点火钥匙打开后，若无法启机，应检查电风扇。

（1）电风扇能转，说明整车有电，若点火保险指示灯亮起，说明点火保险烧坏或丢失，点火保险的位置在Ⅱ位端司机操作台旁边，将其修复即可。

（2）电风扇不转，说明整车无电，原因是F2空气开关断开，F2空气开关位于Ⅰ位端司机座椅后控制柜里面，将其闭合即可。

5. 仪表、侧风门、雨刮器、各翘板开关检查

（1）水温表：水温40～89 ℃。

（2）机油压力表：怠速时0.1 MPa，额定转速时0.345～0.483 MPa。

（3）电流表：按上、下大灯翘板开关，打开上、下大灯。若电流表指针向"一"方向偏移5～6 mm，说明F3空气开关断开，F3空气开关位于Ⅰ位端保险柜里面，将F3空气开关闭合即可。

（4）柴油表：不管柴油油量是多少均属正常，因为此处没有设置故障。

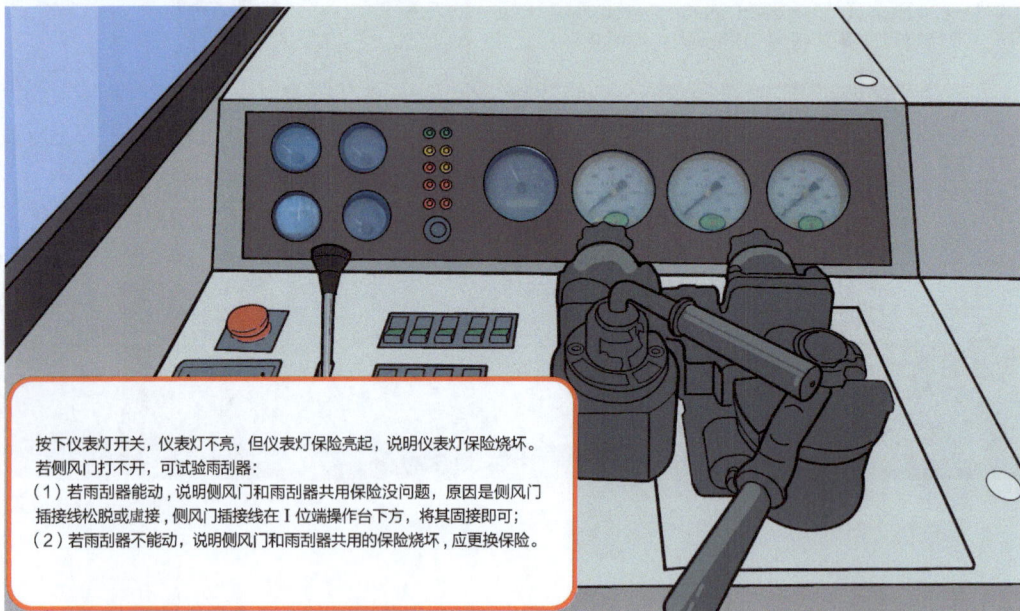

按下仪表灯开关，仪表灯不亮，但仪表灯保险亮起，说明仪表灯保险烧坏。
若侧风门打不开，可试验雨刮器：
（1）若雨刮器能动，说明侧风门和雨刮器共用保险没问题，原因是侧风门插接线松脱或虚接，侧风门插接线在Ⅰ位端操作台下方，将其固接即可；
（2）若雨刮器不能动，说明侧风门和雨刮器共用的保险烧坏，应更换保险。

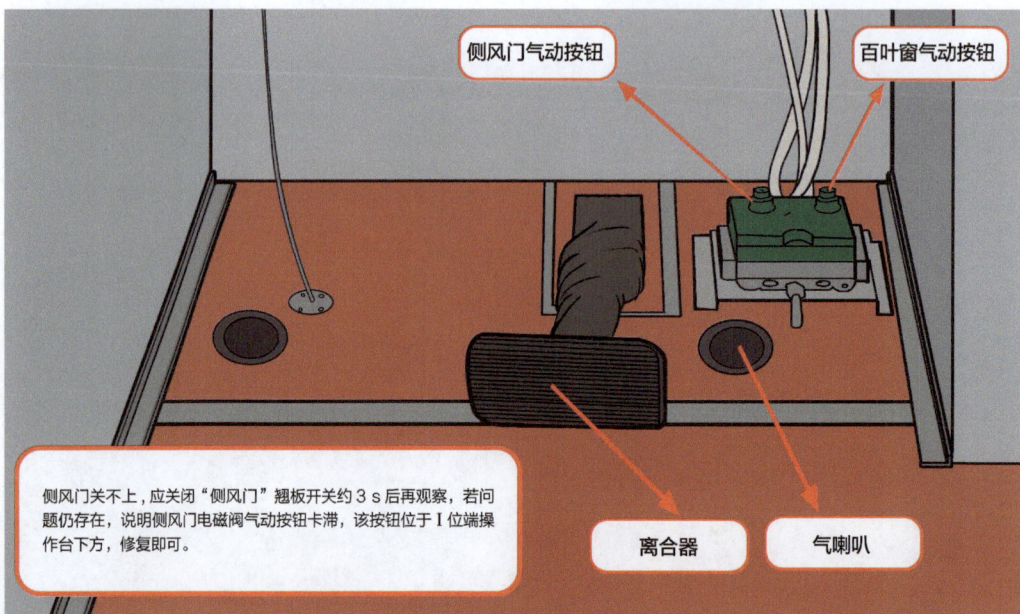

侧风门气动按钮

百叶窗气动按钮

离合器

气喇叭

侧风门关不上，应关闭"侧风门"翘板开关约3 s后再观察，若问题仍存在，说明侧风门电磁阀气动按钮卡滞，该按钮位于Ⅰ位端操作台下方，修复即可。

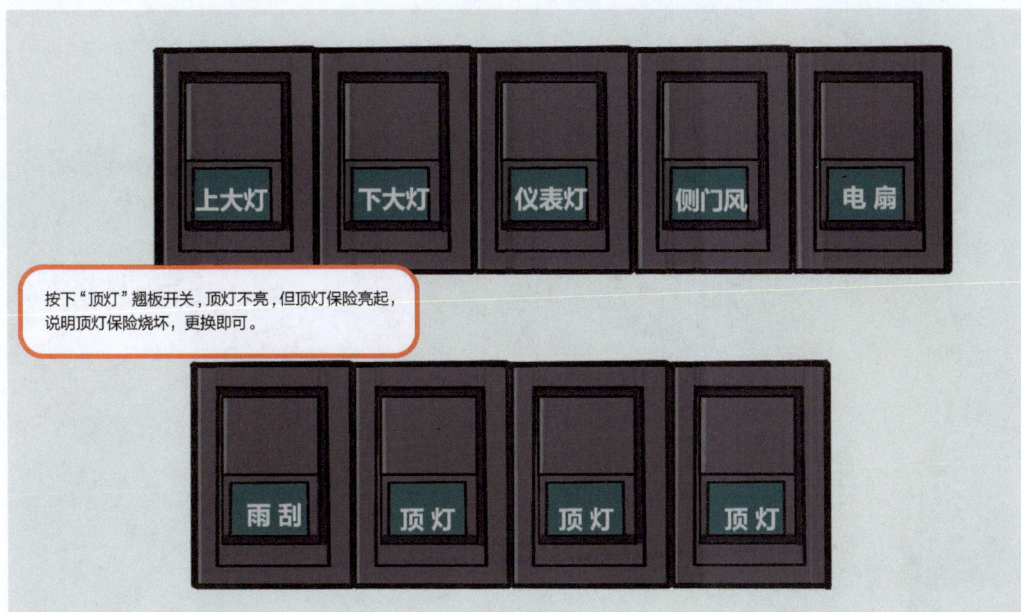

按下"顶灯"翘板开关，顶灯不亮，但顶灯保险亮起，说明顶灯保险烧坏，更换即可。

上大灯　下大灯　仪表灯　侧门风　电扇

雨刮　顶灯　顶灯　顶灯

6. 中间换向箱检查

电扇、雨刮、顶灯、仪表灯、大灯翘板开关

检查中间换向箱时，若前进、后退指示灯都不亮，可通过声音判断：
（1）完全没有声音，且换向保险灯亮起，说明换向保险烧坏。应更换换向保险。
（2）开始有声音，转换几次后无声音，说明换向截断塞门关闭。换向截断塞门位于发动机后第3块地板下方，将其打开即可。
（3）声音较小，不清脆，说明换向机械锁定在中立位。换向机械位于发动机后第3块地板下面，将换向机械锁定在潜槽里面即可。
（4）正常换向，声音清脆，说明换向箱插接线松脱或虚接。该插接线位于发动机后方第3块地板下，将其紧固即可。

若前进指示灯常亮，可将手柄置于后退位，通过后退灯和声音判断故障：
（1）后退灯能亮，声音正常，说明前进行程开关卡滞；
（2）后退灯不亮，声音较小，说明换向机械锁定在前进位；
（3）后退灯不亮，无声音，说明换向截断塞门关闭。
以上三种故障的位置均在发动机后方第3块地板下，清除故障原因即可。

7. 变速箱检查

（1）若低挡指示灯不亮，可将手柄在高、低挡区转换几次，根据排风声判断故障：
① 变速箱有排风声，说明低挡接近开关虚接或松脱；
② 变速箱无排风声，说明变速箱截断塞门关闭。
（2）若空挡指示灯不亮，可将手柄在高、低挡区转换几次，有排风声，说明空挡接近开关松脱或虚接。
（3）若空挡、低挡指示灯都不亮，可将手柄在高、低挡区转换几次，无排风声，说明变速箱插接线松脱或虚接。
以上故障位置均在发动机后方第1块地板下，消除故障原因即可。

8. 五步闸试验

（1）将大闸手柄置于运转位，若列车车管定压低于或高于500 kPa，说明大闸调整手轮调整不当，处理方法为将大闸后面的手轮调整到定压。
（2）将小闸置于全制动位，将大闸置于运转位，若小闸制动缸压力低于或高于300 kPa，说明小闸调整手轮调整不当，处理方法为将小闸后面的调整手轮调整到定压。

单阀放置运转位　　自阀放置运转位

大闸、小闸均制动、缓解几次。
（1）若大闸失效，小闸正常，说明分配阀截断塞门关闭。分配阀截断塞门在蓄电池箱右侧阀件区，将其打开即可。
（2）若大闸、小闸均失效，说明作用阀截断塞门关闭。作用阀截断塞门在蓄电池箱右侧阀件区，将其打开即可。

9. 手制动机检查

手制动机在行车时处于缓解状态，停车时处于制动状态。

（1）若停车时手制动机能逆时针旋转180°，说明手制动机没有拧紧，属于故障。

（2）若停车时手制动机能顺时针旋转180°以上，说明手制动未完成。

（3）若行车时手制动机能逆时针旋转180°以上，说明手制动机未完全缓解。

三、驾驶运行

本部分:

(1) 司机与副司机对话时,直接在对话框中给出对话内容。

(2) 本务司机与尾部补机司机通话时,在对话内容前给出讲话人。

(3) 通过扩音器与车内司机通话时,在扩音器讲话内容前给出讲话人。

1. 连挂作业

连挂作业考试

上车后向老师报告："×× 期 ×× 号学员向老师报到。"

（1）抽取行车凭证并确认。

（2）收到。

（1）考生上车后先由上行考生抽取假设非正常情况，抽取完毕后，考生确认并口述，向老师索要对应的行车凭证，老师根据考生确认情况把已经写好的行车凭证给考生，考生拿到行车凭证后应仔细检查确认，发现行车凭证内容有错误时立即报告老师。
（2）上行考生确认无误后，下行考生按上述流程再次抽取确认。
（3）若考生错拿行车凭证却未发现，考试直接失格，考试结束。若考生取得正确的行车凭证后，未发现行车凭证内容错误或确认错误，则进行相应扣分。
（4）若有考生考试直接失格，则按考试顺序号由下一位考生上车继续进行考试。

启机：首先鸣笛一长声，然后踩下离合器启动发动机，把换向开关打向前进位。

踩下离合器，挂挡，头伸出窗外 的信号显示。

左右移动

注意:(1)当连挂是坡起连挂时,不要先缓解再抬离合器,否则会发生溜车现象。
(2)当显示引导信号时,副司机先面向来车显示信号,然后再侧身显示信号。

当副司机显示移动信号时,司机鸣笛一短声回示,慢慢抬起离合器,快到半离合状态时再缓解。

停车信号

距离被挂车辆 10 m 时,副司机向司机显示展开的红色信号旗(一度停车),司机鸣笛回示,并用小闸制动。
注意,此时不用摘挡,但是离合器必须踩到底。

当副司机显示移动信号时，司机鸣笛一短声回示，慢慢抬起离合器，快到半离合状态时再缓解。

左右移动

停车信号

距离被挂车辆 2 m 时，副司机向司机显示展开的红色信号旗（两度停车），司机鸣笛回示，并用小闸制动。

注意：此时不用摘挡，但是离合器必须踩到底，等车辆停稳后，副司机检查车钩和制动软管。

连挂信号

司机看到连挂信号后，鸣笛回示。

左右小动信号

中铁电气化局
中国中铁
0000001

副司机显示向其所在方向稍行移动的信号，司机鸣笛回示，慢慢抬起离合器，快到半离合状态时再缓解，速度控制在 0～1 km/h。

停车信号

副司机根据机车速度及时显示停车信号，避免因车速过快、信号显示较晚出现重钩现象。

注意： 如果显示信号过早，会导致车钩没有连挂上。此时可直接显示稍行移动信号再连挂。

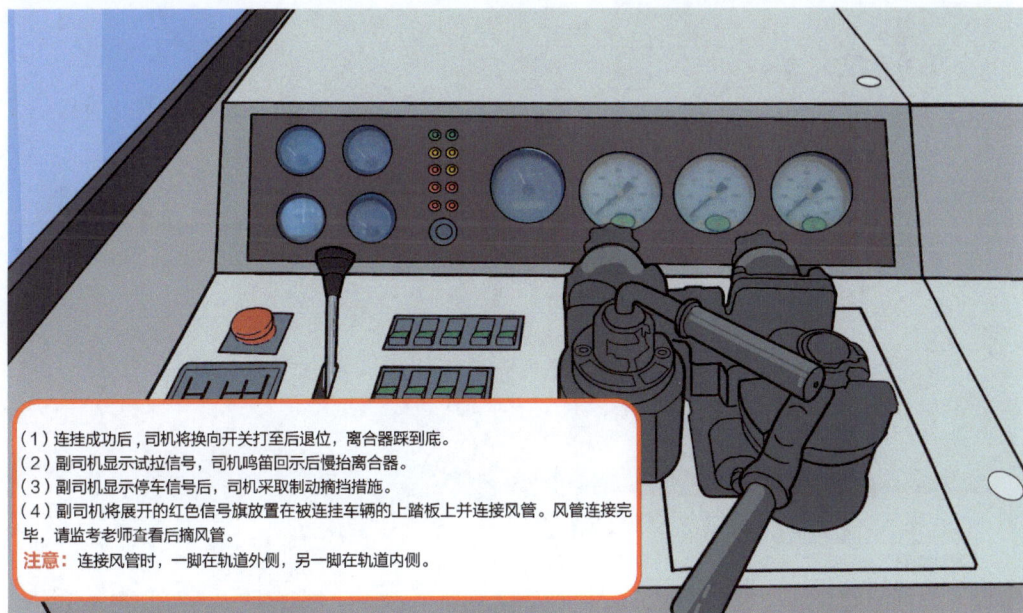

（1）连挂成功后，司机将换向开关打至后退位，离合器踩到底。

（2）副司机显示试拉信号，司机鸣笛回示后慢抬离合器。

（3）副司机显示停车信号后，司机采取制动摘挡措施。

（4）副司机将展开的红色信号旗放置在被连挂车辆的上踏板上并连接风管。风管连接完毕，请监考老师查看后摘风管。

注意： 连接风管时，一脚在轨道外侧，另一脚在轨道内侧。

上下小动信号

向司机显示后退信号，司机鸣笛两短声后，踩离合器挂挡，慢抬离合器，等两车彻底分离后将离合器完全抬起。

副司机指挥机车到达初始位置后显示停车信号，司机鸣笛回示，摘挡上闸，熄火。

2. 驾驶运行作业

（1）各仪表、风表显示正常。

（2）各仪表、风表显示正常。

（3）制动机简略试验，制动（鸣笛一短声）。

（4）制动。

（5）缓解（鸣笛二短声）。

（6）缓解。

（1）制动机简略试验良好。

（2）制动机简略试验良好。

（3）副司机撤除铁鞋，缓解手制动机。

（4）铁鞋已撤除，手制动机已缓解。

（5）铁鞋已撤除，手制动机已缓解，司机明白。（注意：此步不做失格）

（1）××站××××次请求无线列调通话试验。

（3）××站××××次无线列调通话试验良好，司机明白。（注意：此步不做扣2分）

（2）××××次无线列调通话试验良好。

（1）××站××××次准备完毕，请求发车。

（3）××站×道出站信号好了，××××次司机明白。

（2）××站×道出站信号好了。

（1）出站信号。

（2）出站信号好了。

（3）出站信号好了。

（4）发车信号。

（5）发车信号好了。

（6）发车信号好了。

注：若车站没有发车信号，则只要正、副司机起身向后看一眼，并口述即可。

（1）前方注意，后部瞭望。

（2）前方注意，后部瞭望。

（3）后部好了。

（4）后部好了。（此步不做扣2分）

（5）道岔注意。

（6）道岔位置开通正确。

（7）道岔位置开通正确。

踩下离合器踏板，将转换开关置于前进位，挂入起步挡，鸣笛一长声，缓解制动，缓慢抬离合器，同时缓慢拉油门。
注意：不缓解走车，将导致考试失格。

3. 区间返回作业

（1）启机，注意。

（2）启机，注意安全，车下无人。

（3）启机，注意安全，车下无人。

正司机鸣笛启机，鸣笛一长声启动发动机。

（1）各仪表、风表显示正常。

（2）各仪表、风表显示正常。

（1）限速起点标。

（2）限速起点标，严守速度。

（2）限速终点标。

（1）限速终点标。

（3）尾部过标，慢行结束。

（4）尾部过标，慢行结束。

注意： 限速区段不准超速，超速失格。

四、普速铁路、高速铁路作业

1. 库内作业（中间站）

（1）环车检查。

> （2）注意安全。
> （4）明白。

> （1）环车检查。
> （3）车辆正常。

> **要求：**打开视频监控设备，严格执行一次出乘作业标准（摄像拍照，扫码）。
> **注：**如有异常，按规定进行处置，禁止车辆设备带病运行。

（2）启机。

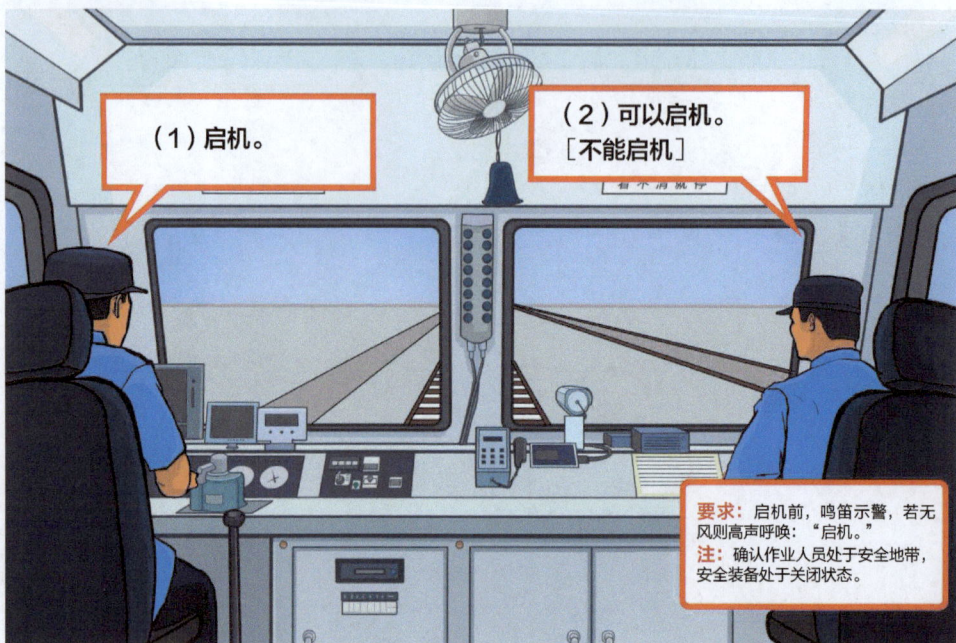

> （1）启机。

> （2）可以启机。
> ［不能启机］

> **要求：**启机前，鸣笛示警，若无风则高声呼唤："启机。"
> **注：**确认作业人员处于安全地带，安全装备处于关闭状态。

（3）仪表检查确认。

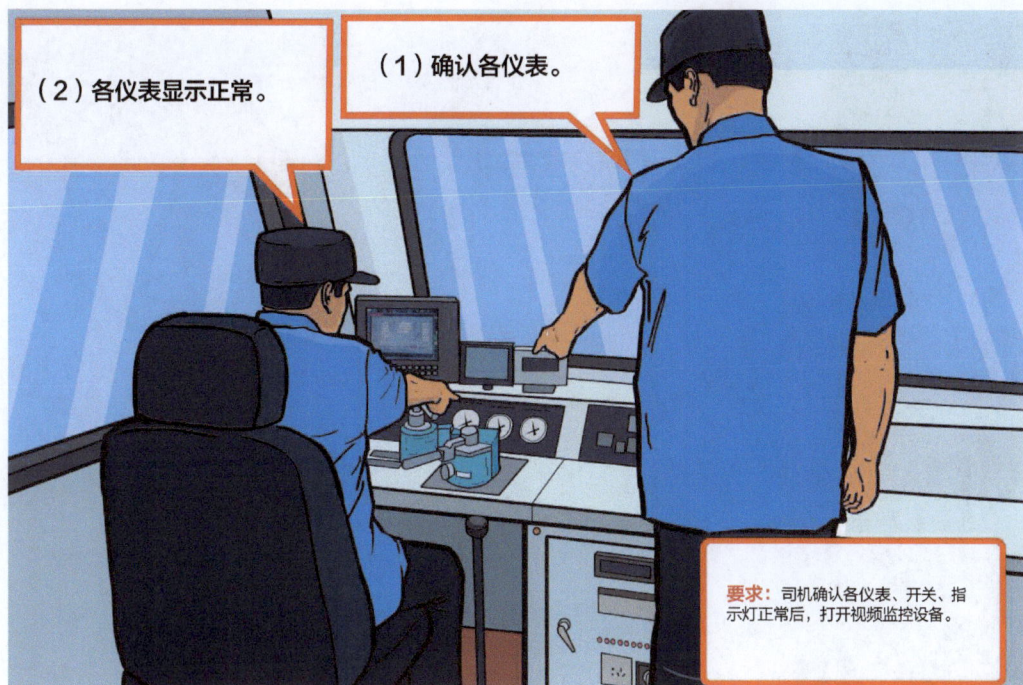

（2）各仪表显示正常。

（1）确认各仪表。

要求：司机确认各仪表、开关、指示灯正常后，打开视频监控设备。

（4）揭示校对。

（1）揭示核对。
（3）命令号×××，上行××km ××m 限速××km/h。
（5）命令号×××，下行××km ××m 限速××km/h。

（2）揭示核对（手持书面揭示与司机核对）。
（4）正确。
（6）正确。

要求：下载最新 IC 卡运行数据，打印最新书面慢行揭示，副司机逐条核对并在调度命令号上▲处打"√"确认。
注：运行中经过慢行地段后，在打印的慢行纸质揭示上画"－－－"线消记。

（5）修改参数。

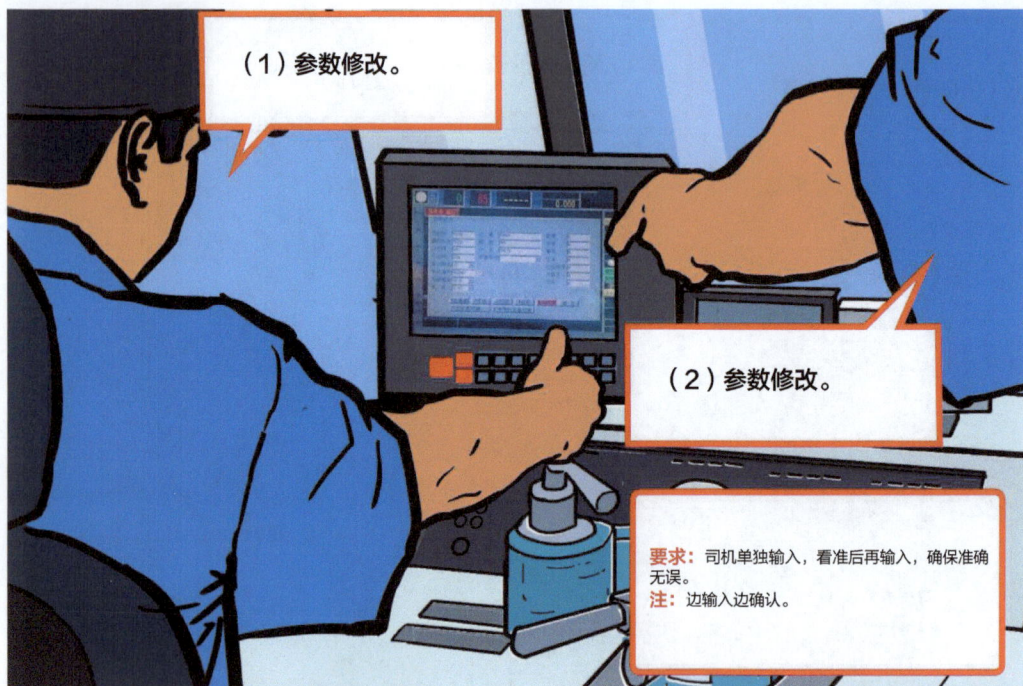

（6）确认参数。

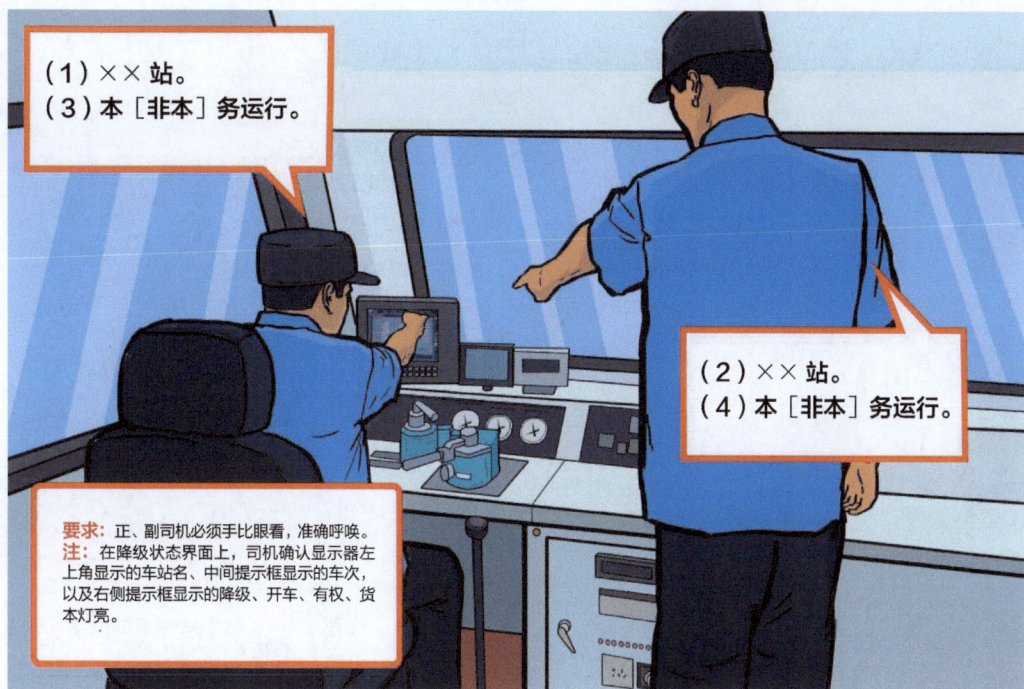

（1）××站。
（3）本［非本］务运行。

（2）××站。
（4）本［非本］务运行。

要求：正、副司机必须手比眼看，准确呼唤。
注：在降级状态界面上，司机确认显示器左上角显示的车站名、中间提示框显示的车次，以及右侧提示框显示的降级、开车、有权、货本灯亮。

（1）输入正确。

（2）正确。

（7）制动机试验。

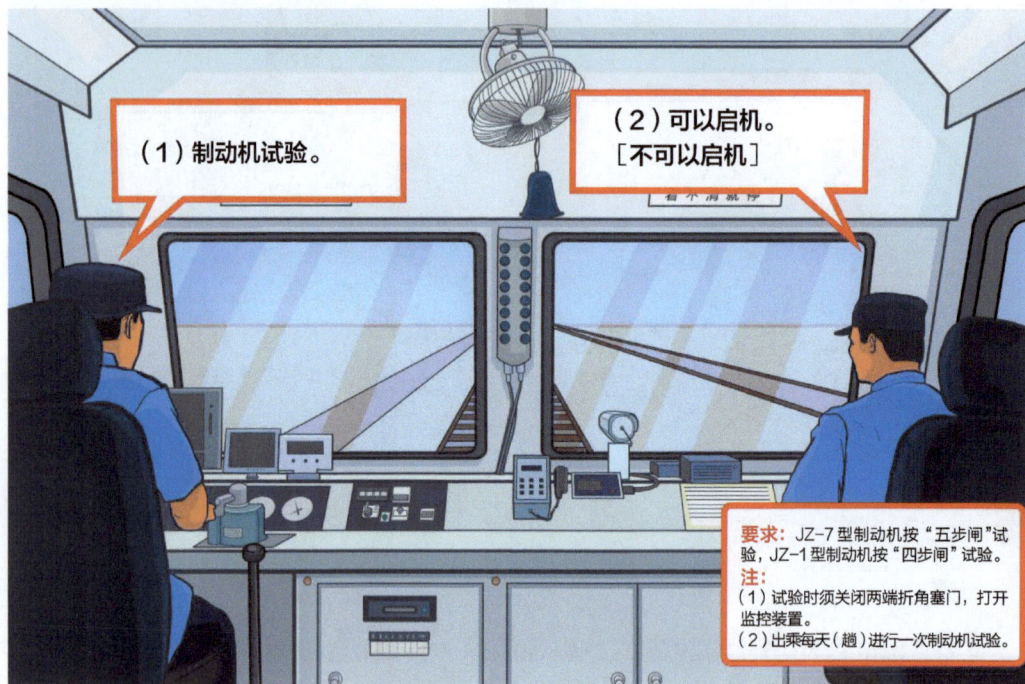

（1）制动机试验。

（2）可以启机。
［不可以启机］

要求： JZ-7型制动机按"五步闸"试验，JZ-1型制动机按"四步闸"试验。
注：
（1）试验时须关闭两端折角塞门，打开监控装置。
（2）出乘每天（趟）进行一次制动机试验。

2. 普铁调车作业

（1）制动试验。

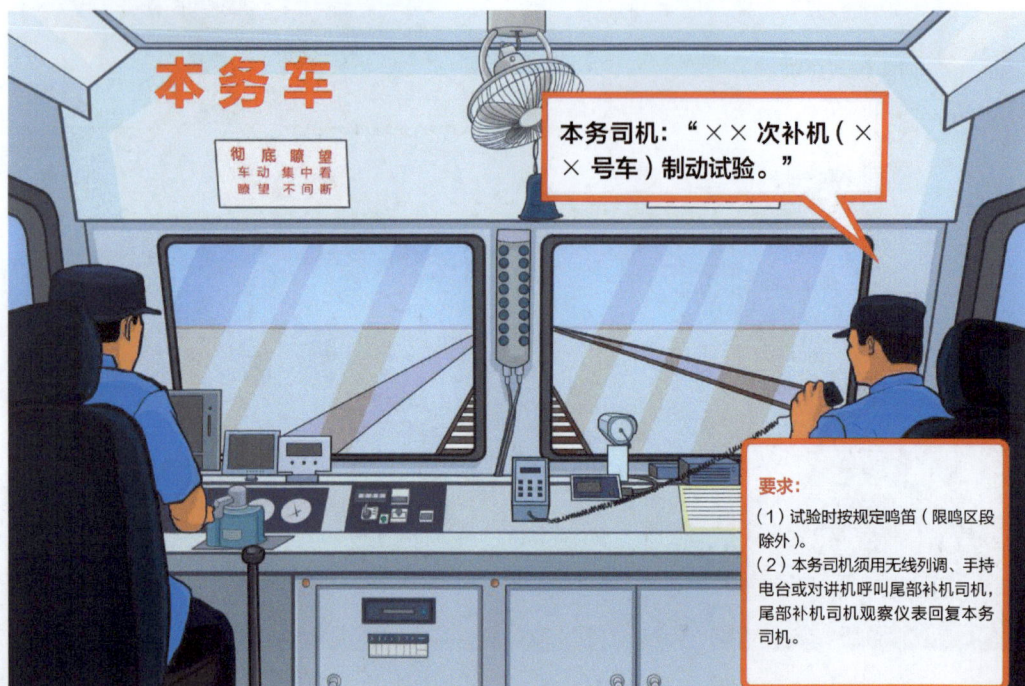

本务车

彻底瞭望
车动集中看
瞭望不间断

本务司机："××次补机（××号车）制动试验。"

要求：
（1）试验时按规定鸣笛（限鸣区段除外）。
（2）本务司机须用无线列调、手持电台或对讲机呼叫尾部补机司机，尾部补机司机观察仪表回复本务司机。

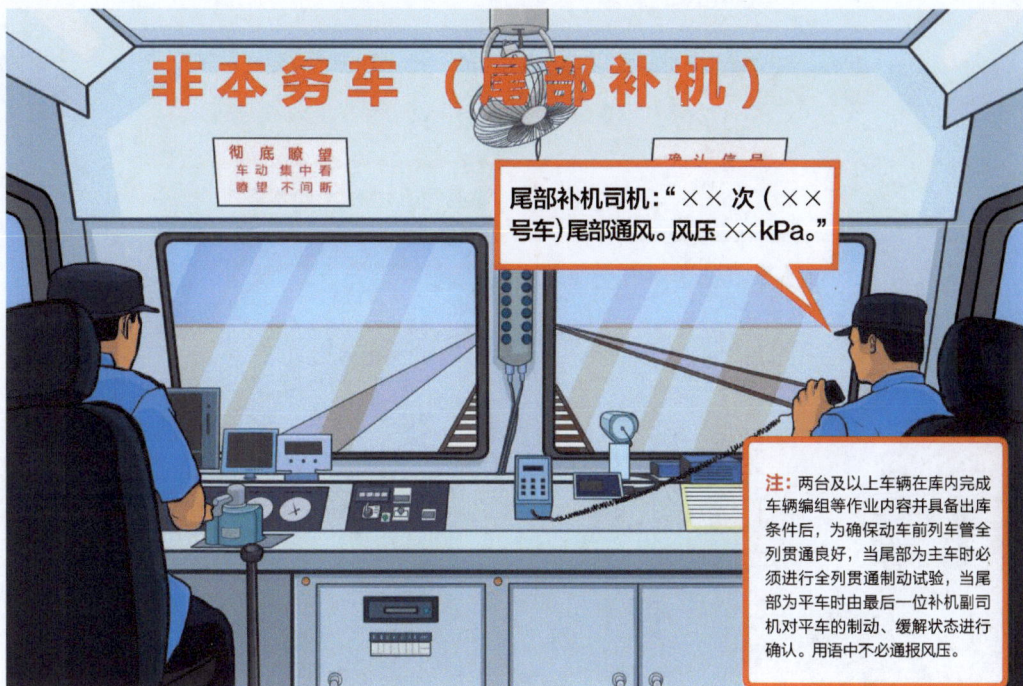

非本务车（尾部补机）

尾部补机司机："×× 次（×× 号车)尾部通风。风压 ××kPa。"

注：两台及以上车辆在库内完成车辆编组等作业内容并具备出库条件后，为确保动车前列车管全列贯通良好，当尾部为主车时必须进行全列贯通制动试验，当尾部为平车时由最后一位补机副司机对平车的制动、缓解状态进行确认。用语中不必通报风压。

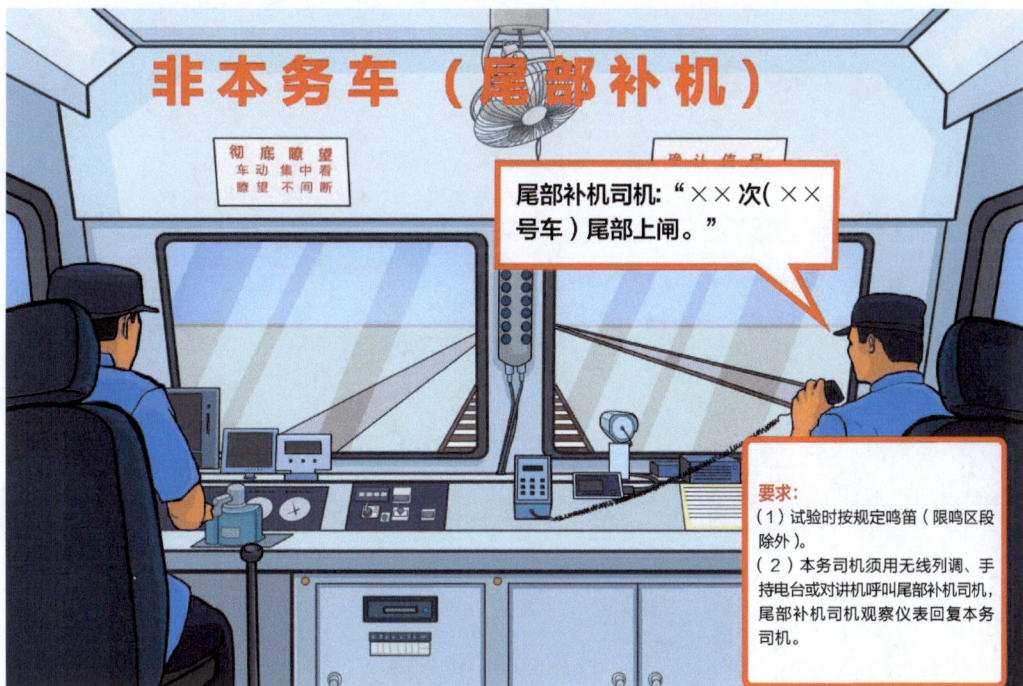

非本务车（尾部补机）

尾部补机司机："×× 次（×× 号车）尾部上闸。"

要求：
（1）试验时按规定鸣笛（限鸣区段除外）。
（2）本务司机须用无线列调、手持电台或对讲机呼叫尾部补机司机，尾部补机司机观察仪表回复本务司机。

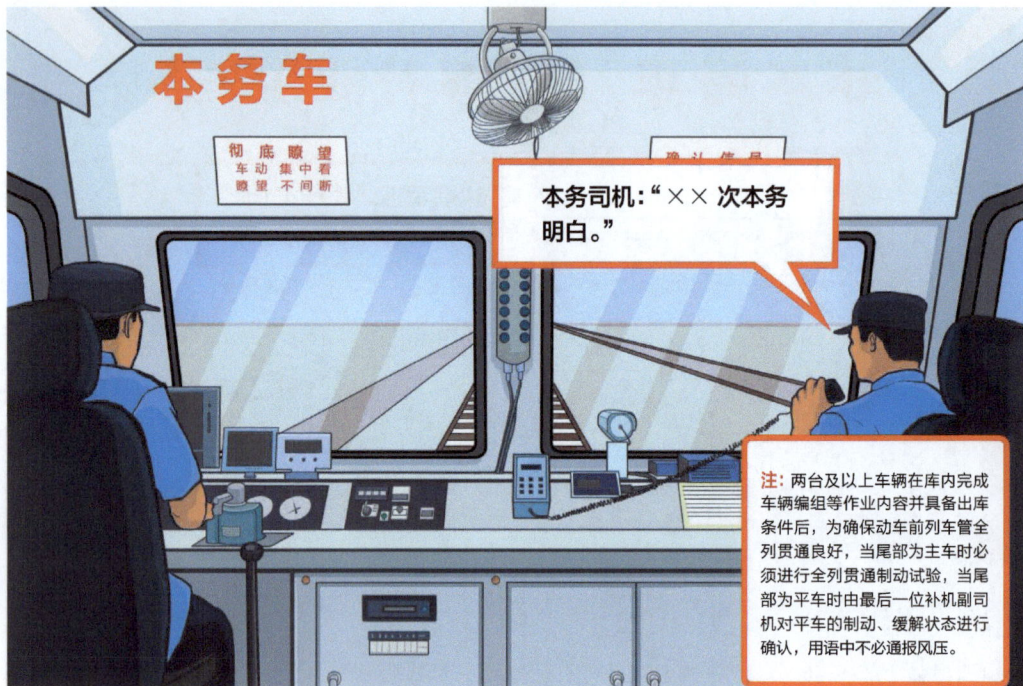

本务司机:"××次本务明白。"

注: 两台及以上车辆在库内完成车辆编组等作业内容并具备出库条件后,为确保动车前列车管全列贯通良好,当尾部为主车时必须进行全列贯通制动试验,当尾部为平车时由最后一位补机副司机对平车的制动、缓解状态进行确认,用语中不必通报风压。

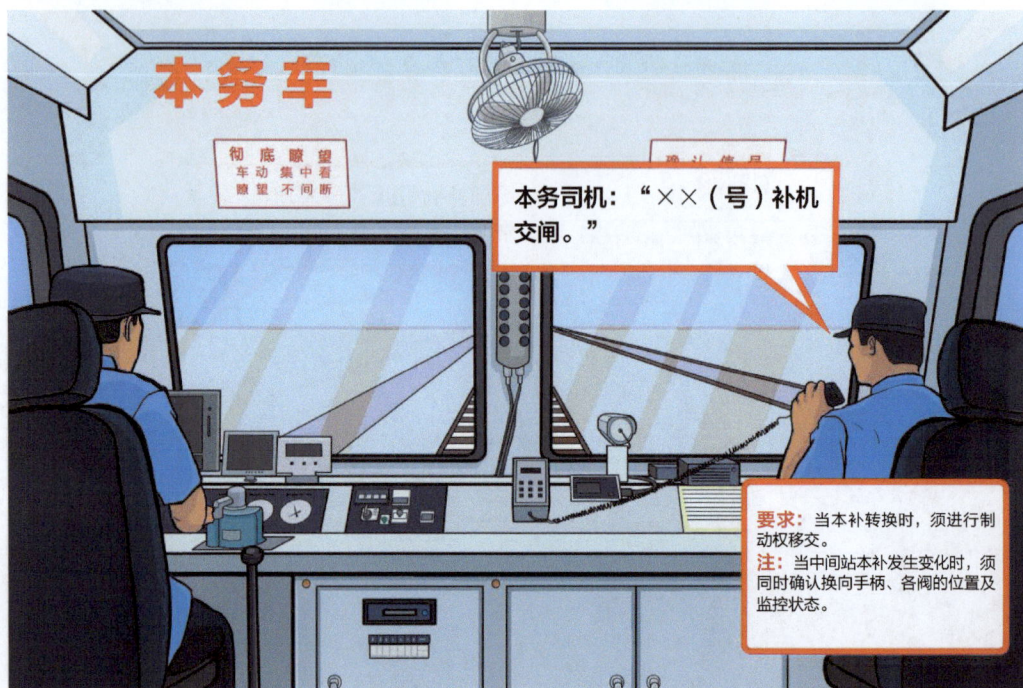

本务司机:"××(号)补机交闸。"

要求: 当本补转换时,须进行制动权移交。
注: 当中间站本补发生变化时,须同时确认换向手柄、各阀的位置及监控状态。

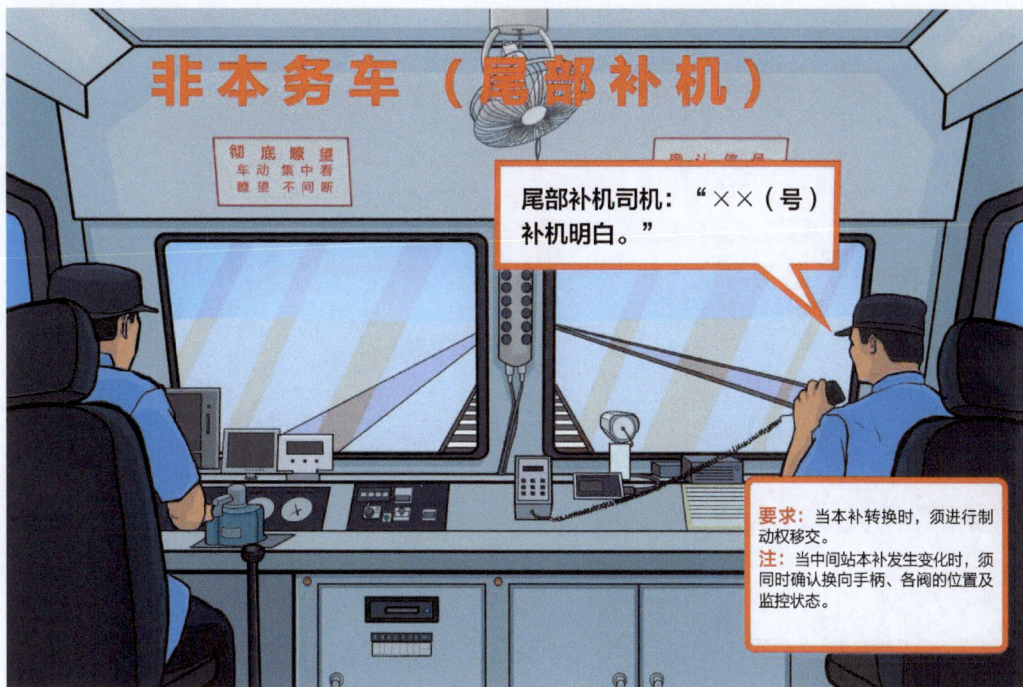

非本务车（尾部补机）

彻底瞭望
车动集中看
瞭望不间断

尾部补机司机："×ד号）补机明白。"

要求：当本补转换时，须进行制动权移交。
注：当中间站本补发生变化时，须同时确认换向手柄、各阀的位置及监控状态。

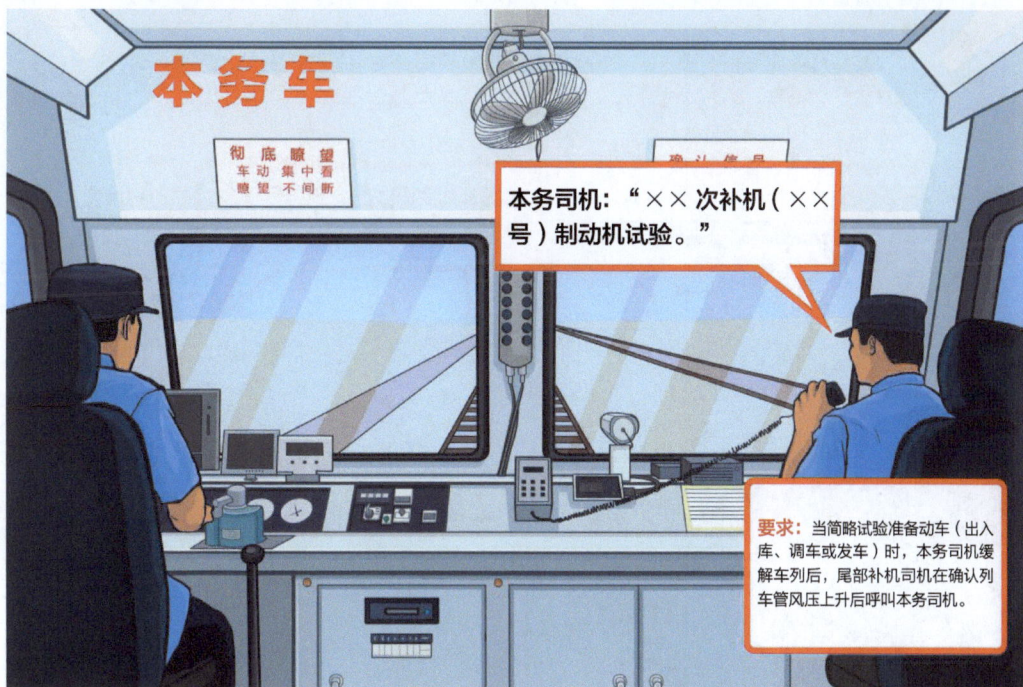

本务车

彻底瞭望
车动集中看
瞭望不间断

本务司机："××次补机（××号）制动机试验。"

要求：当简略试验准备动车（出入库、调车或发车）时，本务司机缓解车列后，尾部补机司机在确认列车管风压上升后呼叫本务司机。

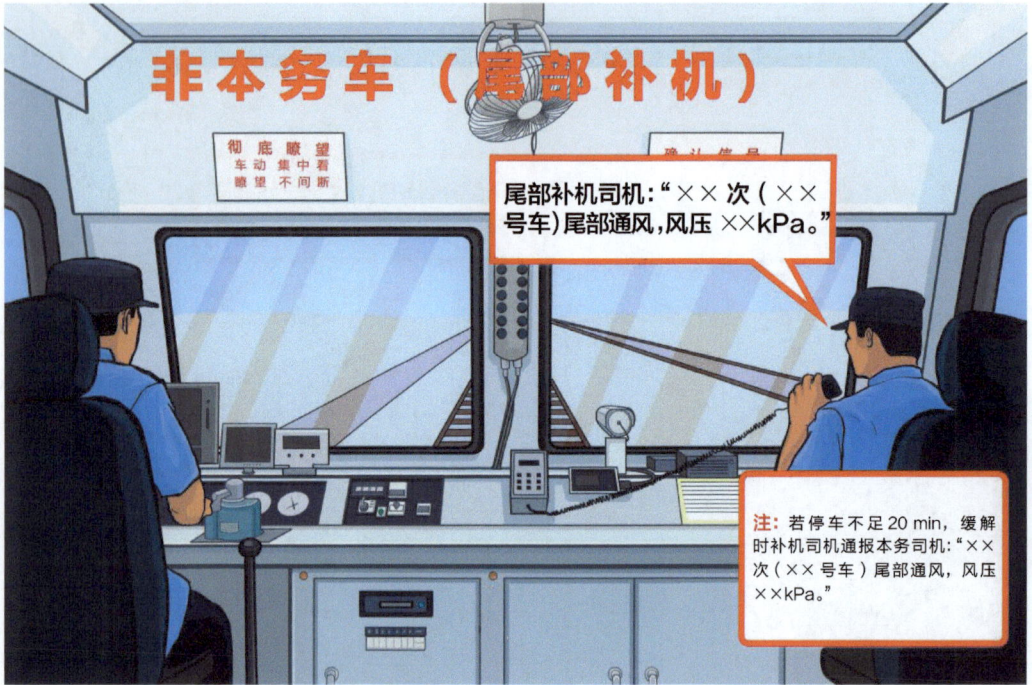

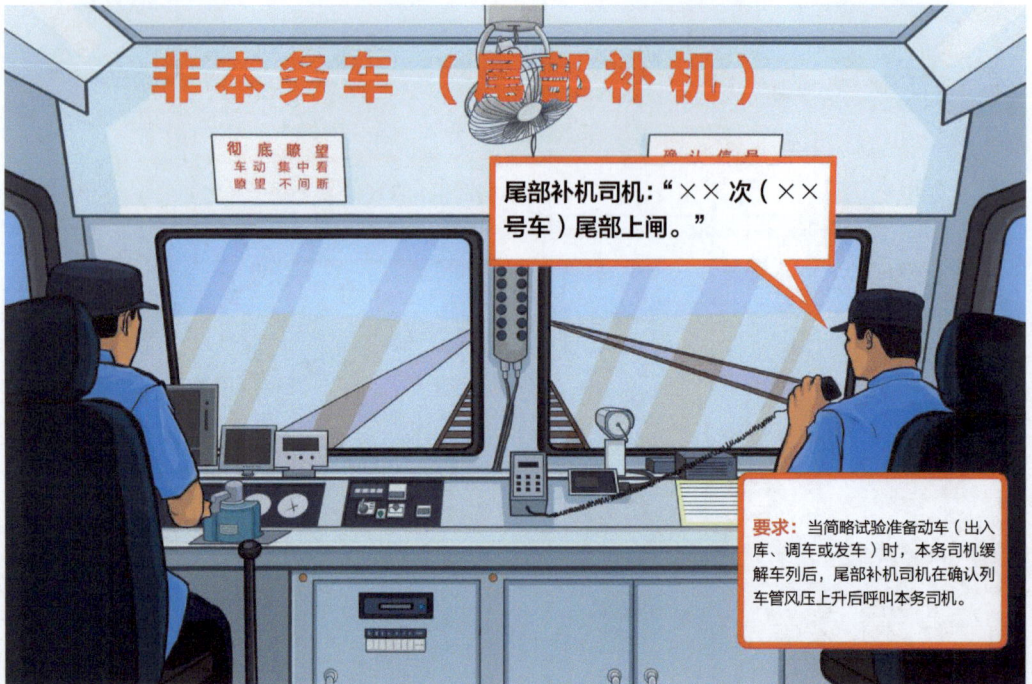

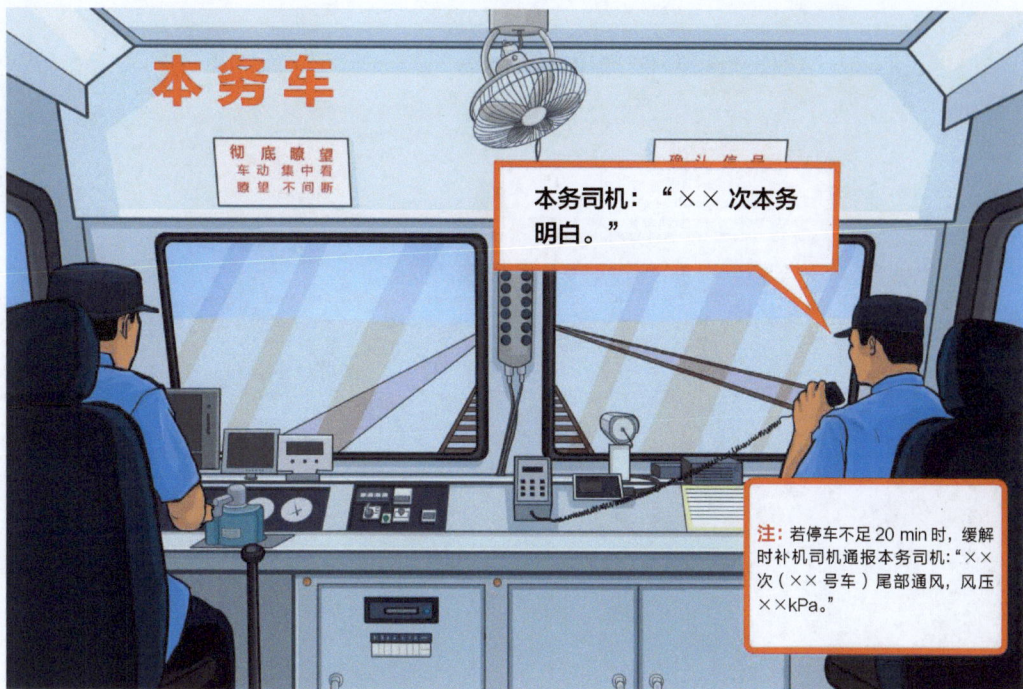

（2）设置防溜。

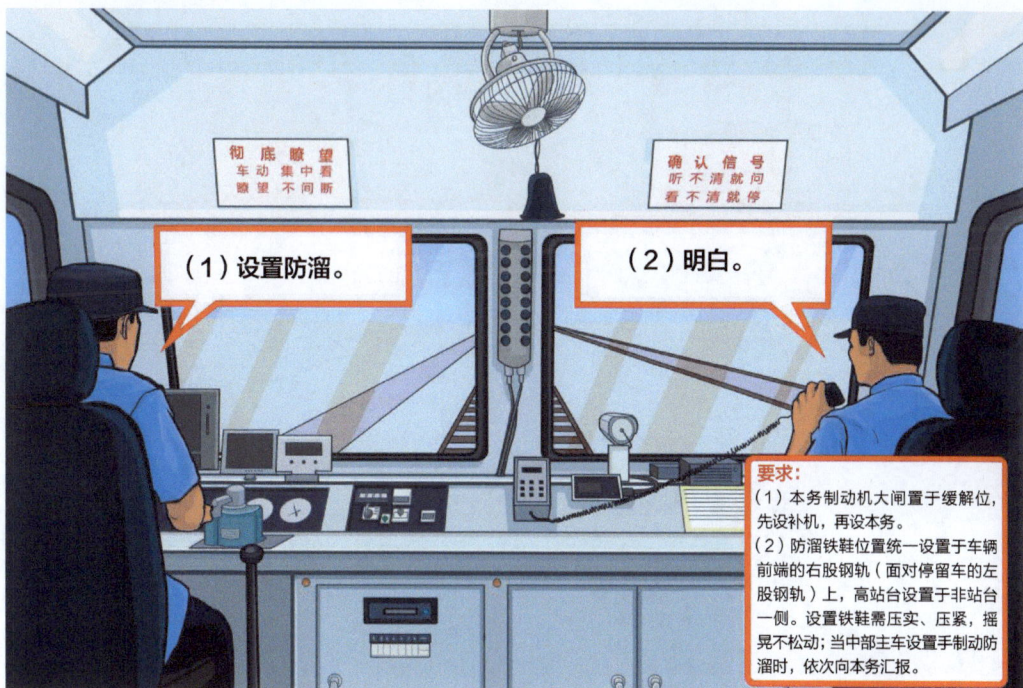

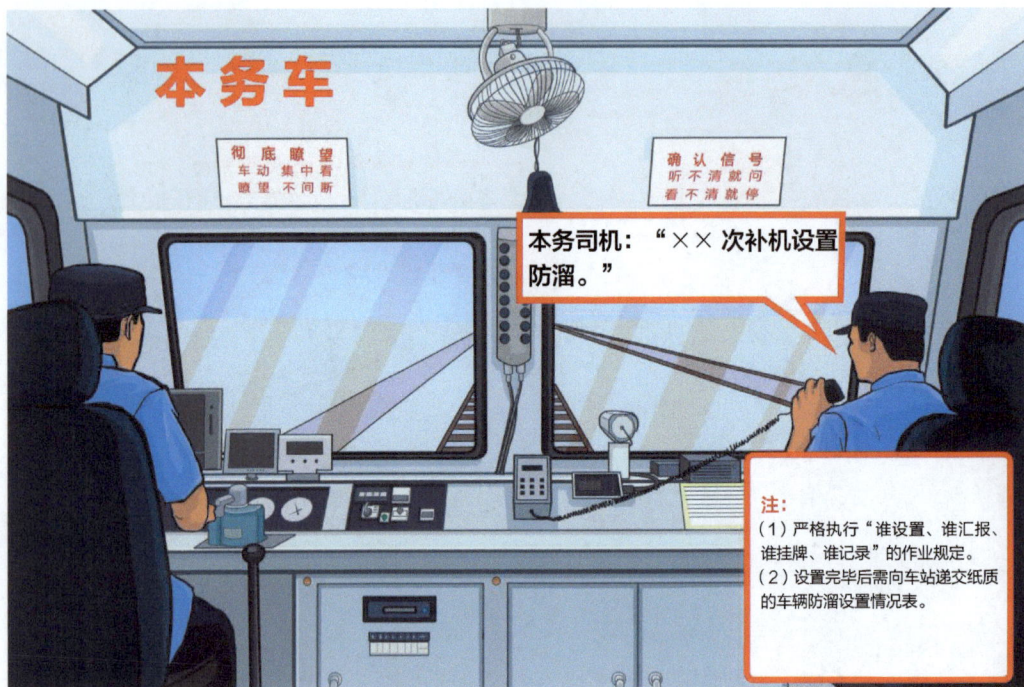

本务车

彻底瞭望
车动集中看
瞭望不间断

确认信号
听不清就问
看不清就停

本务司机："×× 次补机设置防溜。"

注：
（1）严格执行"谁设置、谁汇报、谁挂牌、谁记录"的作业规定。
（2）设置完毕后需向车站递交纸质的车辆防溜设置情况表。

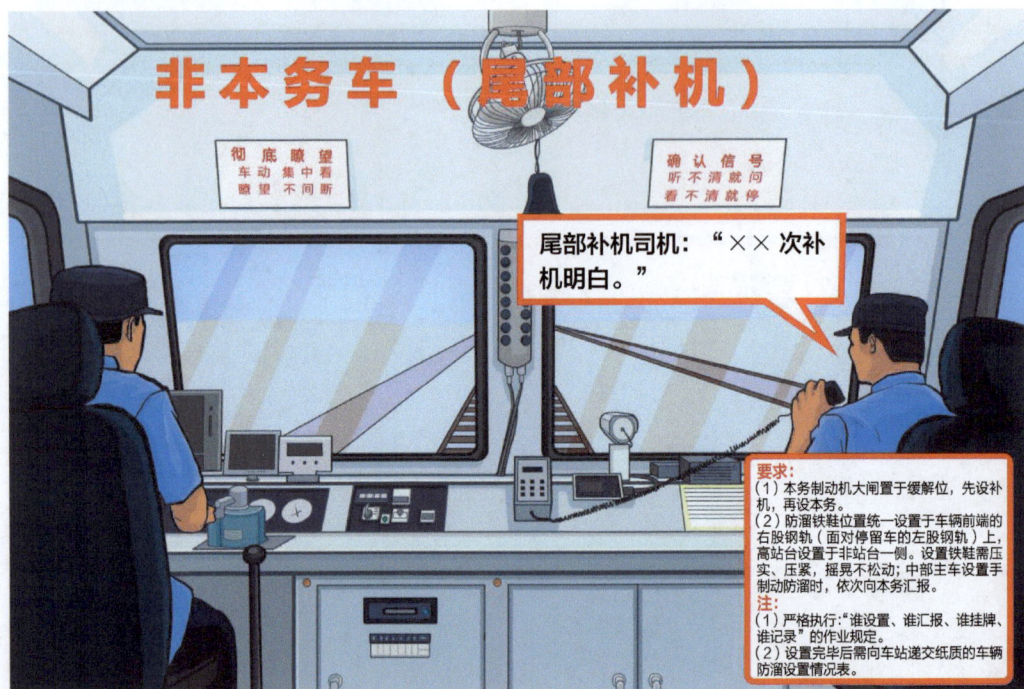

非本务车（尾部补机）

彻底瞭望
车动集中看
瞭望不间断

确认信号
听不清就问
看不清就停

尾部补机司机："×× 次补机明白。"

要求：
（1）本务制动机大闸置于缓解位，先设补机，再设本务。
（2）防溜铁鞋位置统一设置于车辆前端的右股钢轨（面对停留车的左股钢轨）上，高站台设置于非站台一侧。设置铁鞋需压实、压紧，摇晃不松动；中部主车设置手制动防溜时，依次向本务汇报。

注：
（1）严格执行"谁设置、谁汇报、谁挂牌、谁记录"的作业规定。
（2）设置完毕后需向车站递交纸质的车辆防溜设置情况表。

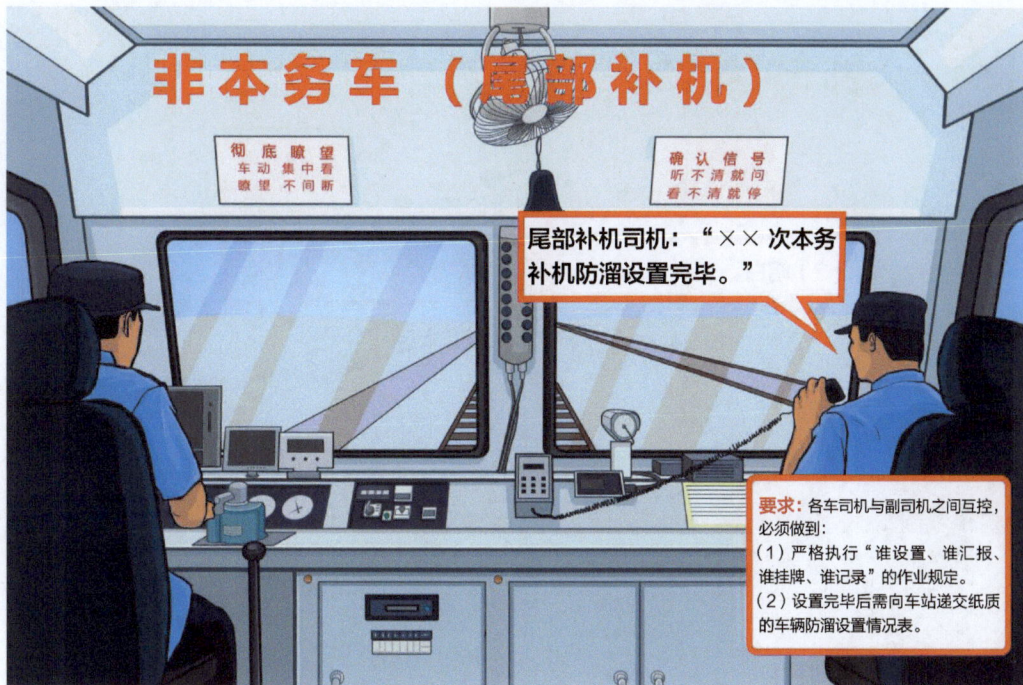

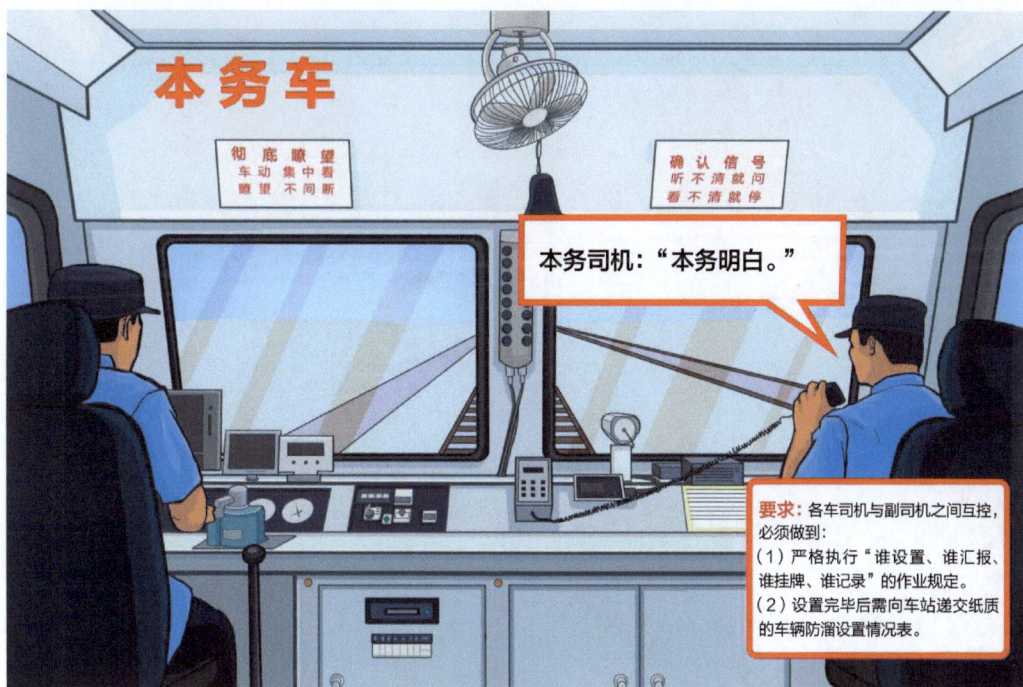

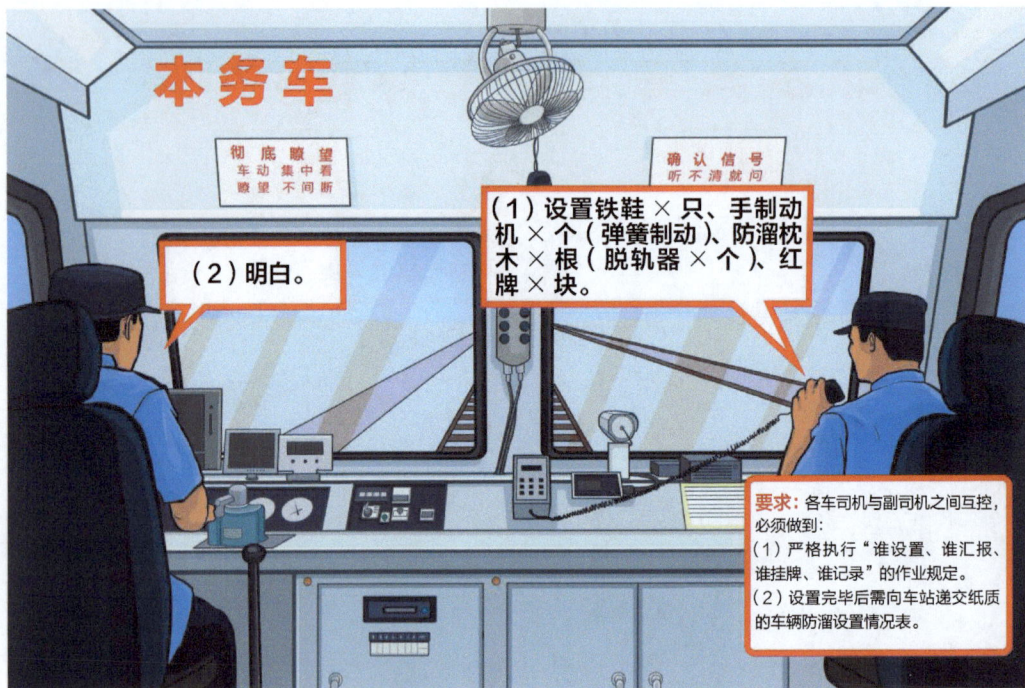

（3）撤除防溜措施。

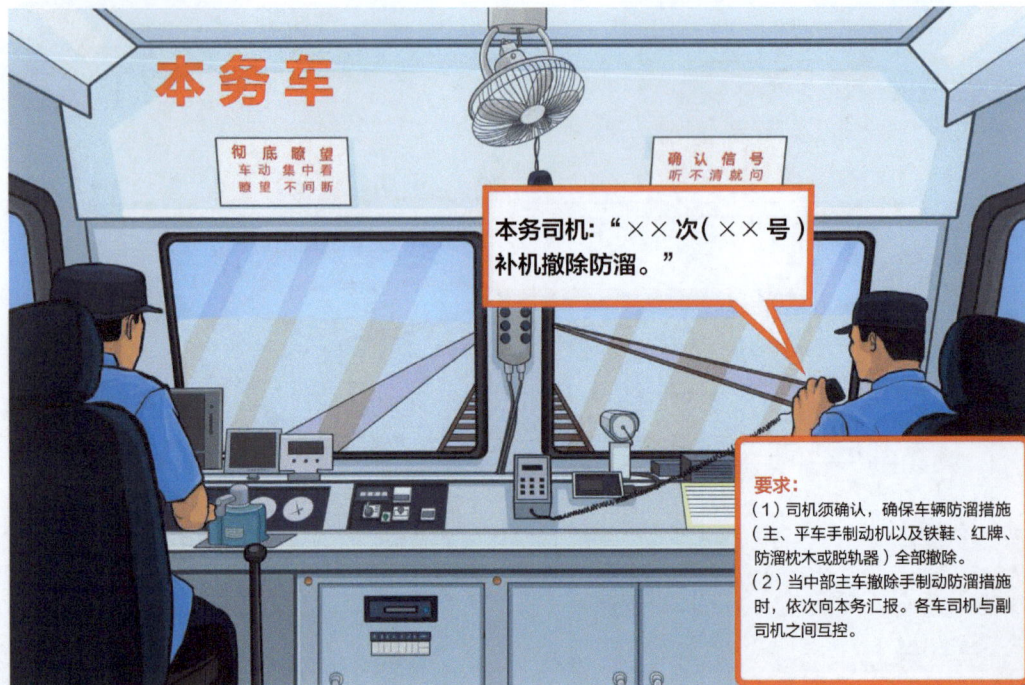

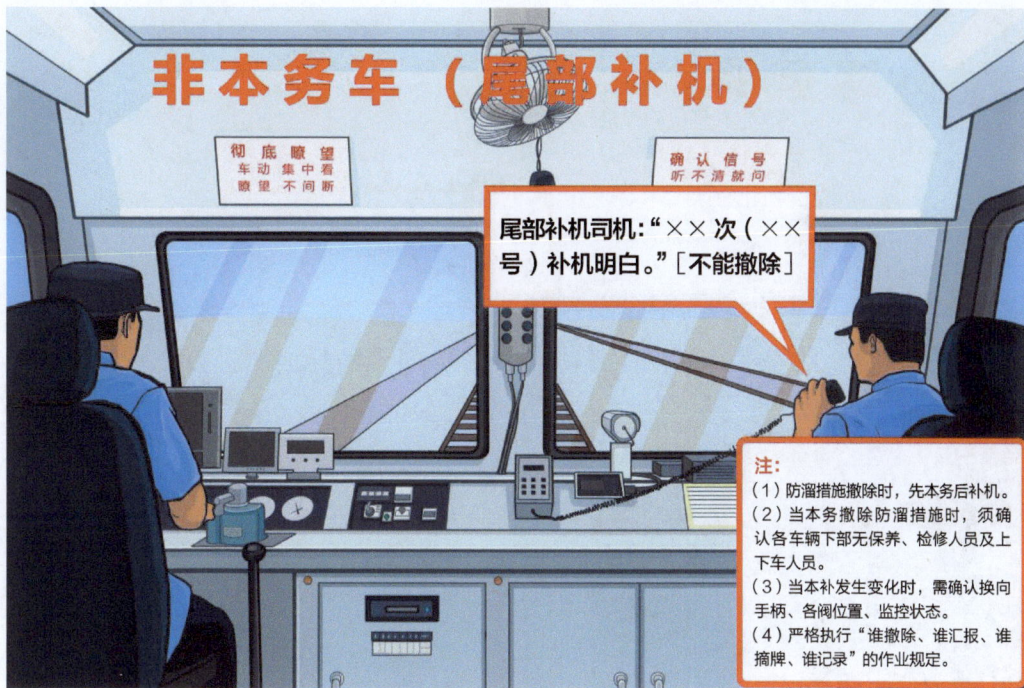

非本务车（尾部补机）

彻底瞭望
车动 集中看
瞭望 不间断

确认信号
听不清就问

尾部补机司机："××次（××号）补机明白。"［不能撤除］

注：
（1）防溜措施撤除时，先本务后补机。
（2）当本务撤除防溜措施时，须确认各车辆下部无保养、检修人员及上下车人员。
（3）当本补发生变化时，需确认换向手柄、各阀位置、监控状态。
（4）严格执行"谁撤除、谁汇报、谁摘牌、谁记录"的作业规定。

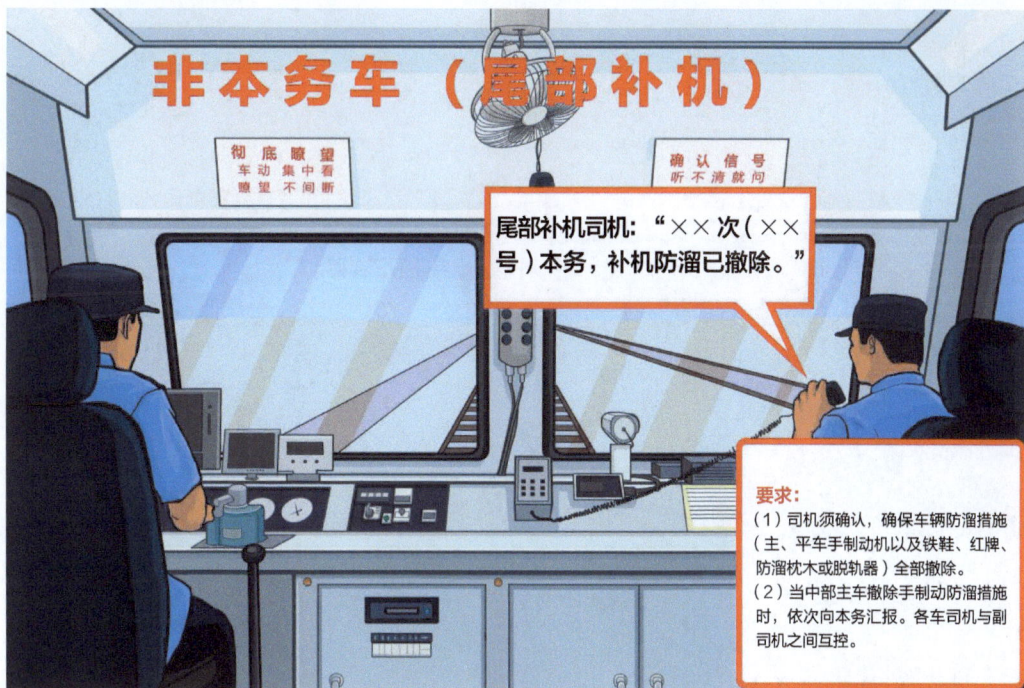

非本务车（尾部补机）

彻底瞭望
车动 集中看
瞭望 不间断

确认信号
听不清就问

尾部补机司机："××次（××号）本务，补机防溜已撤除。"

要求：
（1）司机须确认，确保车辆防溜措施（主、平车手制动机以及铁鞋、红牌、防溜枕木或脱轨器）全部撤除。
（2）当中部主车撤除手制动防溜措施时，依次向本务汇报。各车司机与副司机之间互控。

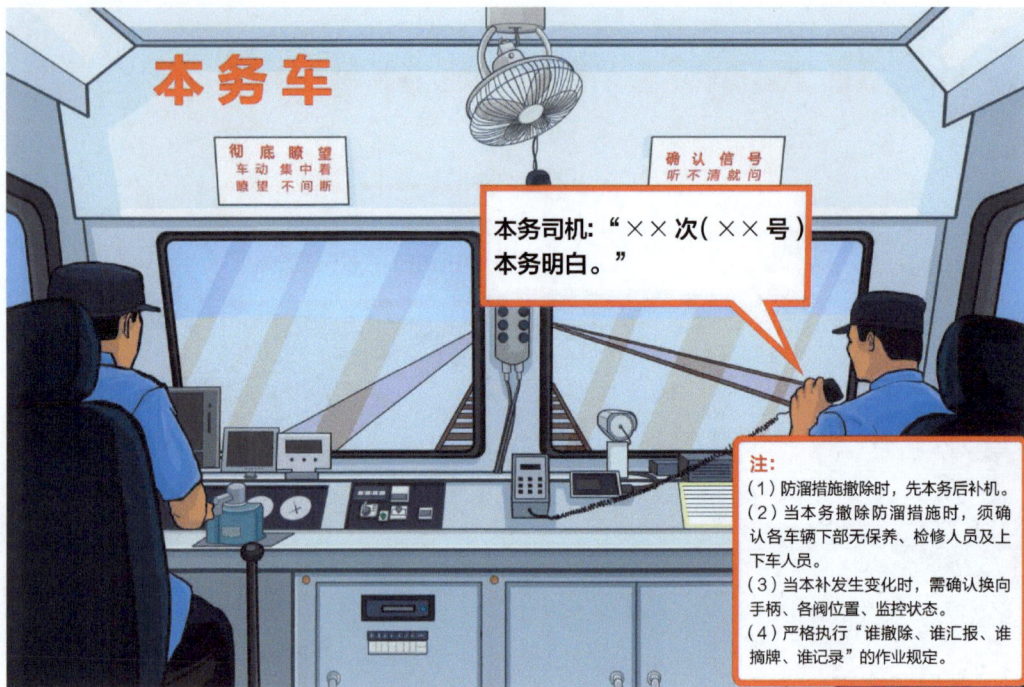

本务车

彻底瞭望
车动集中看
瞭望不间断

确认信号
听不清就问

本务司机："××次（××号）本务明白。"

注:
（1）防溜措施撤除时，先本务后补机。
（2）当本务撤除防溜措施时，须确认各车辆下部无保养、检修人员及上下车人员。
（3）当本补发生变化时，需确认换向手柄、各阀位置、监控状态。
（4）严格执行"谁撤除、谁汇报、谁摘牌、谁记录"的作业规定。

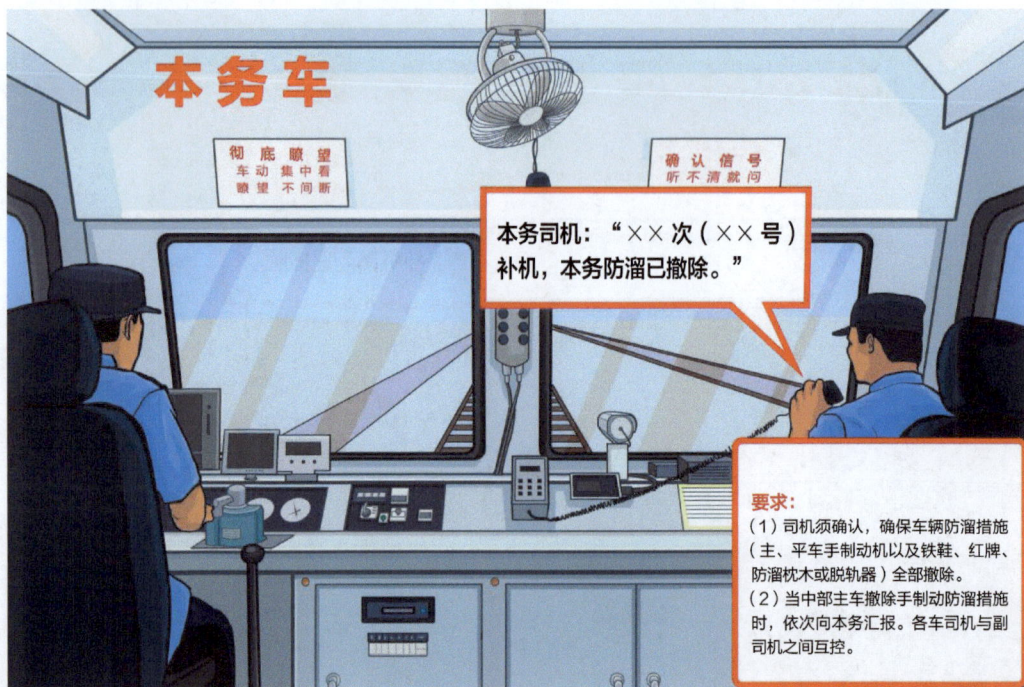

本务车

彻底瞭望
车动集中看
瞭望不间断

确认信号
听不清就问

本务司机："××次（××号）补机，本务防溜已撤除。"

要求:
（1）司机须确认，确保车辆防溜措施（主、平车手制动机以及铁鞋、红牌、防溜枕木或脱轨器）全部撤除。
（2）当中部主车撤除手制动防溜措施时，依次向本务汇报。各车司机与副司机之间互控。

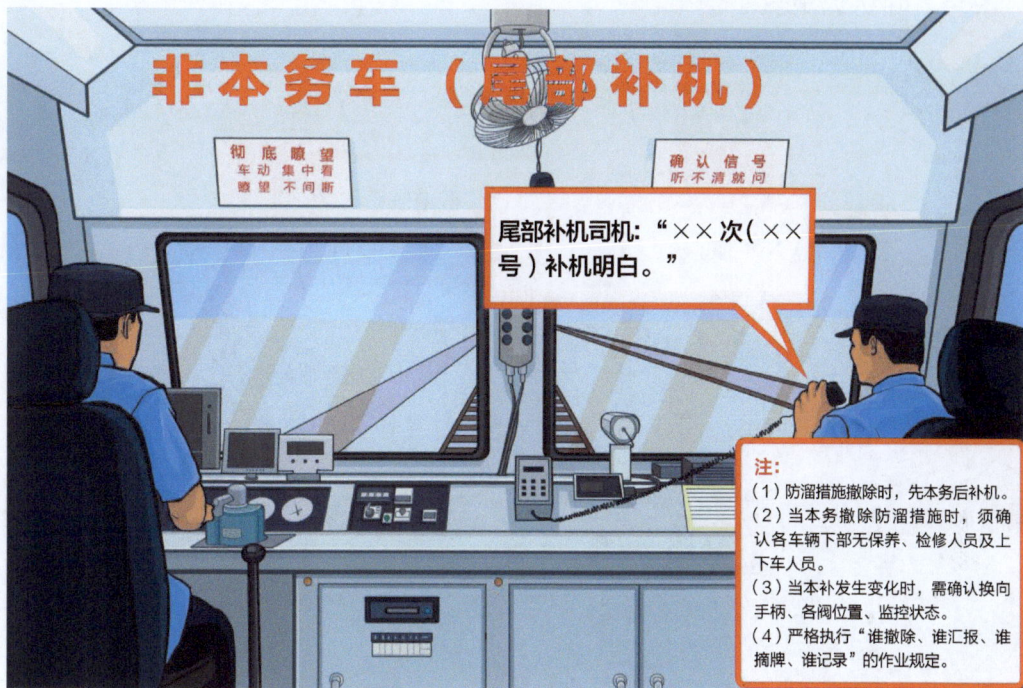

非本务车（尾部补机）

彻底瞭望
车动集中看
瞭望不间断

确认信号
听不清就问

尾部补机司机:"×× 次（×× 号）补机明白。"

注:
（1）防溜措施撤除时，先本务后补机。
（2）当本务撤除防溜措施时，须确认各车辆下部无保养、检修人员及上下车人员。
（3）当本补发生变化时，需确认换向手柄、各阀位置、监控状态。
（4）严格执行"谁撤除、谁汇报、谁摘牌、谁记录"的作业规定。

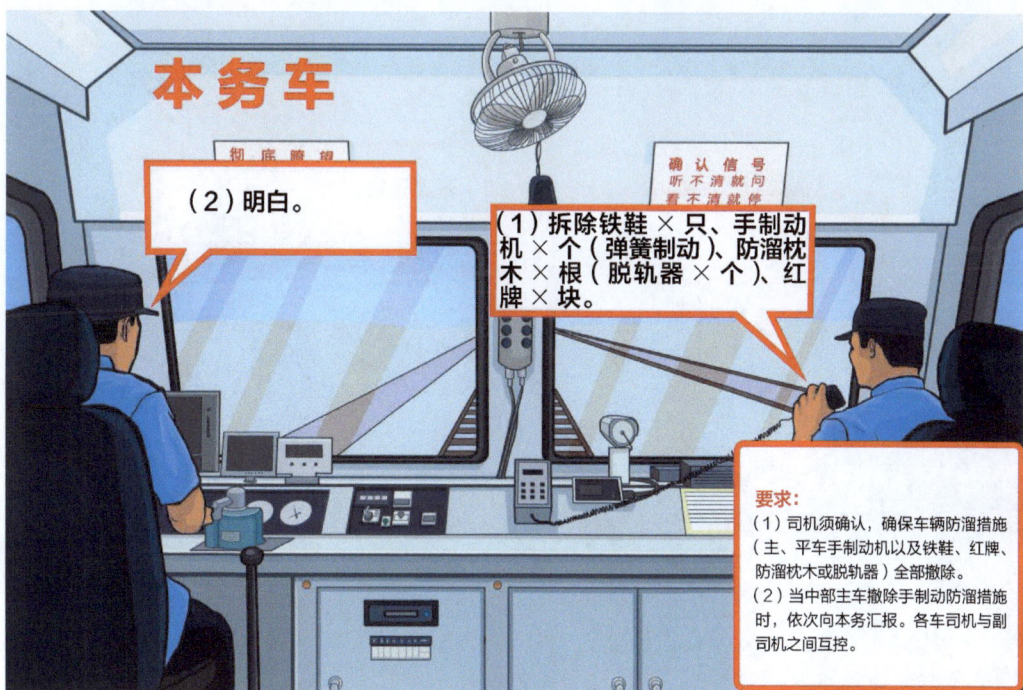

本务车

彻底瞭望

确认信号
听不清就问
看不清就停

（2）明白。

（1）拆除铁鞋 × 只、手制动机 × 个（弹簧制动）、防溜枕木 × 根（脱轨器 × 个）、红牌 × 块。

要求:
（1）司机须确认，确保车辆防溜措施（主、平车手制动机以及铁鞋、红牌、防溜枕木或脱轨器）全部撤除。
（2）当中部主车撤除手制动防溜措施时，依次向本务汇报。各车司机与副司机之间互控。

（4）确认扳道员手信号。

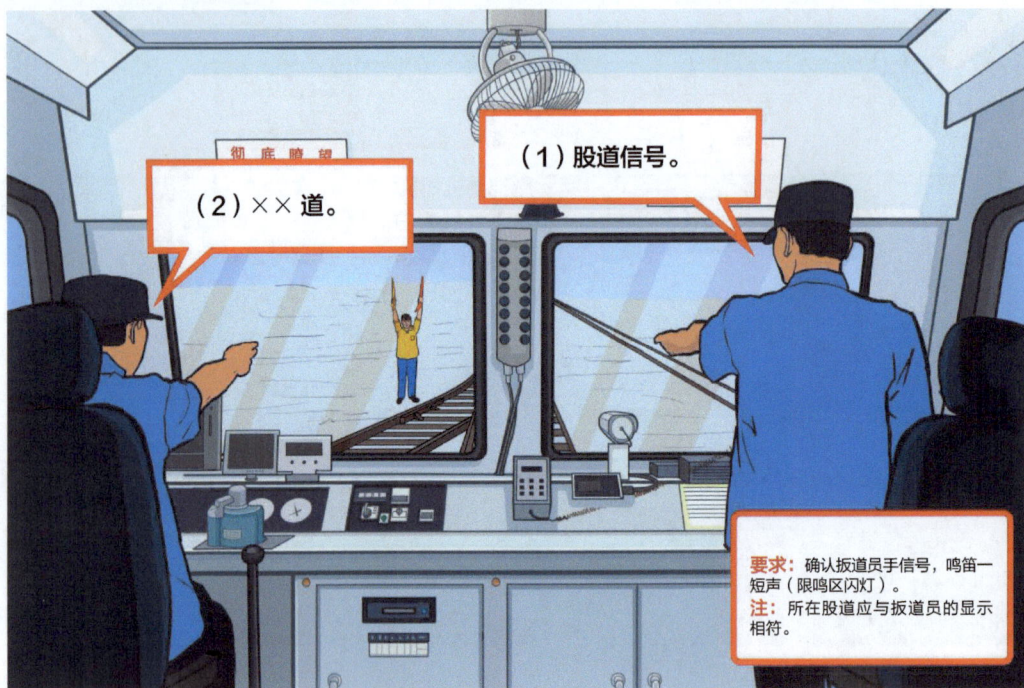

（2）×× 道。

（1）股道信号。

要求：确认扳道员手信号，鸣笛一短声（限鸣区闪灯）。
注：所在股道应与扳道员的显示相符。

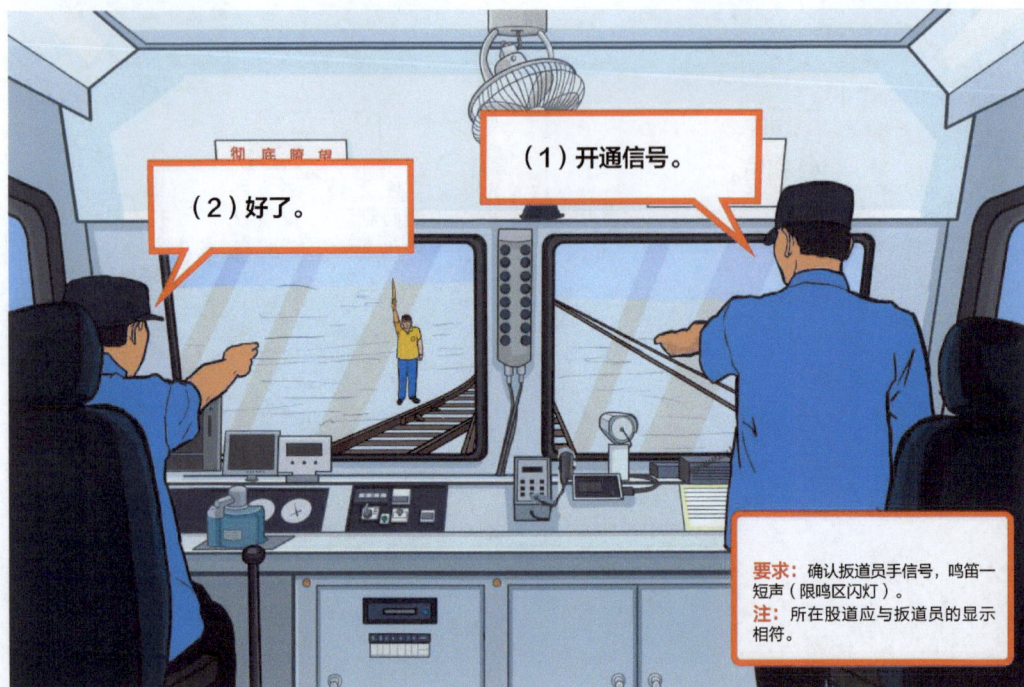

（2）好了。

（1）开通信号。

要求：确认扳道员手信号，鸣笛一短声（限鸣区闪灯）。
注：所在股道应与扳道员的显示相符。

（5）进入调车（出入段）。

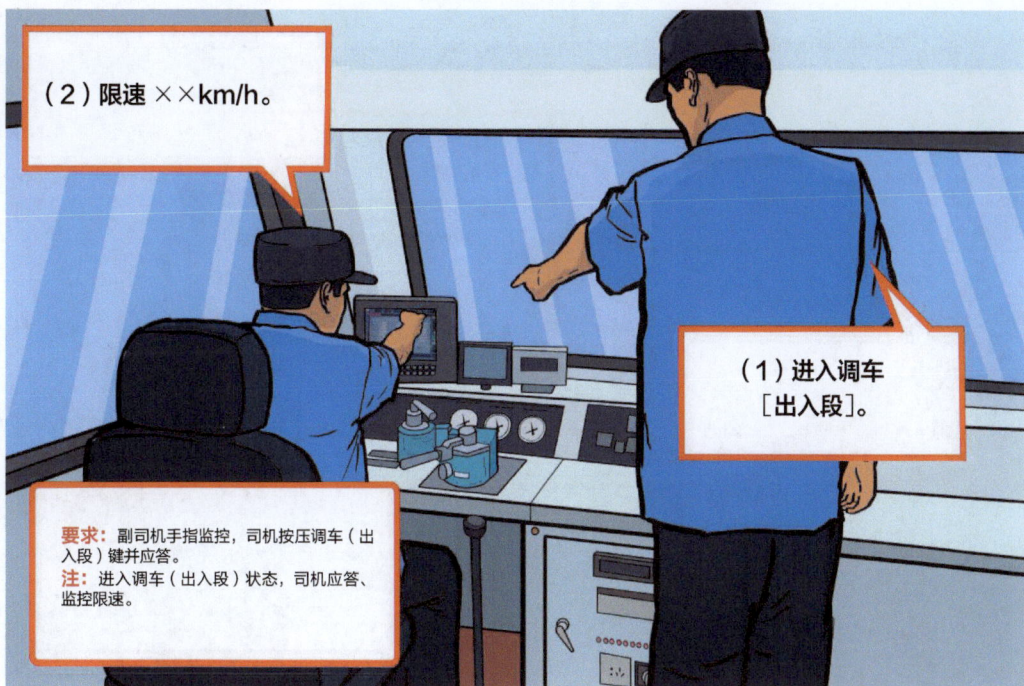

（2）限速 ××km/h。

（1）进入调车［出入段］。

要求： 副司机手指监控，司机按压调车（出入段）键并应答。
注： 进入调车（出入段）状态，司机应答、监控限速。

（6）确认道岔开向。

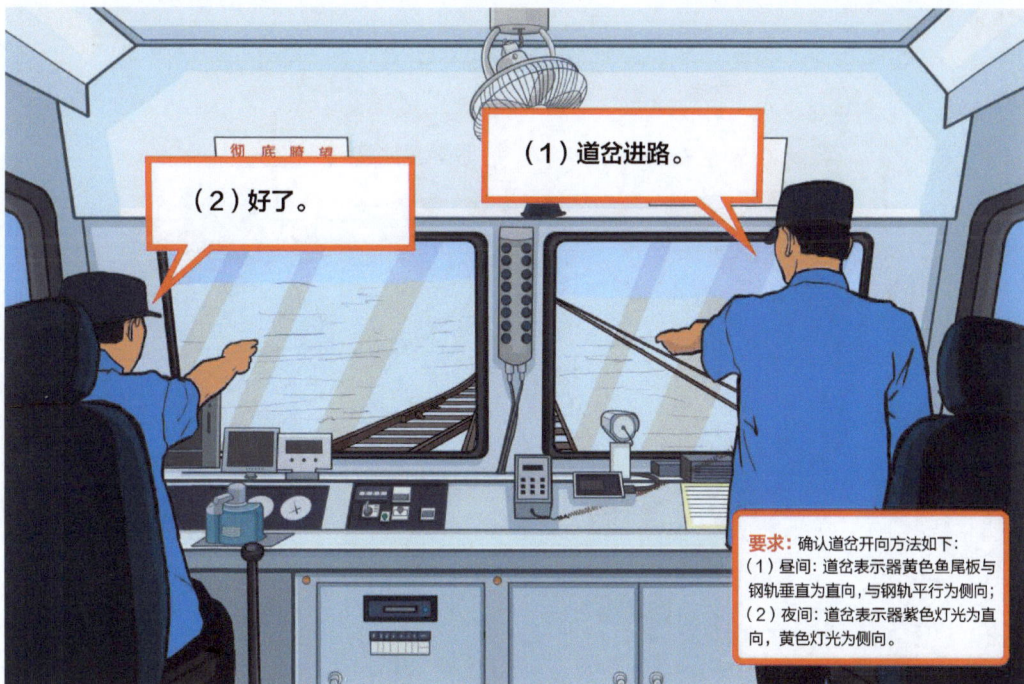

彻底瞭望

（2）好了。

（1）道岔进路。

要求： 确认道岔开向方法如下：
（1）昼间：道岔表示器黄色鱼尾板与钢轨垂直为直向，与钢轨平行为侧向；
（2）夜间：道岔表示器紫色灯光为直向，黄色灯光为侧向。

（7）防护信号停车。

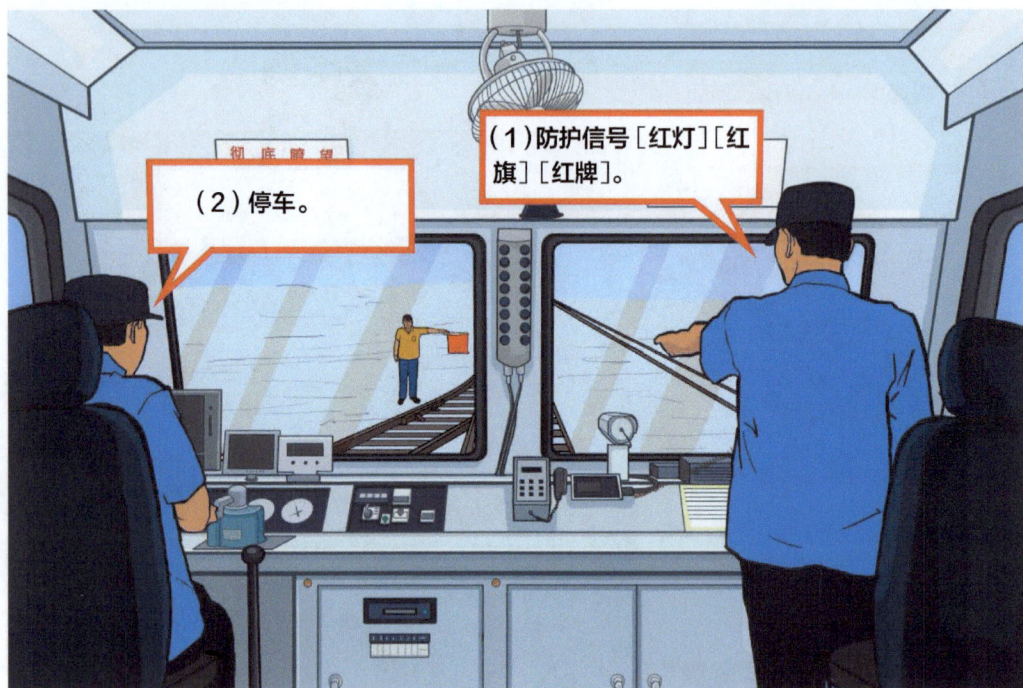

（8）脱轨器停车。

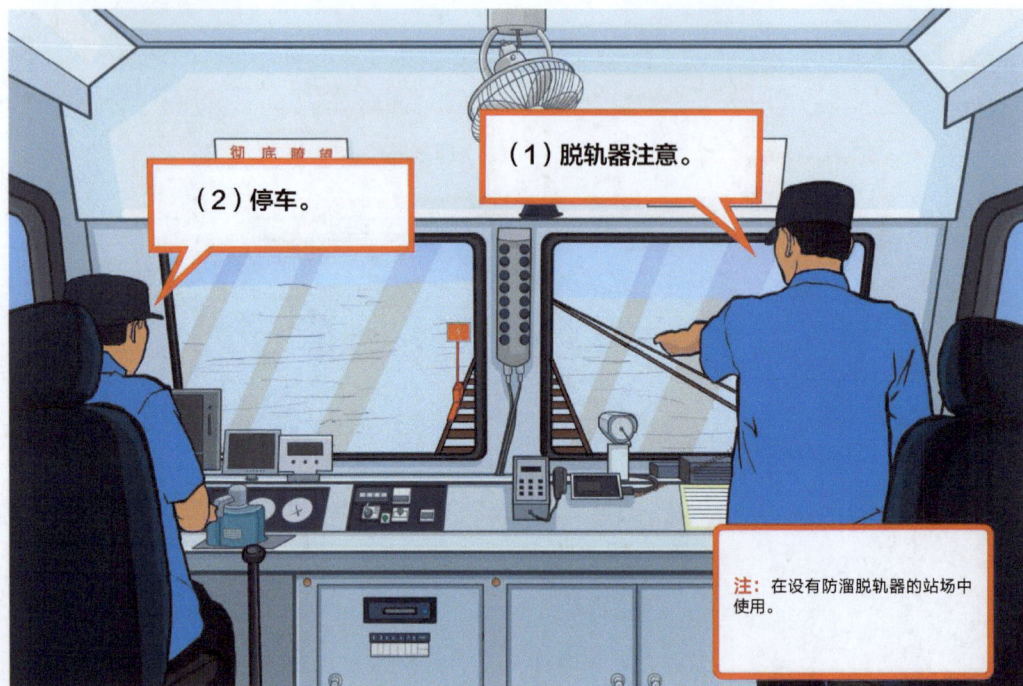

（9）大门停车。

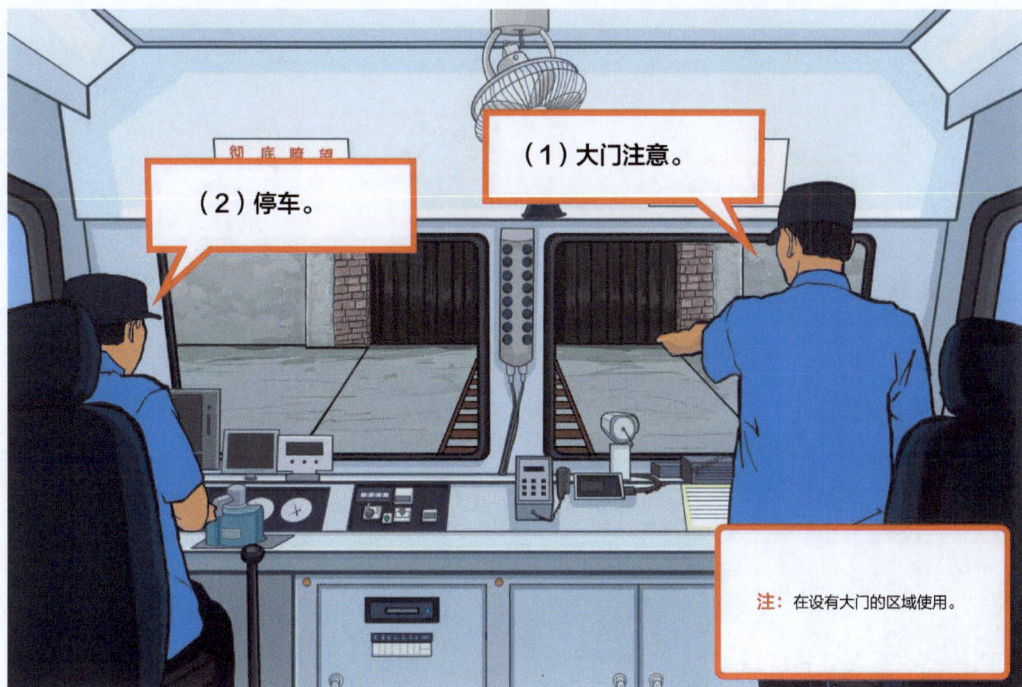

（10）一度停车。

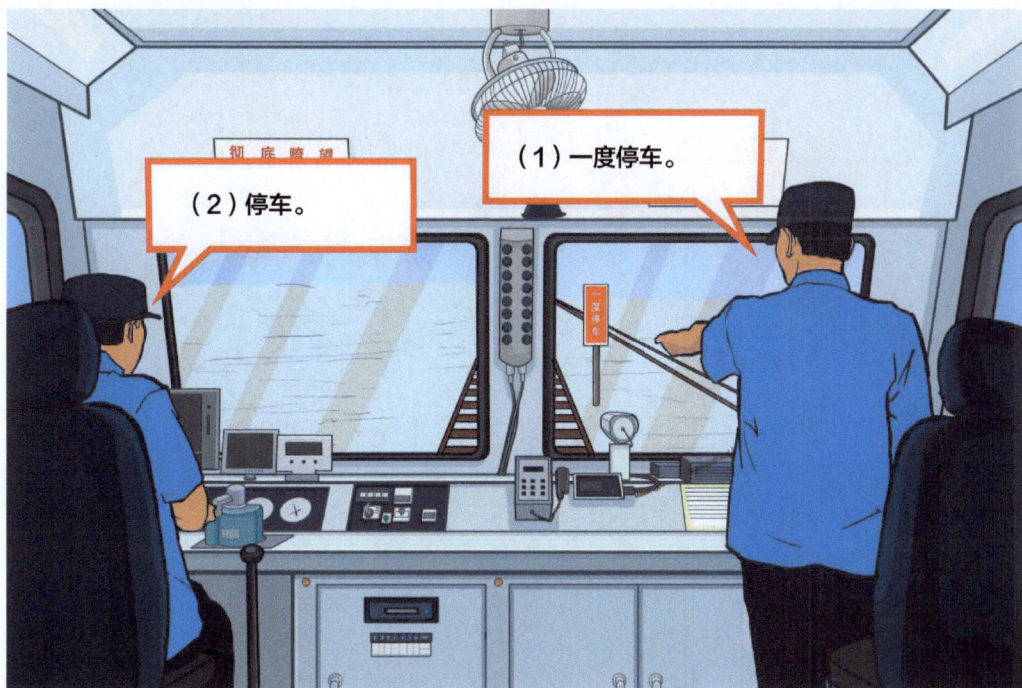

（11）确认进路。

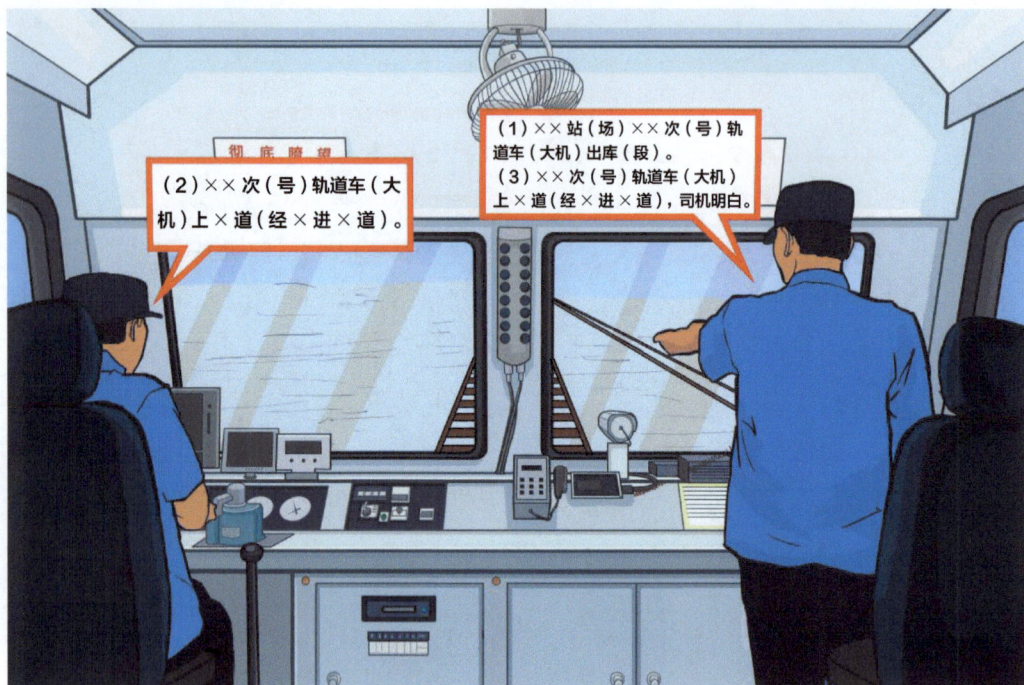

（12）根据调车信号行车。

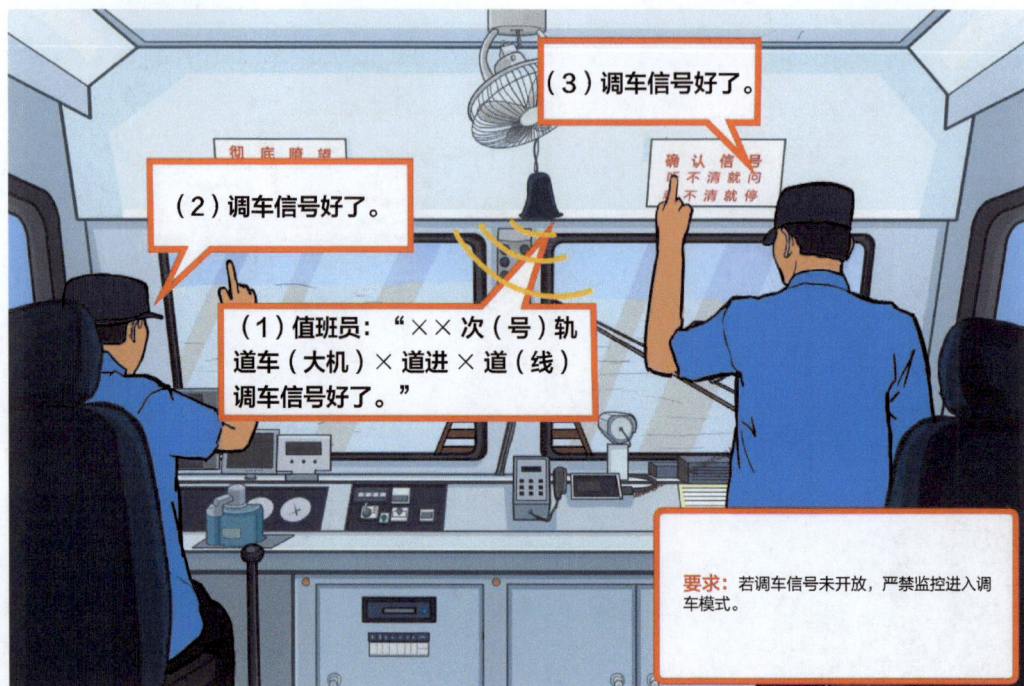

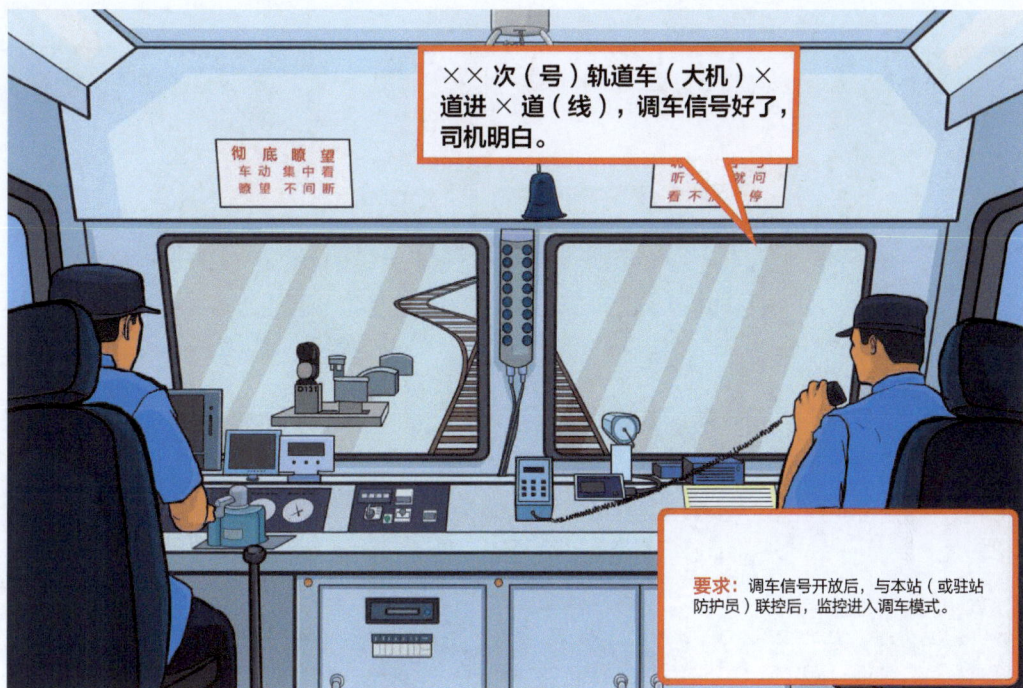

××次（号）轨道车（大机）×道进×道（线），调车信号好了，司机明白。

彻底瞭望
车动集中看
瞭望不间断

听　　　就问
看不清　　停

要求： 调车信号开放后，与本站（或驻站防护员）联控后，监控进入调车模式。

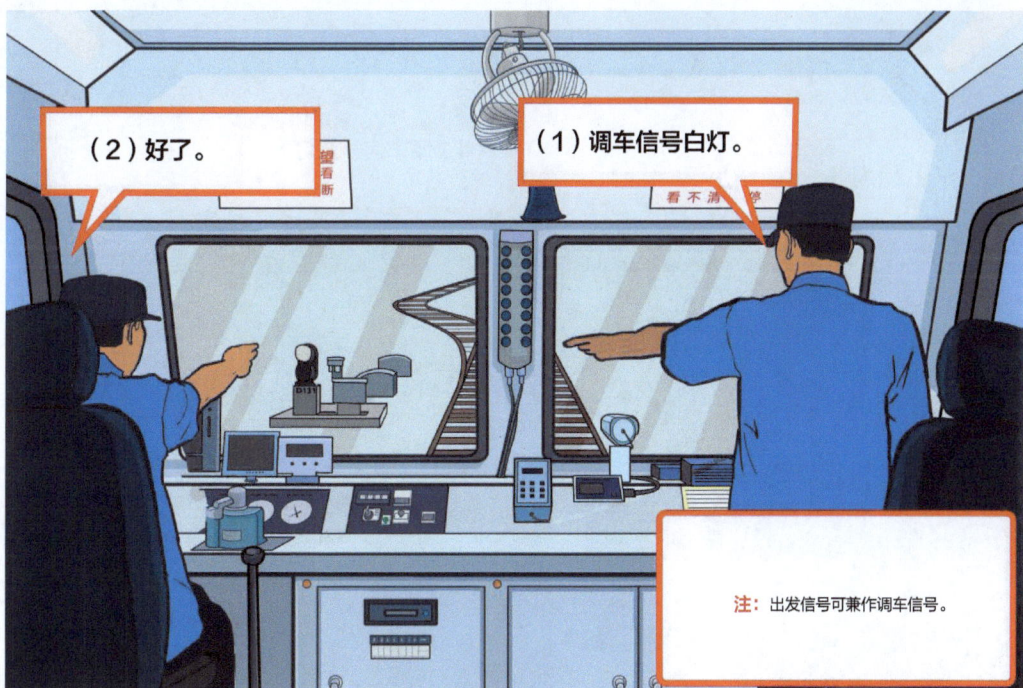

（2）好了。

（1）调车信号白灯。

注： 出发信号可兼作调车信号。

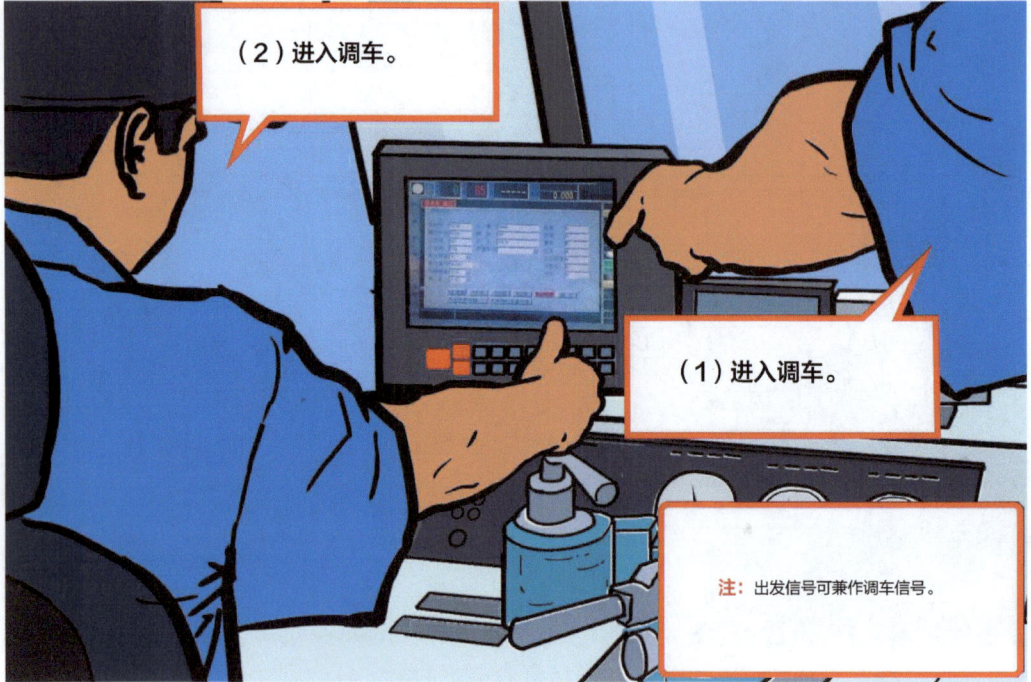

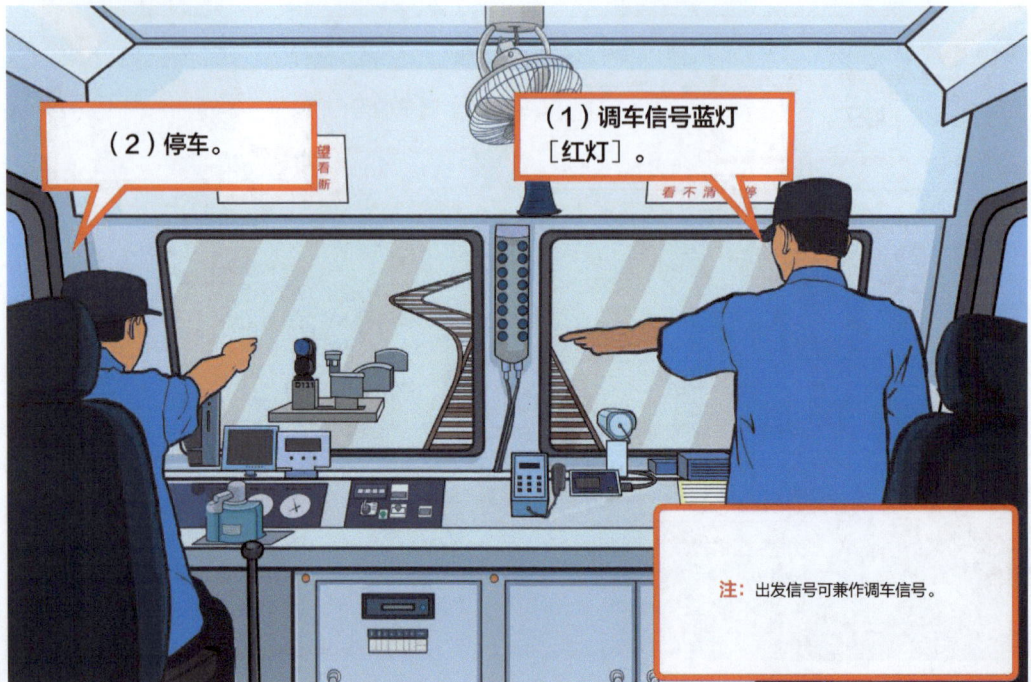

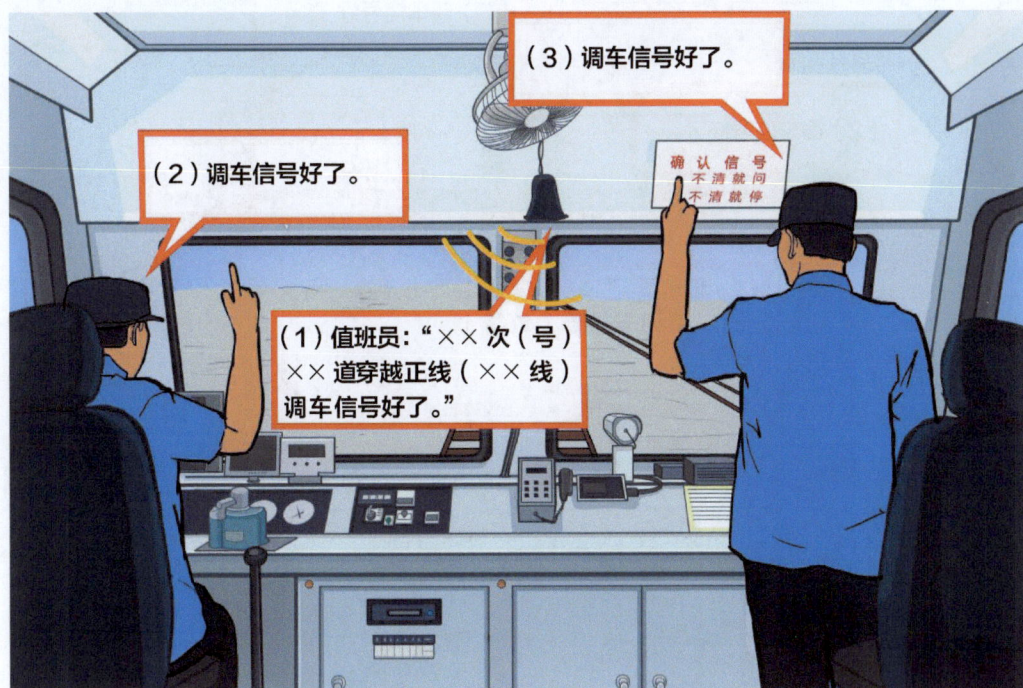

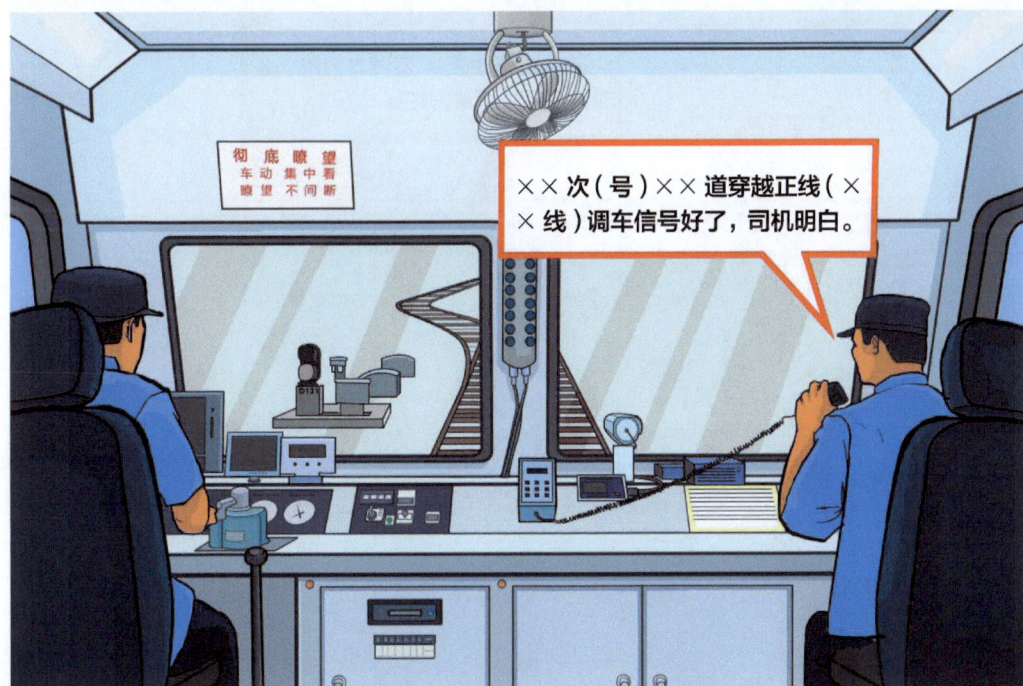

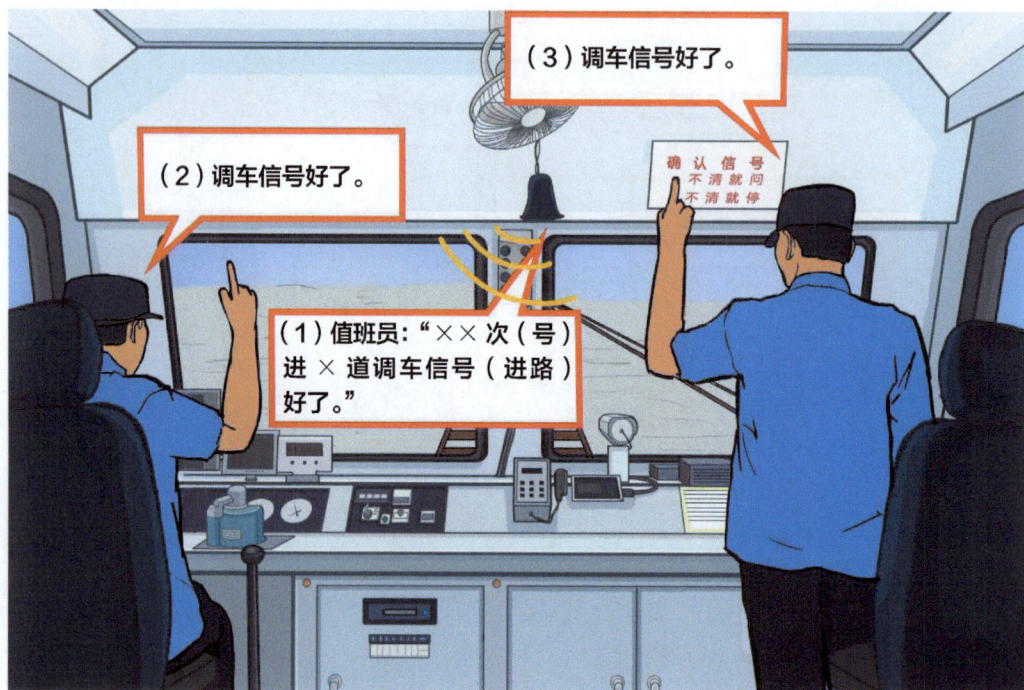

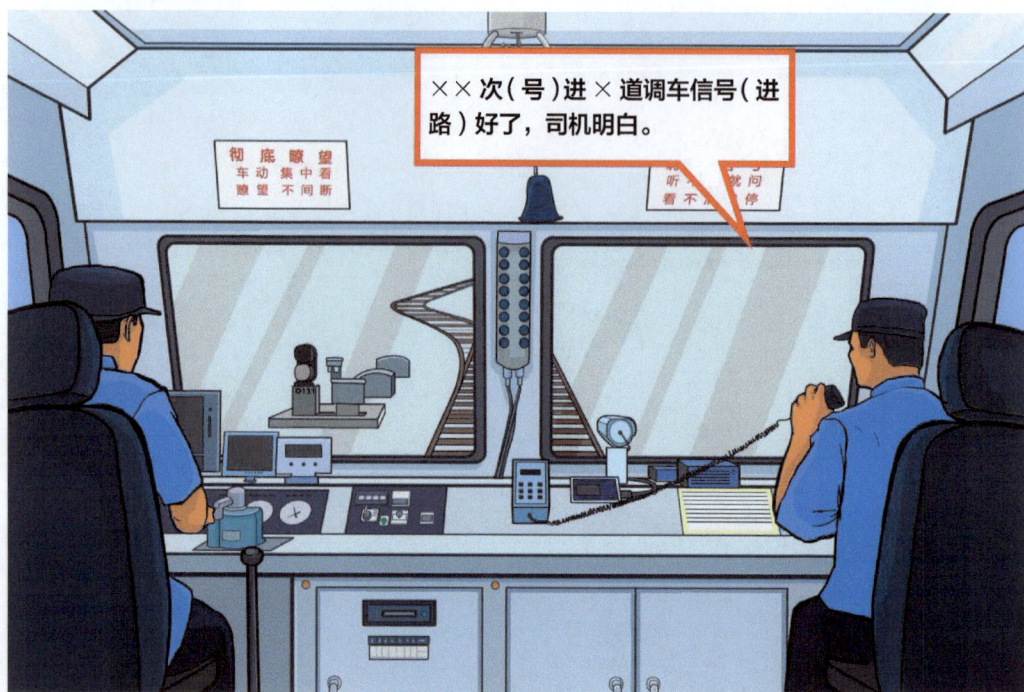

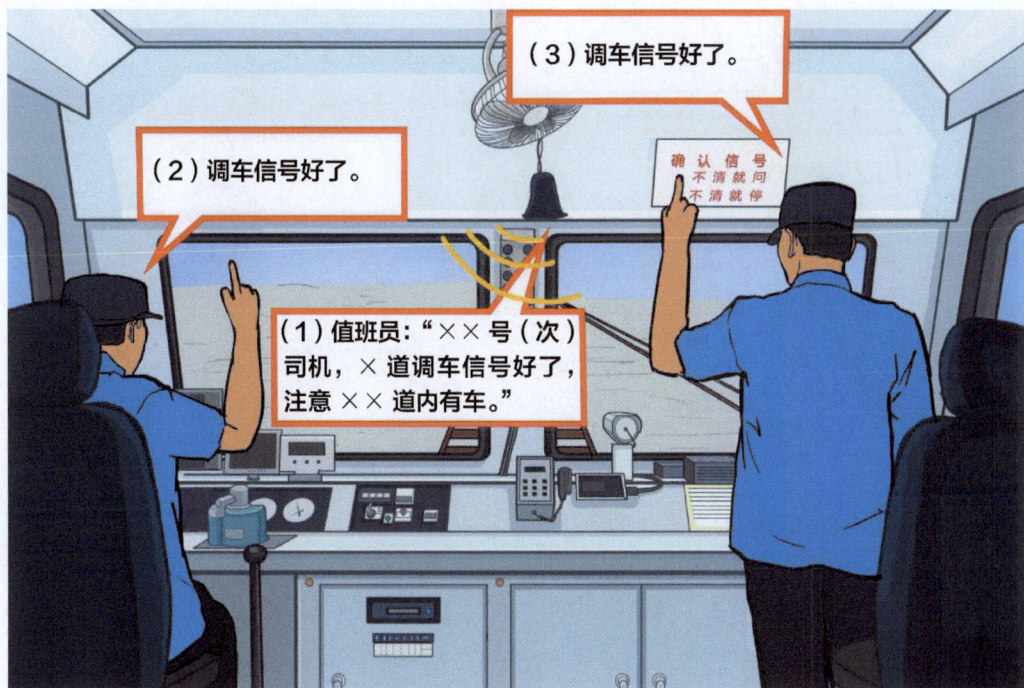

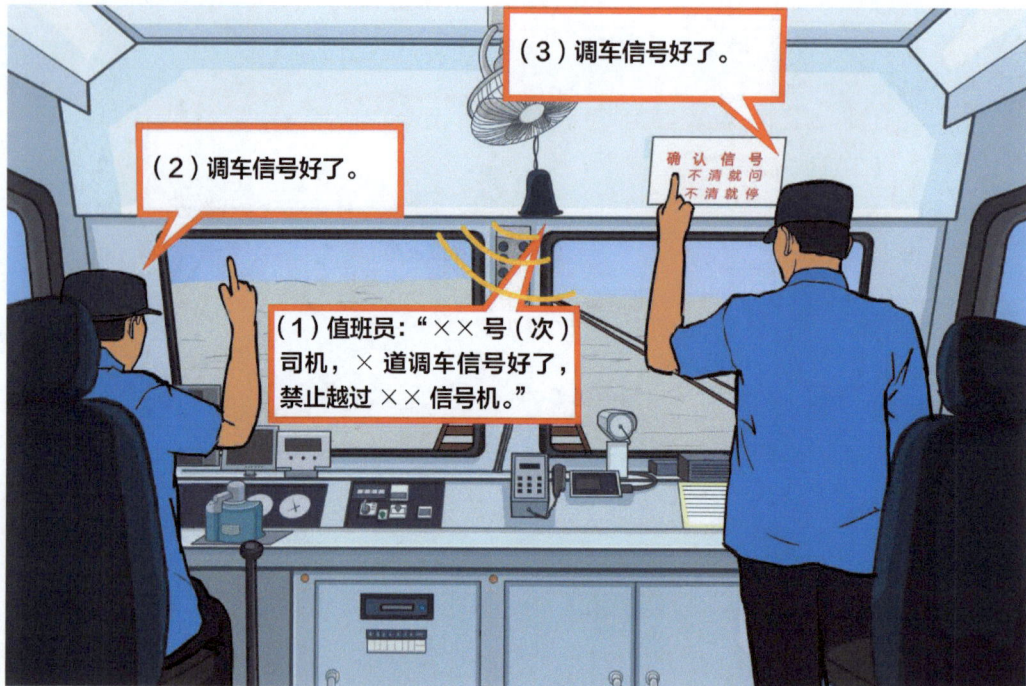

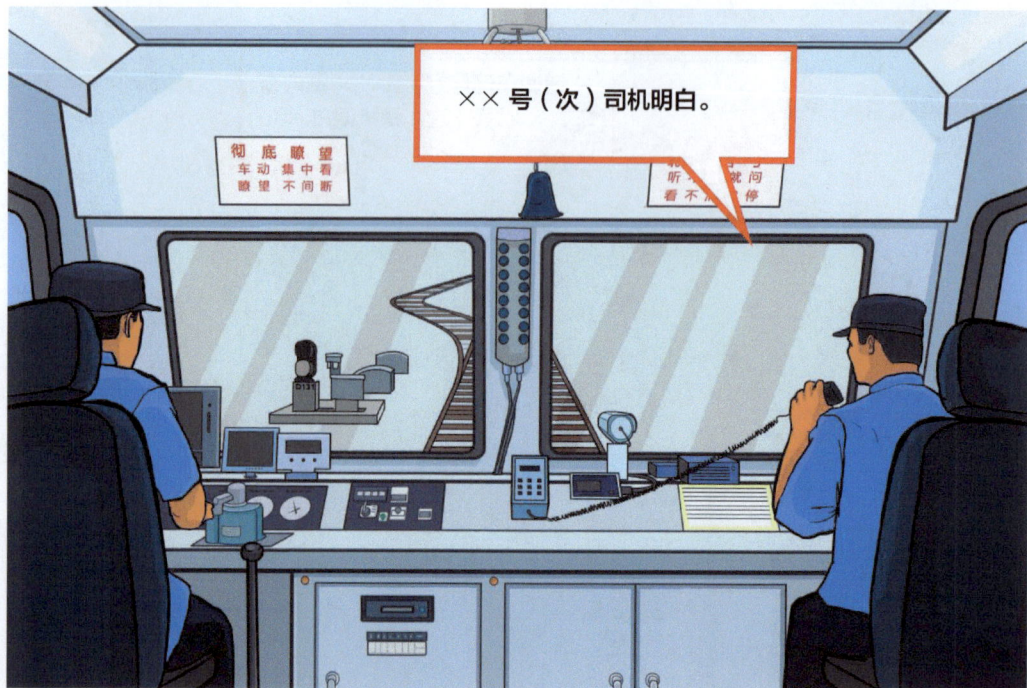

（13）本务车越过最外方道岔停车。

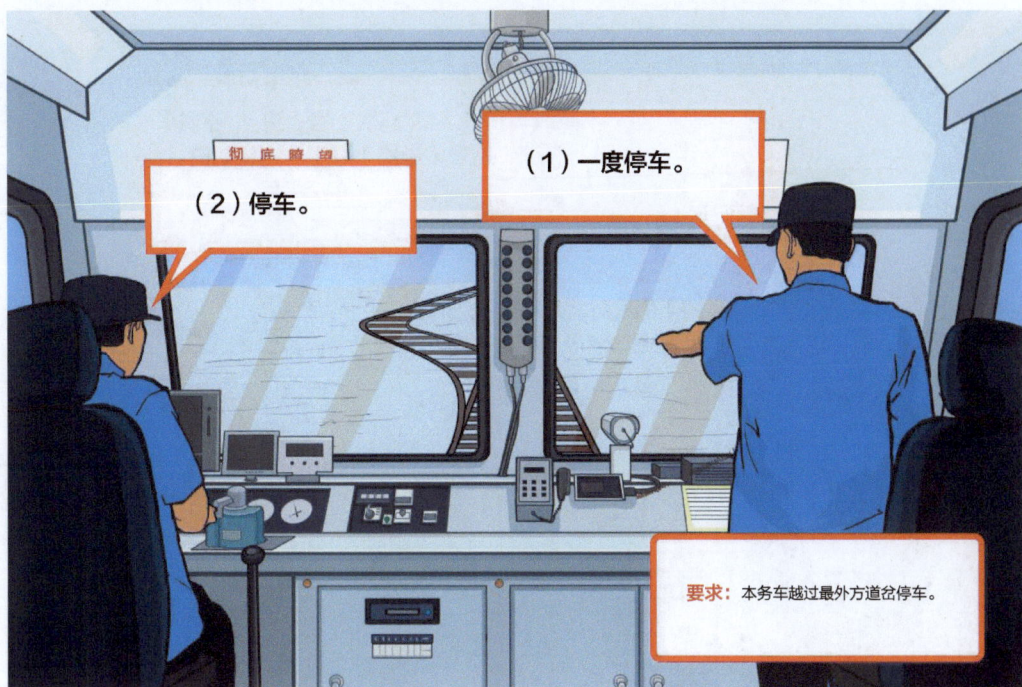

（14）接近站界标。

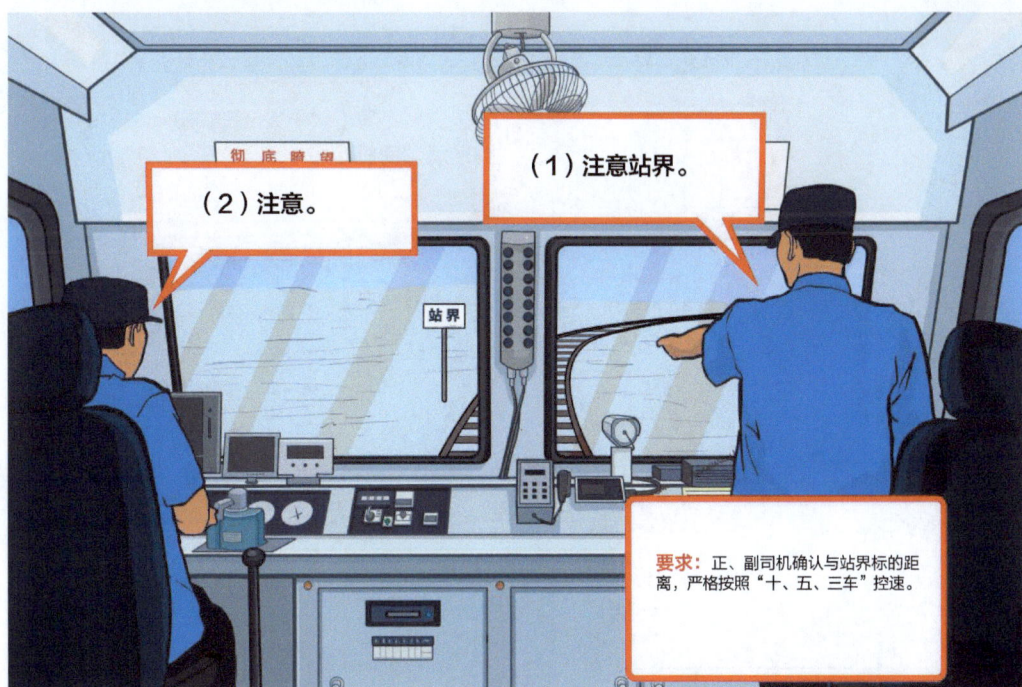

（15）确认进路。

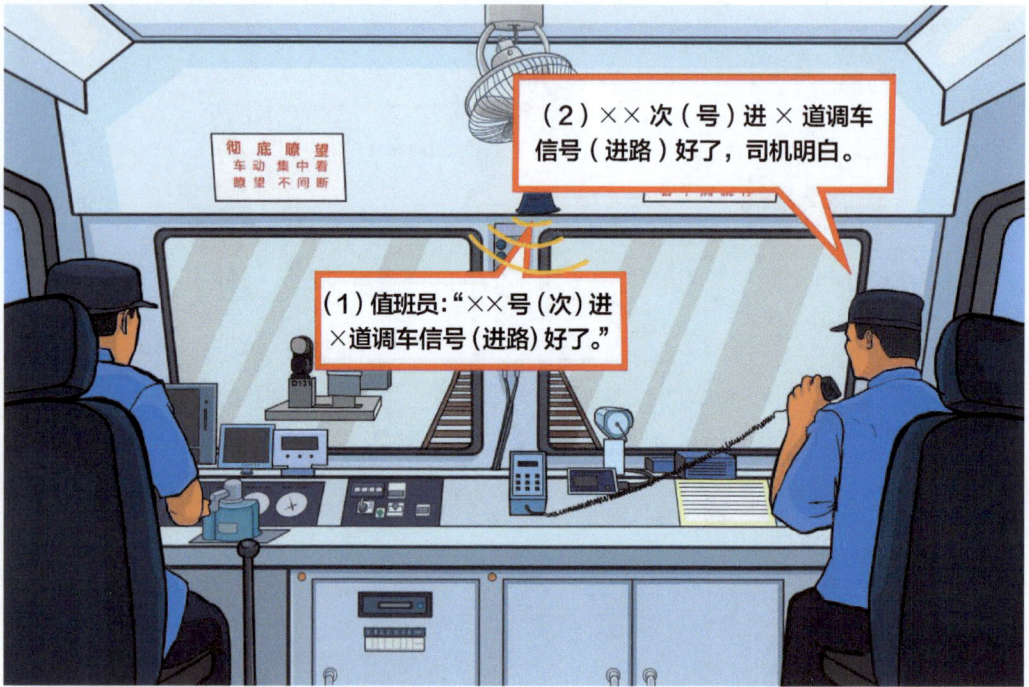

（16）进路取消。

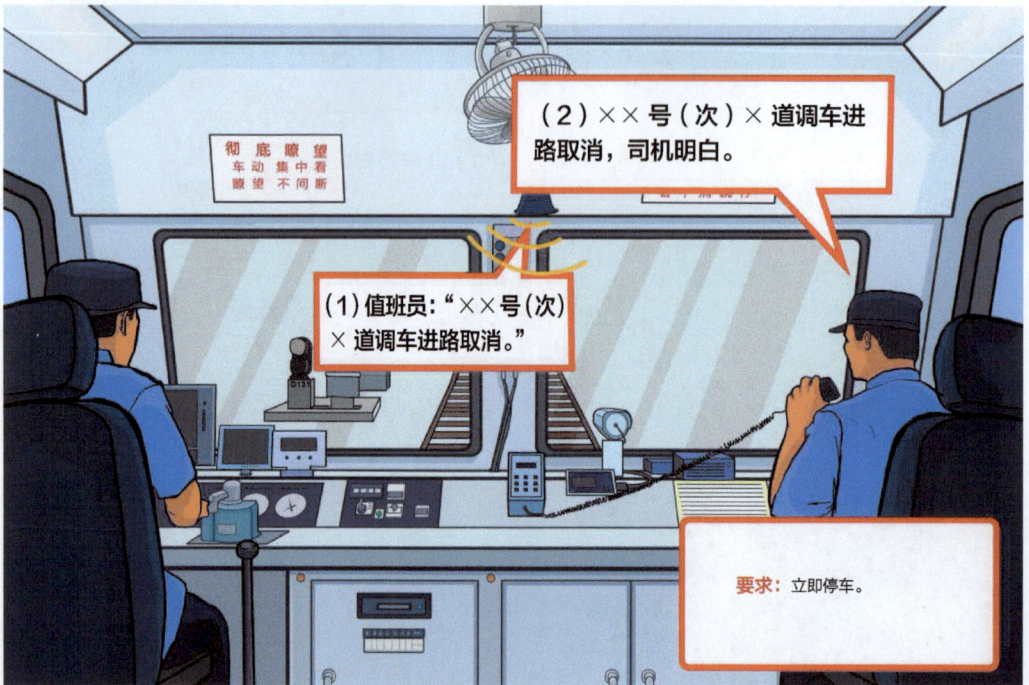

（17）停止调车作业。

（2）×道停止调车作业，司机明白。

（1）值班员："××号（次）×道停止调车作业。"

彻底瞭望
车 动 集 中 看
瞭 望 不 间 断

要求：立即停车。

（1）×道调车作业已停止。

（2）值班员："×道调车作业已停止。"

彻底瞭望
车 动 集 中 看
瞭 望 不 间 断

要求：立即停车。

（18）道内有车。

彻底瞭望
车动集中看
瞭望不间断

（1）值员班："××号（次）司机，×道调车信号好了，注意××道内有车。"

（2）×道调车信号好了，××道内有车，××号（次）司机明白。

要求： 加强瞭望，注意控速。

（19）轨道电路分路不良。

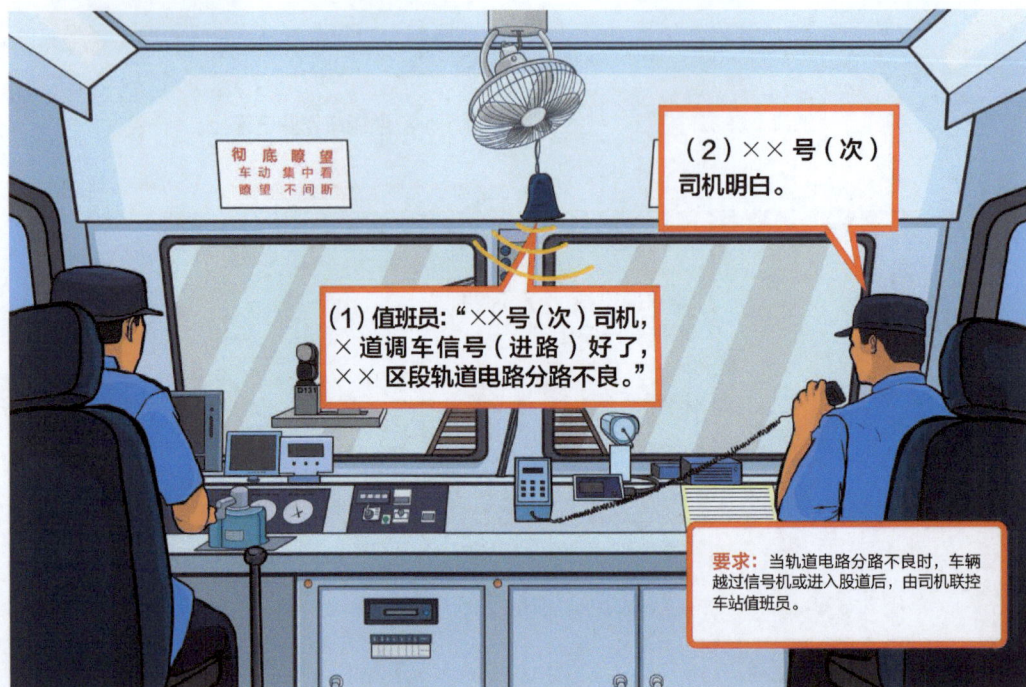

彻底瞭望
车动集中看
瞭望不间断

（1）值班员："××号（次）司机，×道调车信号（进路）好了，××区段轨道电路分路不良。"

（2）××号（次）司机明白。

要求： 当轨道电路分路不良时，车辆越过信号机或进入股道后，由司机联控车站值班员。

（20）越过信号机。

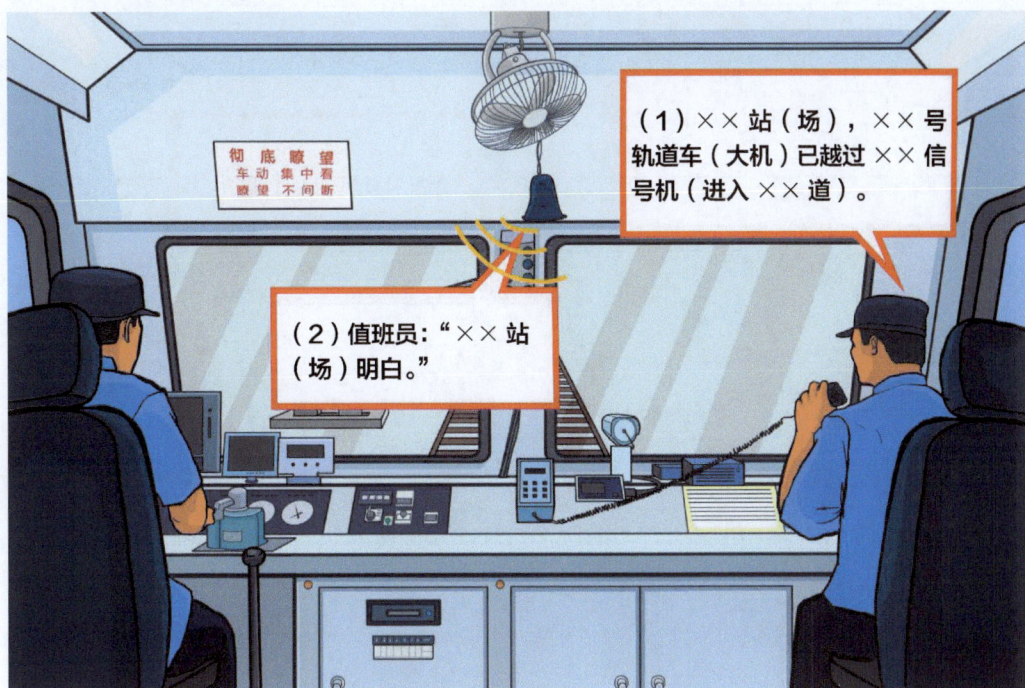

彻底瞭望
车动集中看
瞭望不间断

（1）××站（场），××号轨道车（大机）已越过××信号机（进入××道）。

（2）值班员："××站（场）明白。"

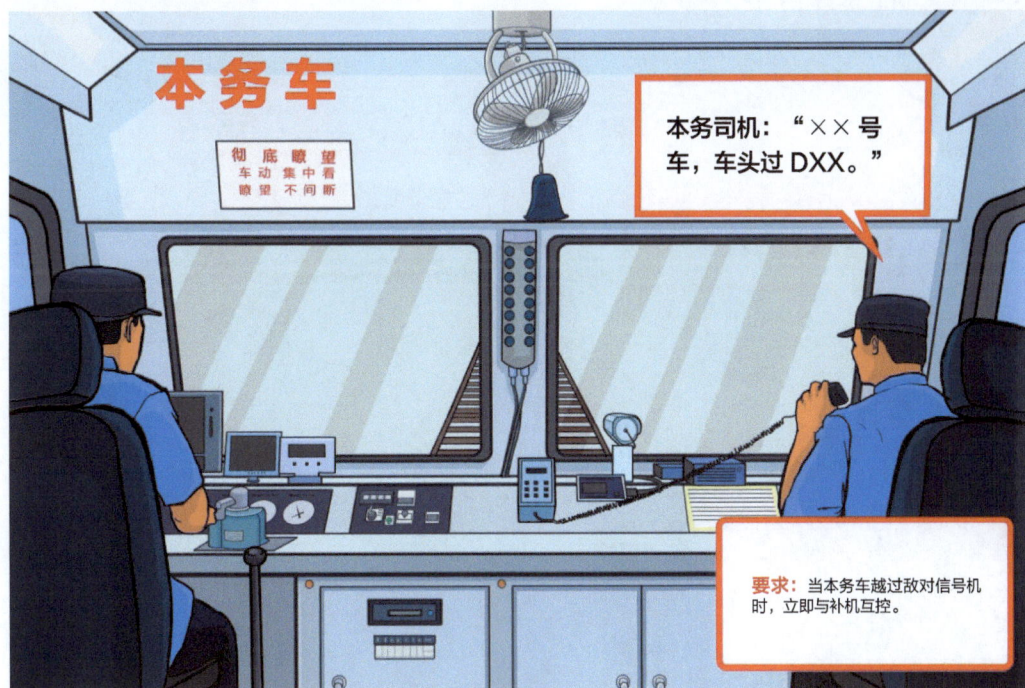

本务车

彻底瞭望
车动集中看
瞭望不间断

本务司机："××号车，车头过DXX。"

要求： 当本务车越过敌对信号机时，立即与补机互控。

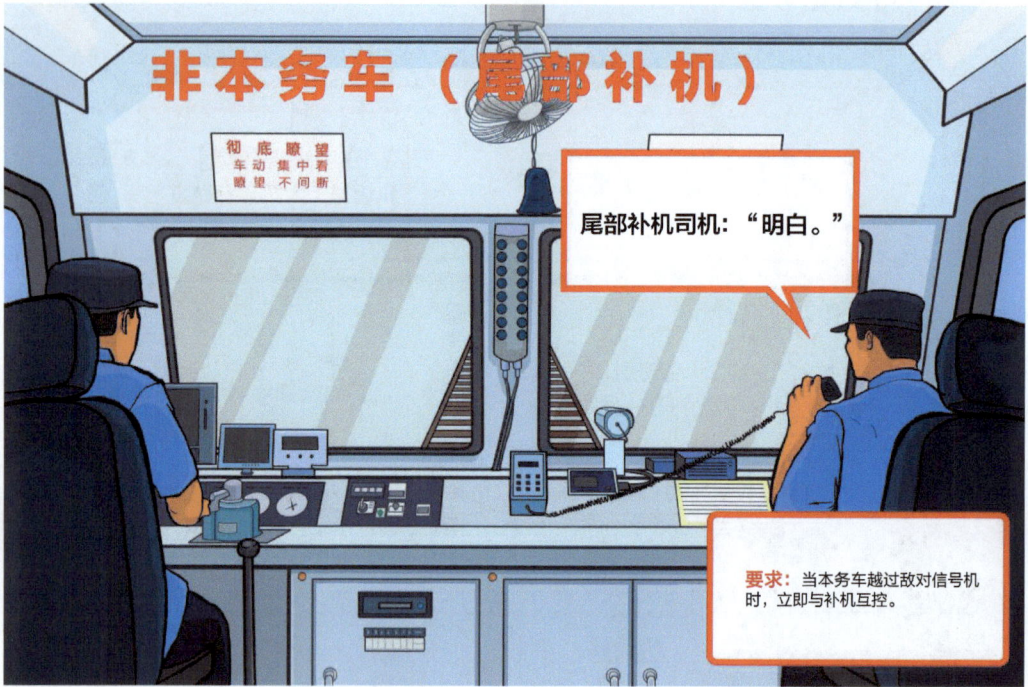

（21）注意停留车。

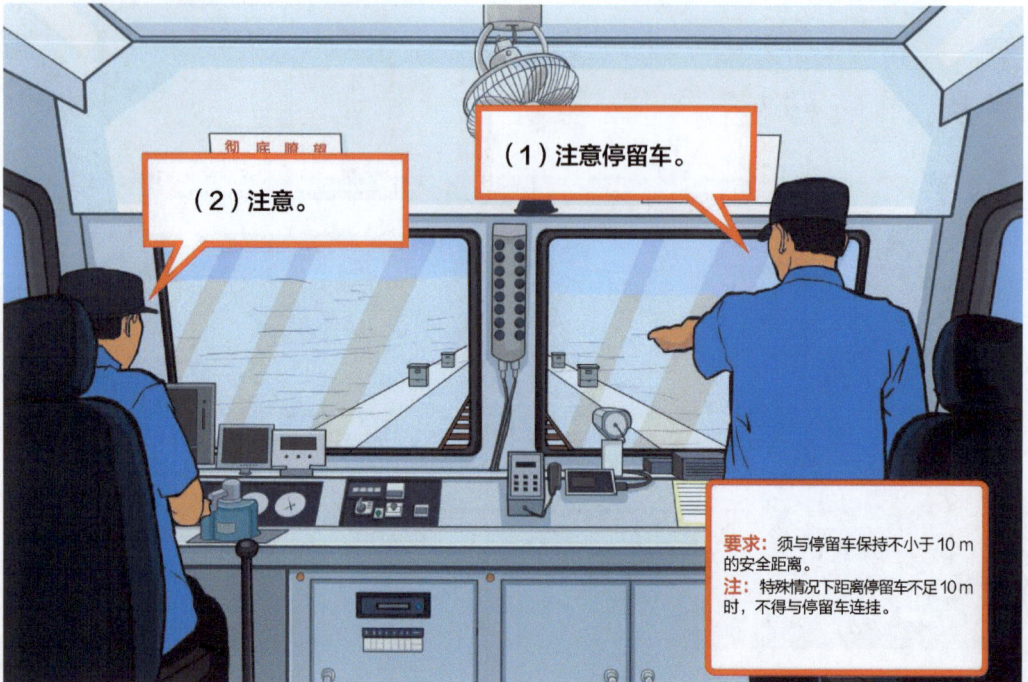

（22）"十、五、三车"速控。

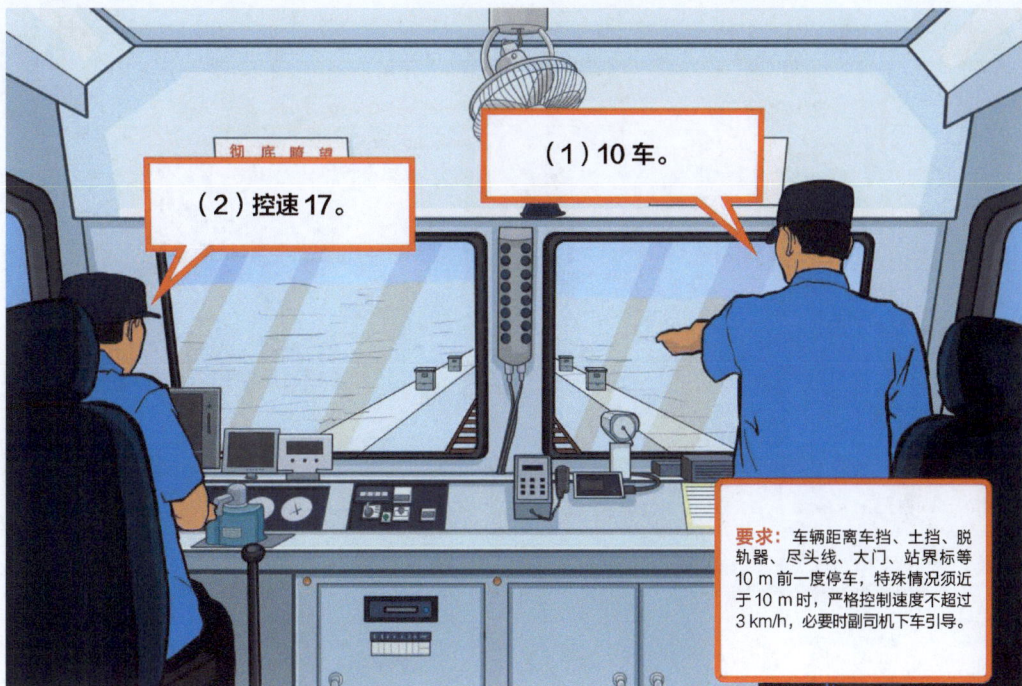

（1）10 车。

（2）控速 17。

彻底瞭望

要求： 车辆距离车挡、土挡、脱轨器、尽头线、大门、站界标等 10 m 前一度停车，特殊情况须近于 10 m 时，严格控制速度不超过 3 km/h，必要时副司机下车引导。

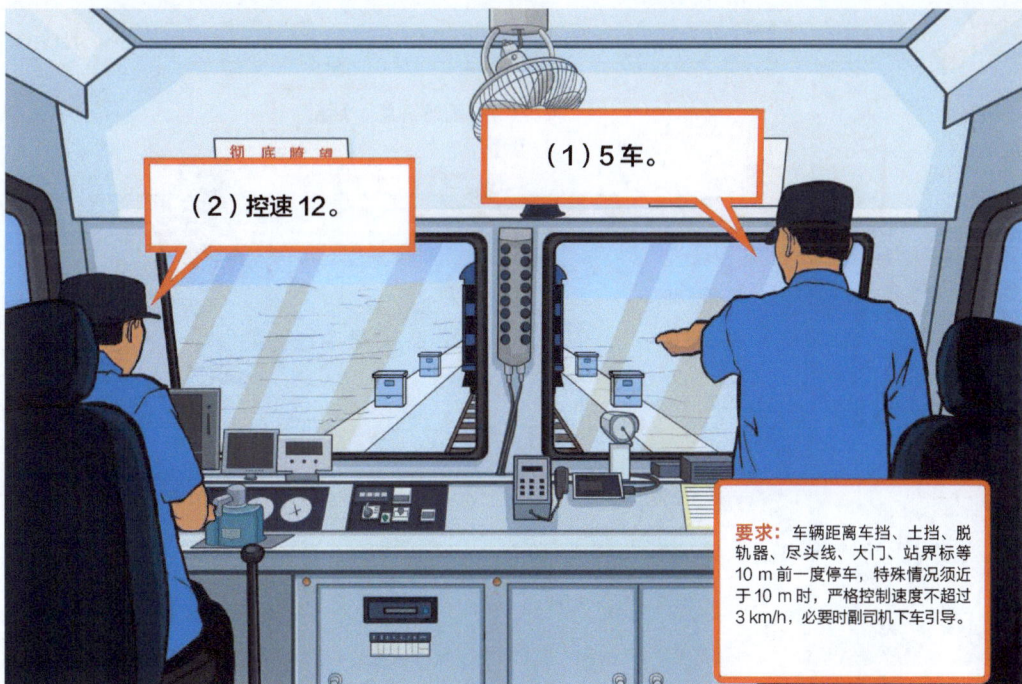

（1）5 车。

（2）控速 12。

彻底瞭望

要求： 车辆距离车挡、土挡、脱轨器、尽头线、大门、站界标等 10 m 前一度停车，特殊情况须近于 10 m 时，严格控制速度不超过 3 km/h，必要时副司机下车引导。

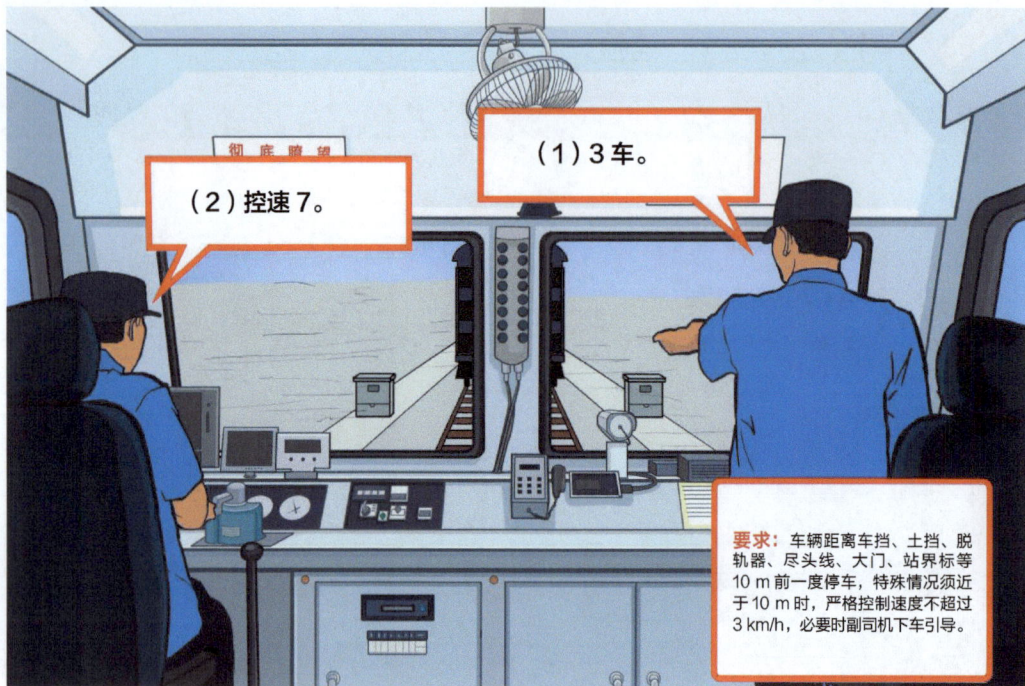

（23）越过敌对信号机。

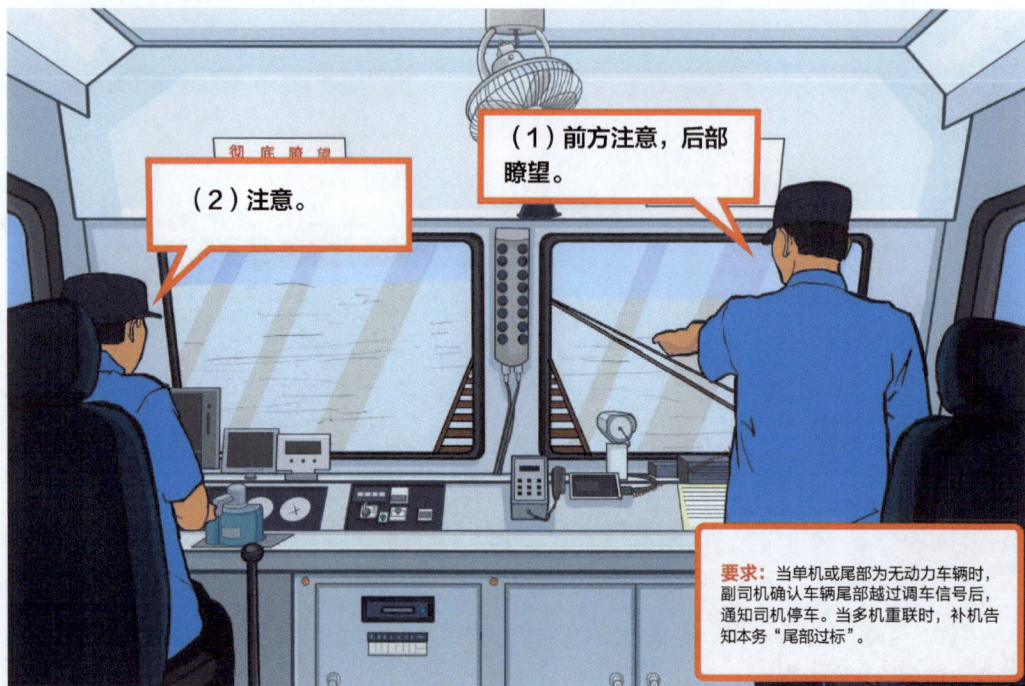

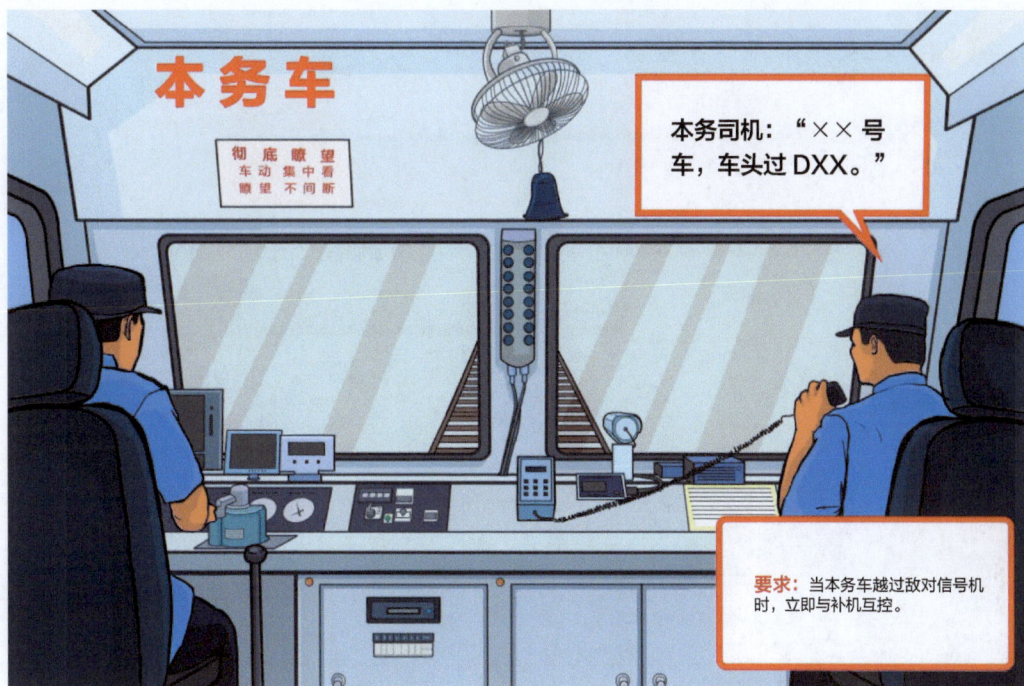

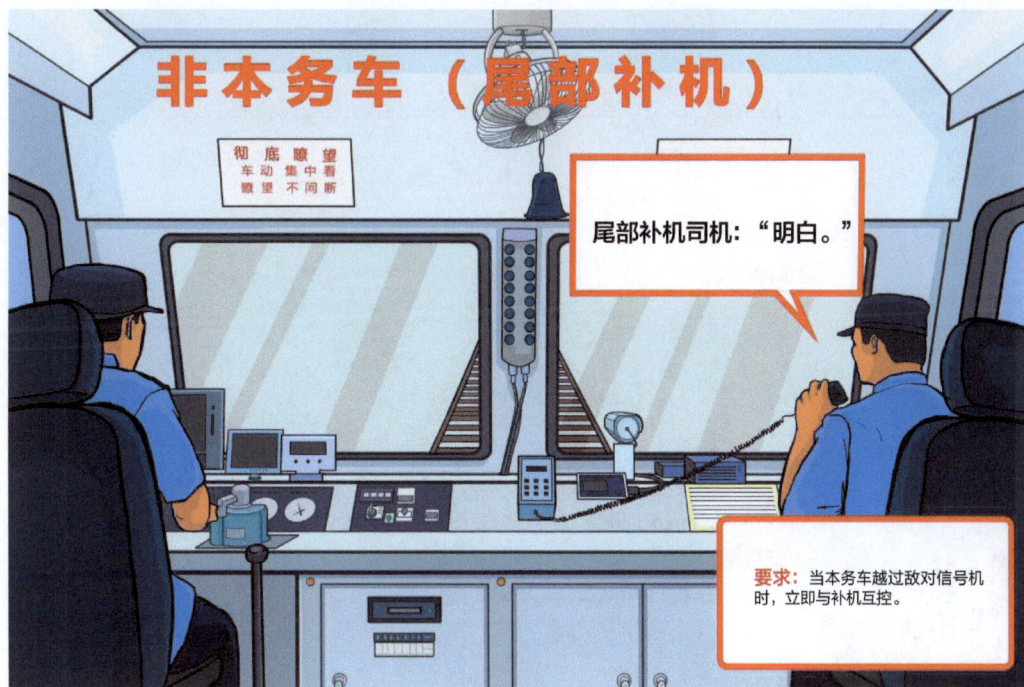

（24）两度停车再挂作业。

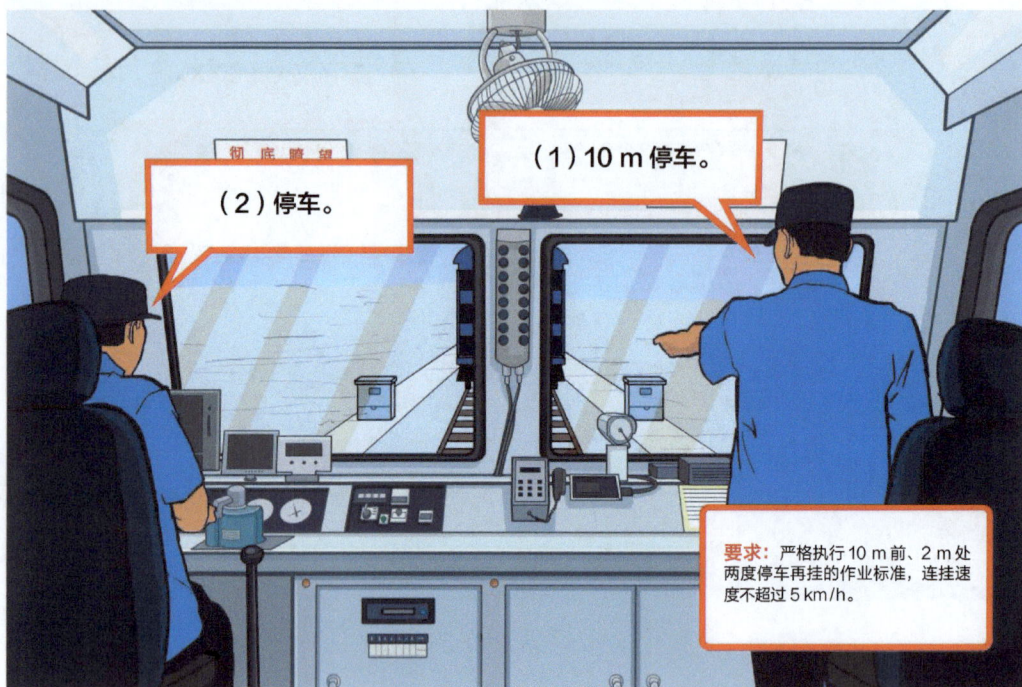

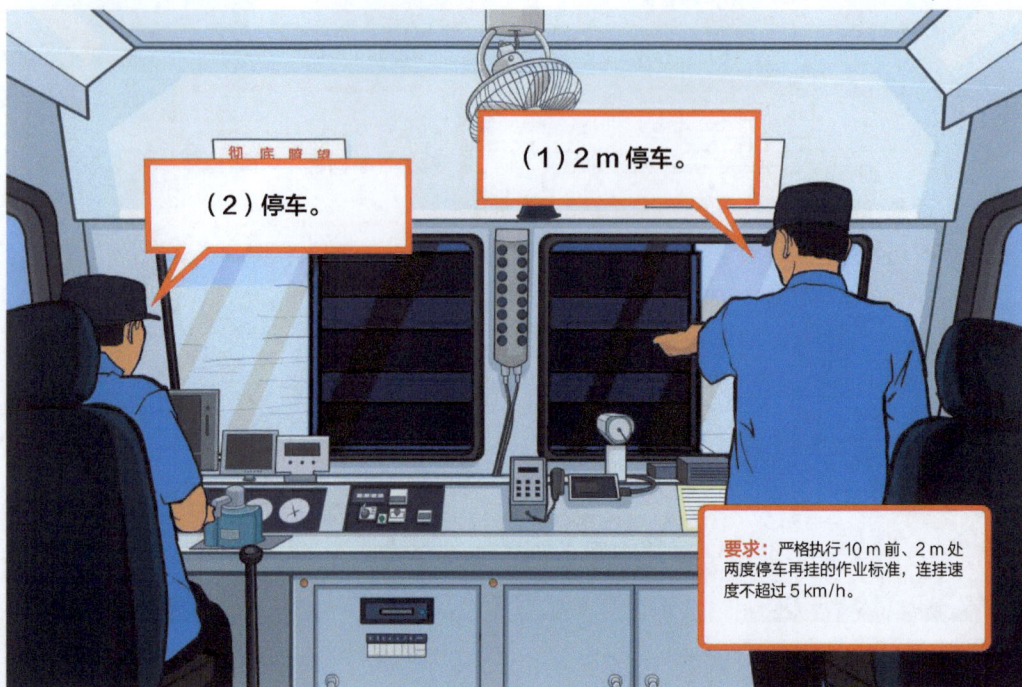

（25）越界调车。

（1）值班员："××次（号）司机，××线第1闭塞分区空闲，准许越出站界调车。"

（2）××次（号）××线第1闭塞分区空闲，准许越出站界调车，司机明白。

3. 高铁区段调车

（1）进入车站。

（1）××（站），××号轨道车（大机）请求×道（线）出。

（2）值班员："××号轨道车（大机）请求×道（线）出，××（站）明白。"

（2）返回工区。

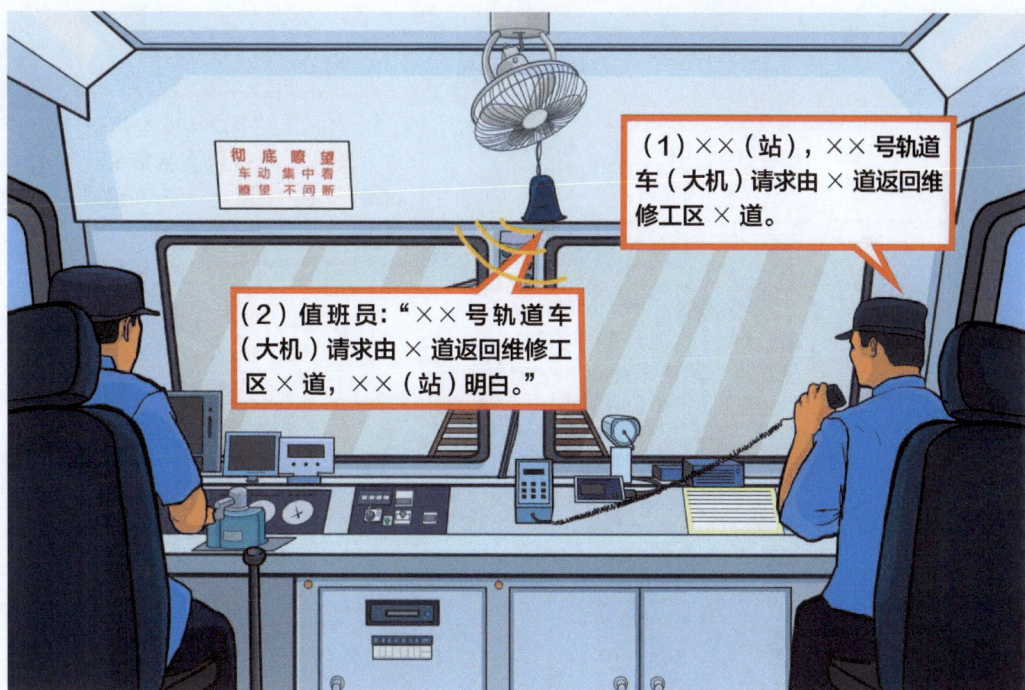

（3）越站调车。

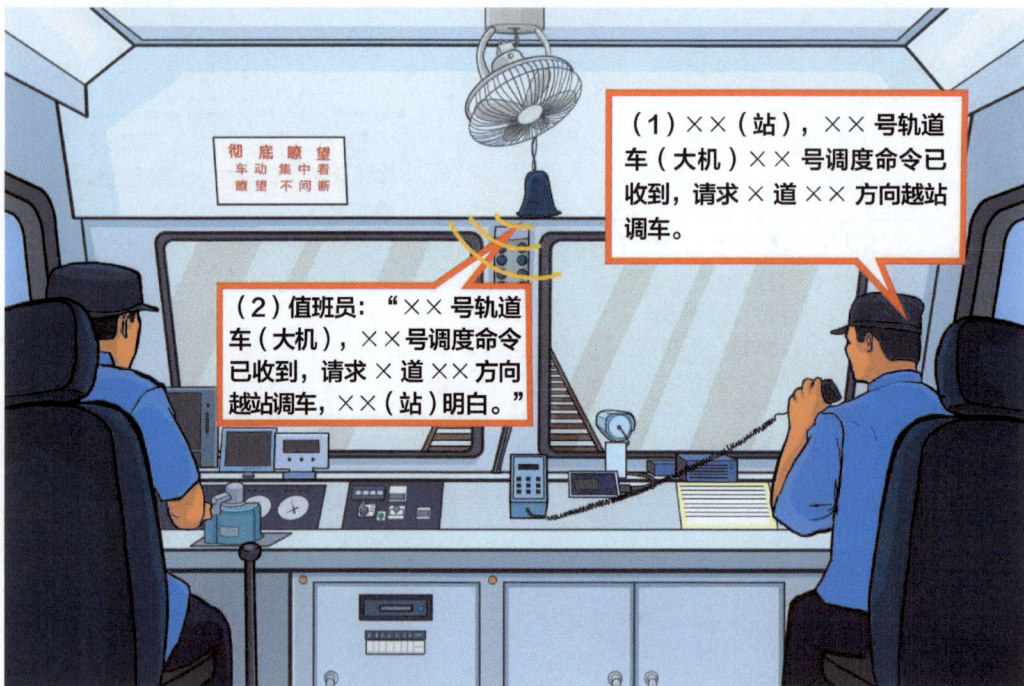

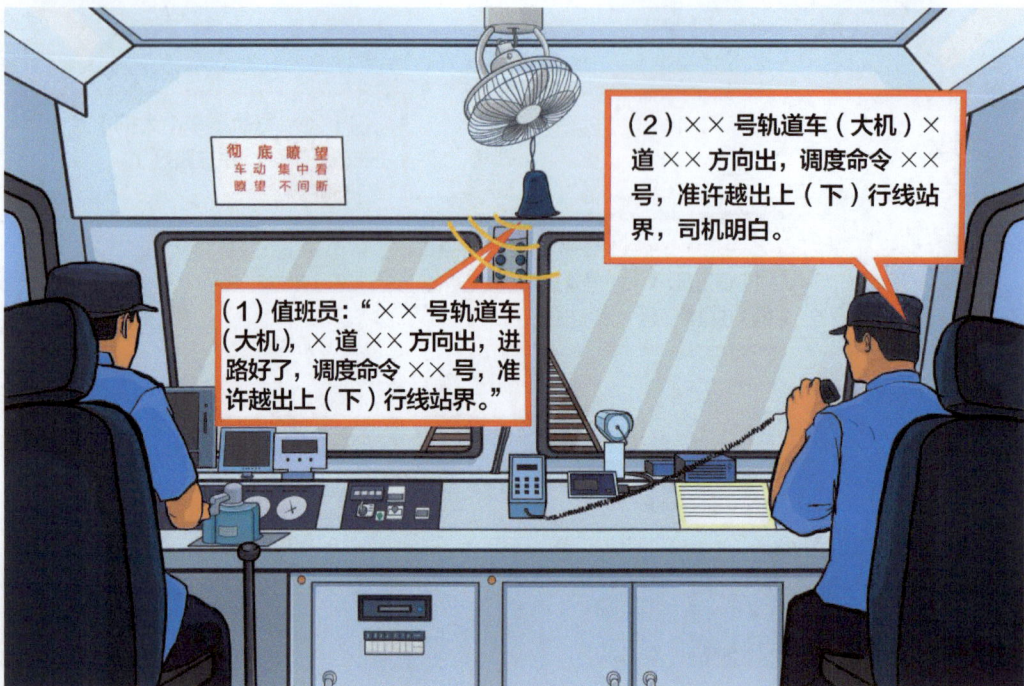

（1）××（站），××号轨道车（大机）已越过××信号机。

（2）值班员："××号轨道车（大机）已越过××信号机，××（站）明白。"

彻 底 瞭 望
车 动 集 中 看
瞭 望 不 间 断

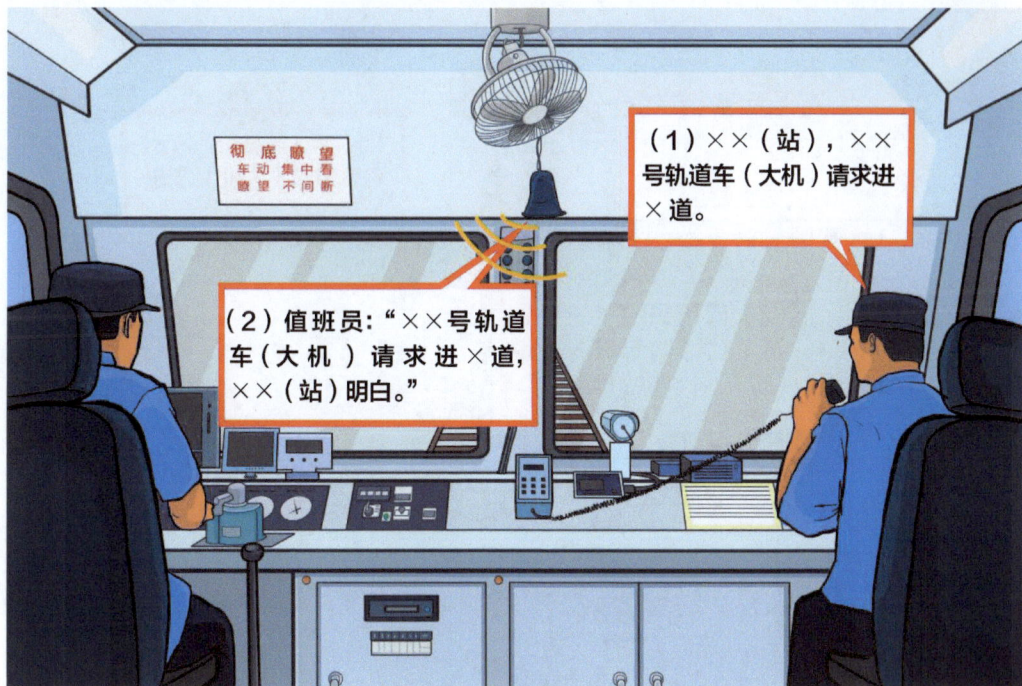

（1）××（站），××号轨道车（大机）请求进×道。

（2）值班员："××号轨道车（大机）请求进×道，××（站）明白。"

彻 底 瞭 望
车 动 集 中 看
瞭 望 不 间 断

4. 发车

（1）准备发车。

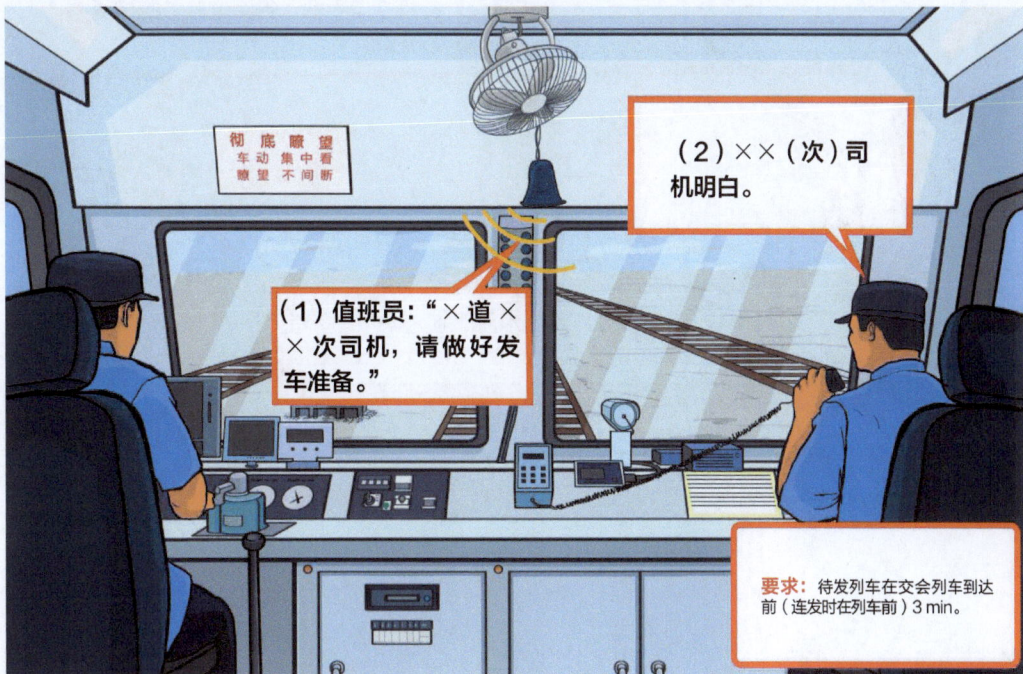

（1）值班员："×道××次司机，请做好发车准备。"

（2）××（次）司机明白。

要求：待发列车在交会列车到达前（连发时在列车前）3 min。

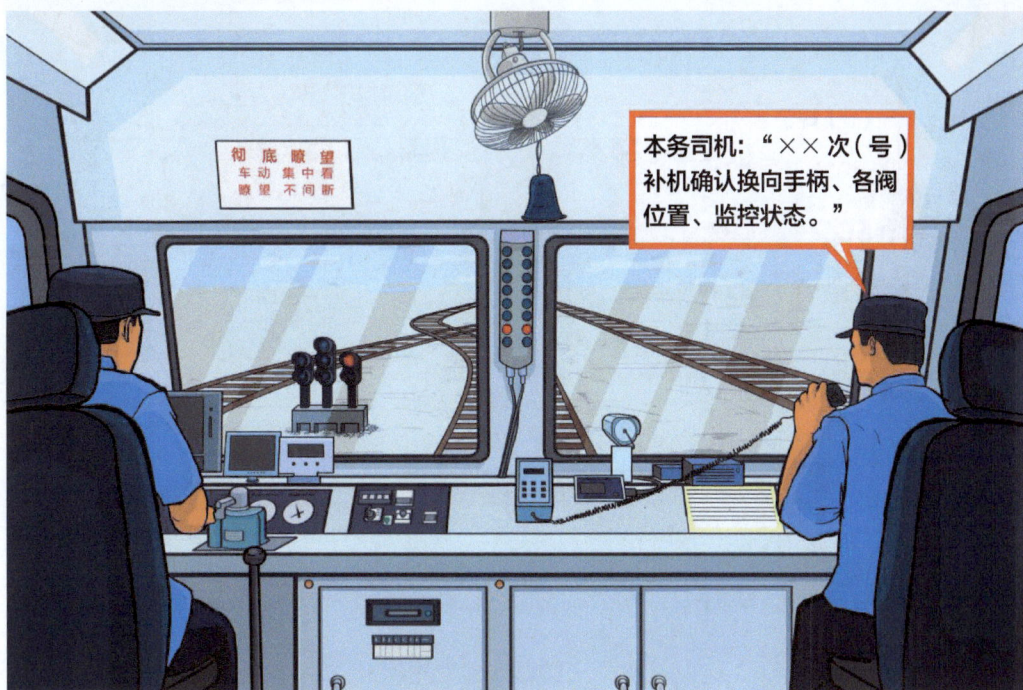

本务司机："××次（号）补机确认换向手柄、各阀位置、监控状态。"

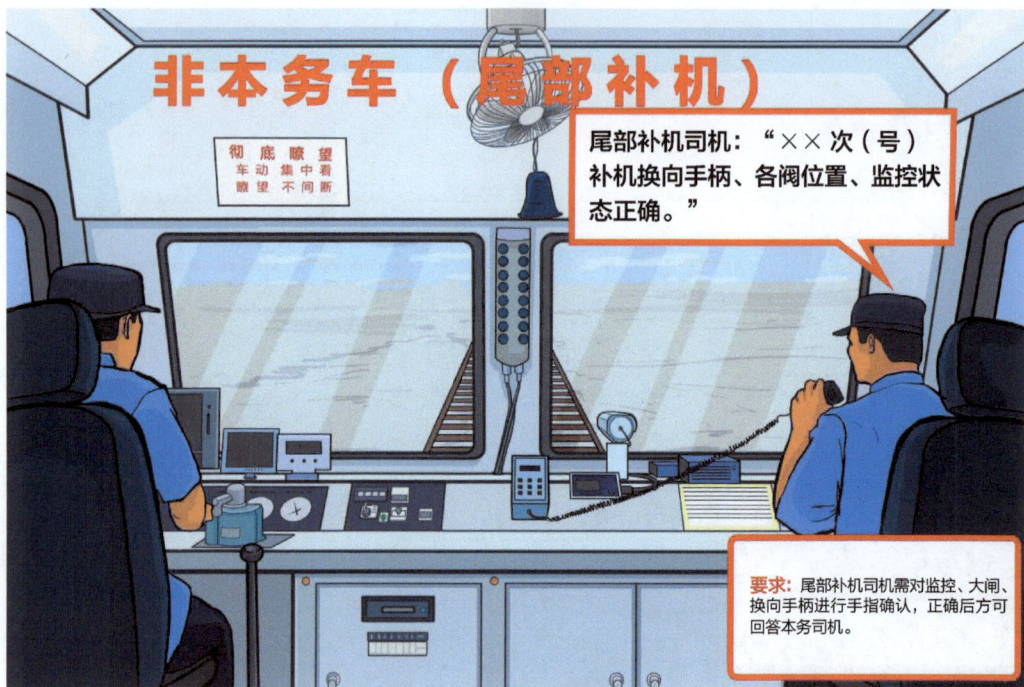

非本务车（尾部补机）

彻底瞭望
车动 集中看
瞭望 不间断

尾部补机司机："××次（号）补机换向手柄、各阀位置、监控状态正确。"

要求：尾部补机司机需对监控、大闸、换向手柄进行手指确认，正确后方可回答本务司机。

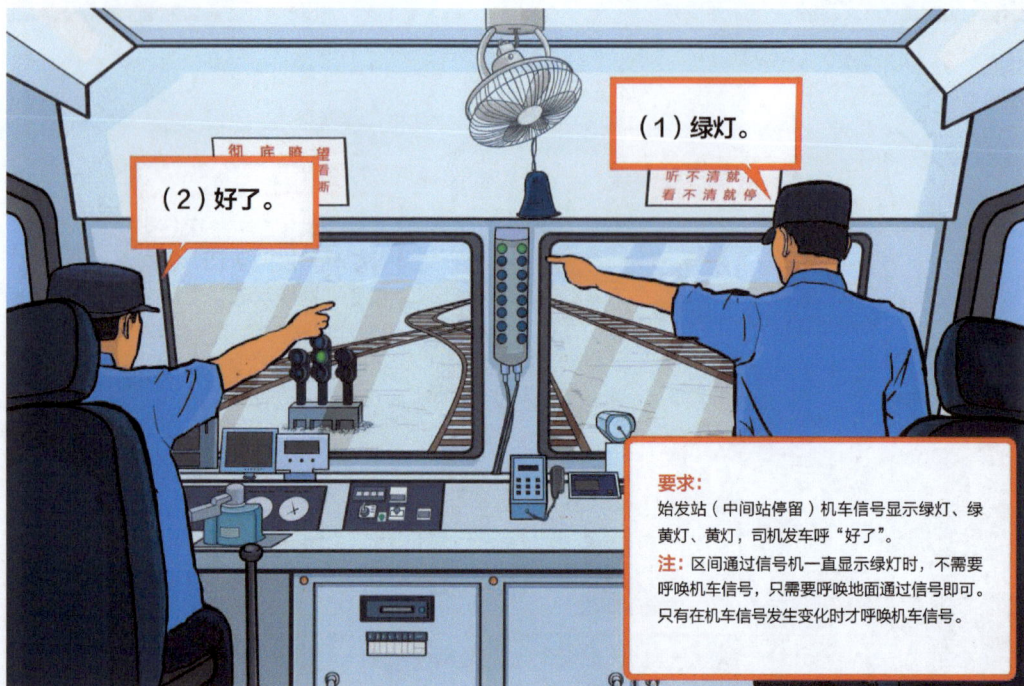

（2）好了。

（1）绿灯。

彻底瞭望
不间断

听不清就问
看不清就停

要求：
始发站（中间站停留）机车信号显示绿灯、绿黄灯、黄灯，司机发车呼"好了"。
注：区间通过信号机一直显示绿灯时，不需要呼唤机车信号，只需要呼唤地面通过信号即可。只有在机车信号发生变化时才呼唤机车信号。

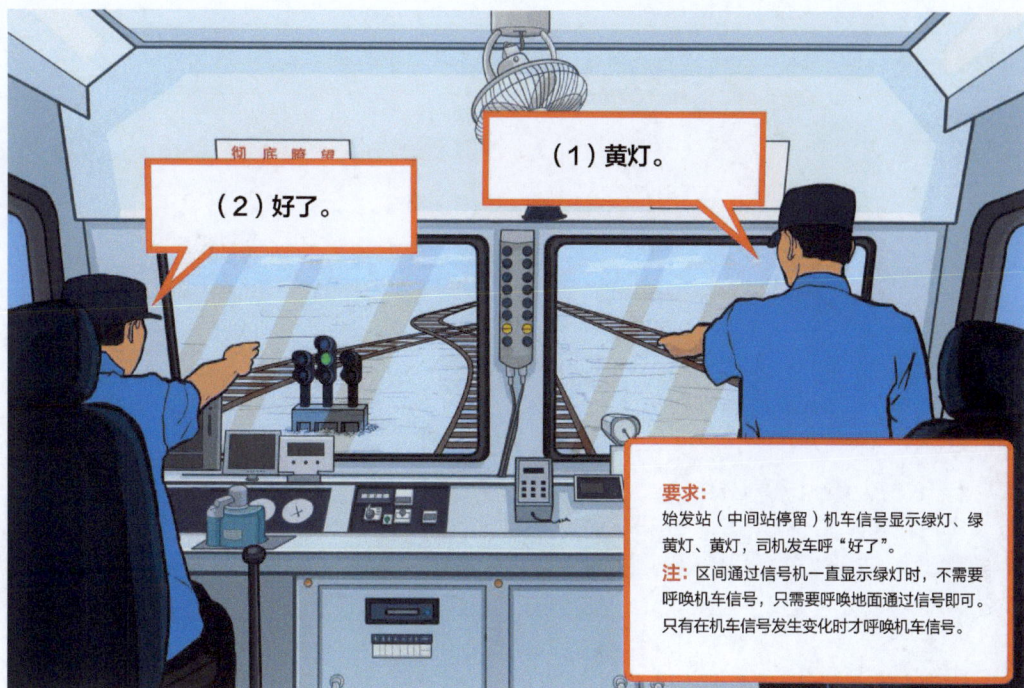

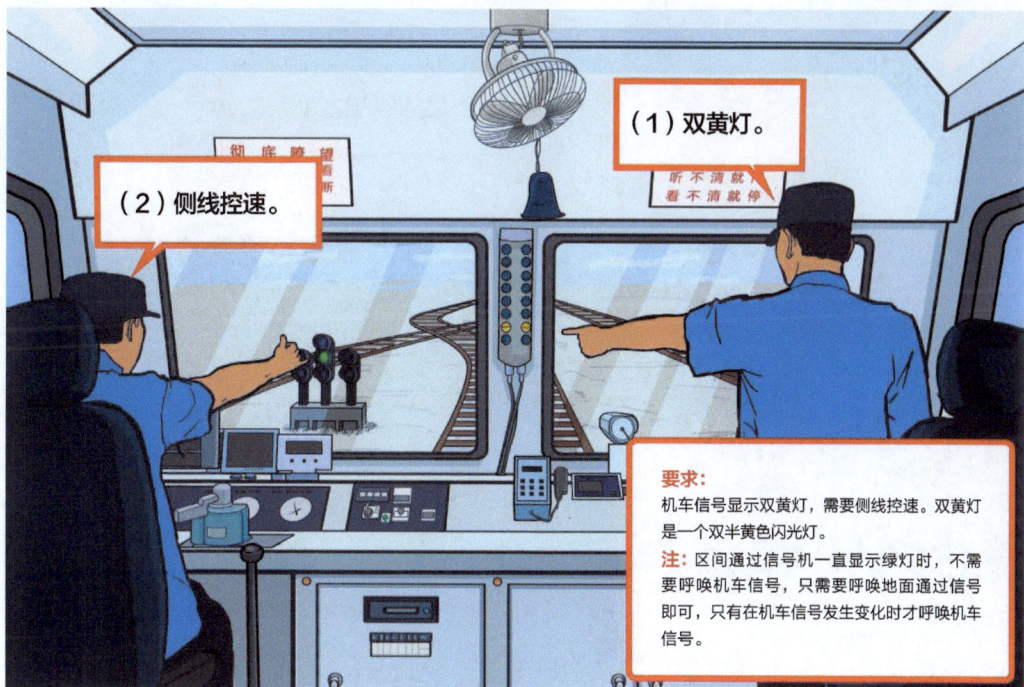

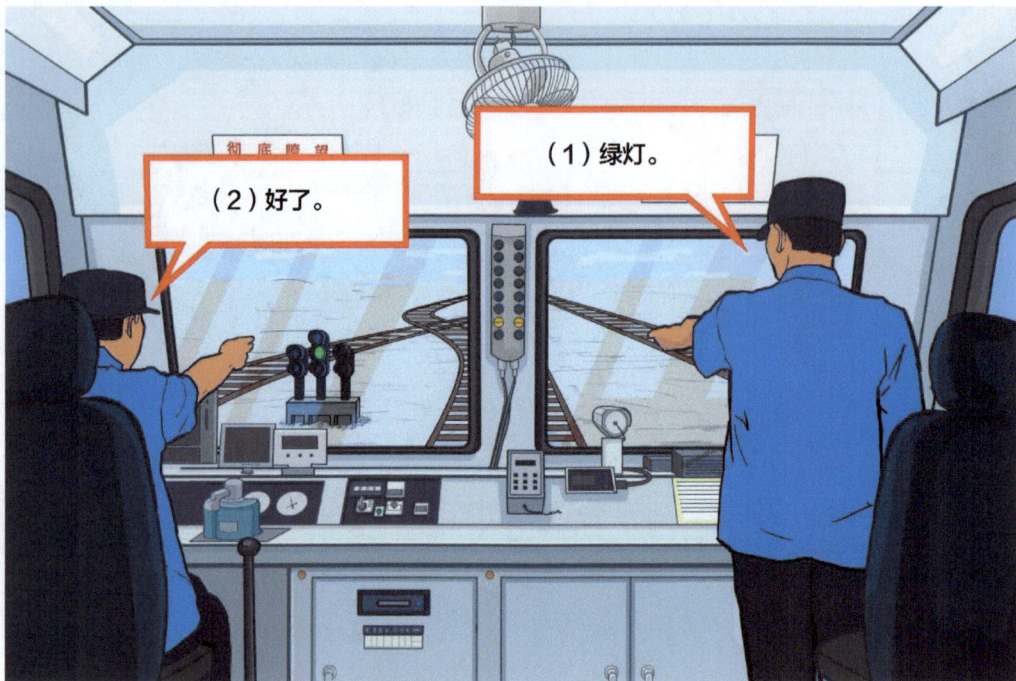

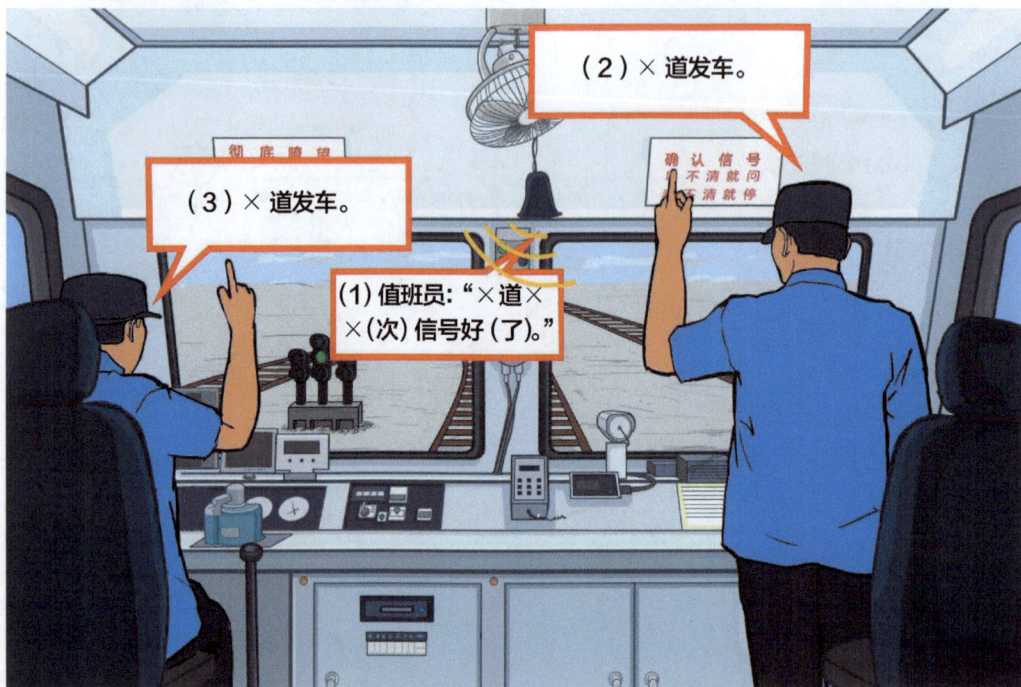

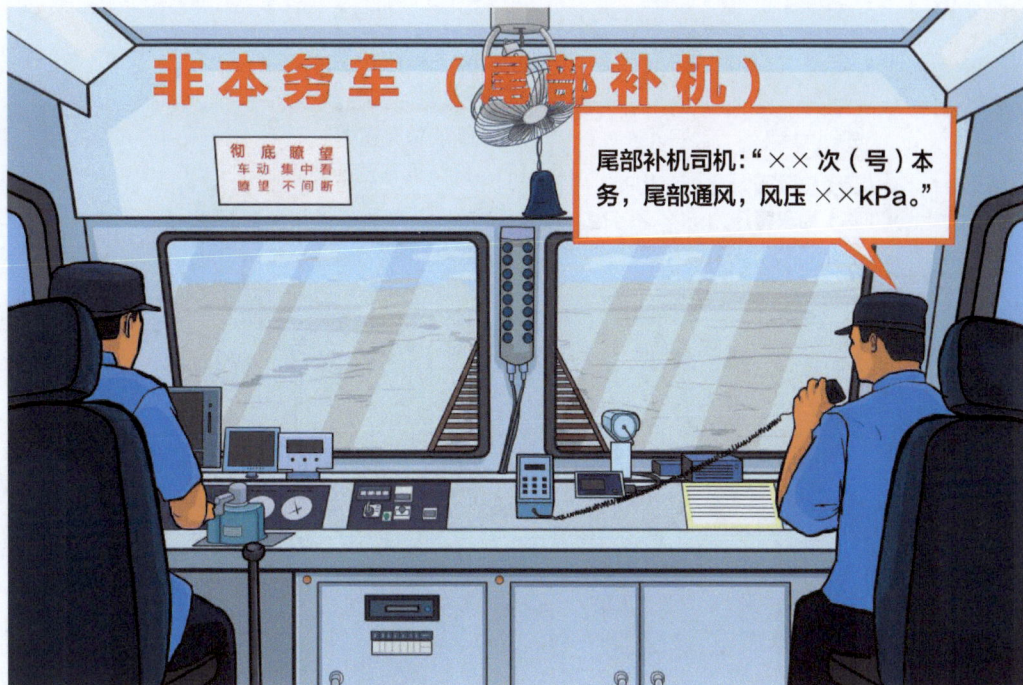

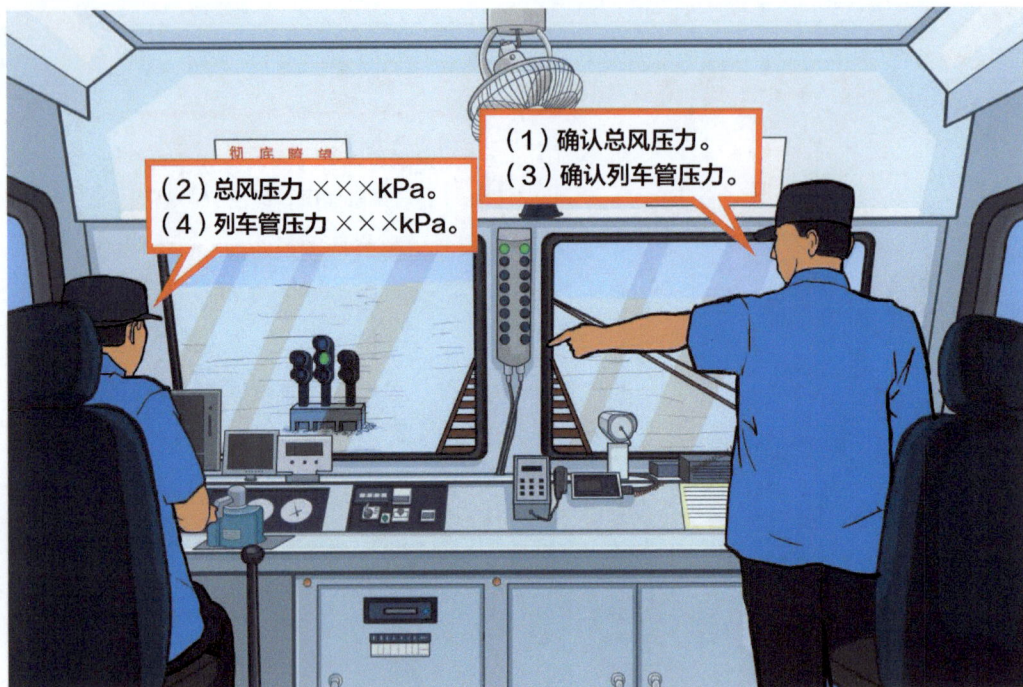

（1）确认总风压力。
（3）确认列车管压力。

（2）总风压力 ×××kPa。
（4）列车管压力 ×××kPa。

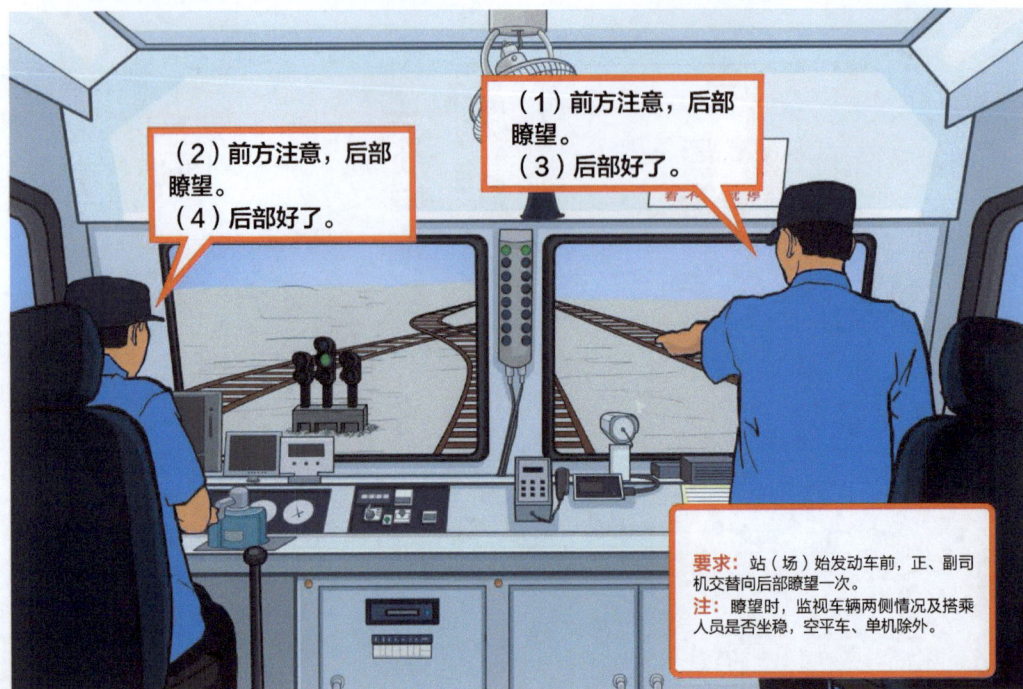

（1）前方注意，后部瞭望。
（3）后部好了。

（2）前方注意，后部瞭望。
（4）后部好了。

要求： 站（场）始发动车前，正、副司机交替向后部瞭望一次。
注： 瞭望时，监视车辆两侧情况及搭乘人员是否坐稳，空平车、单机除外。

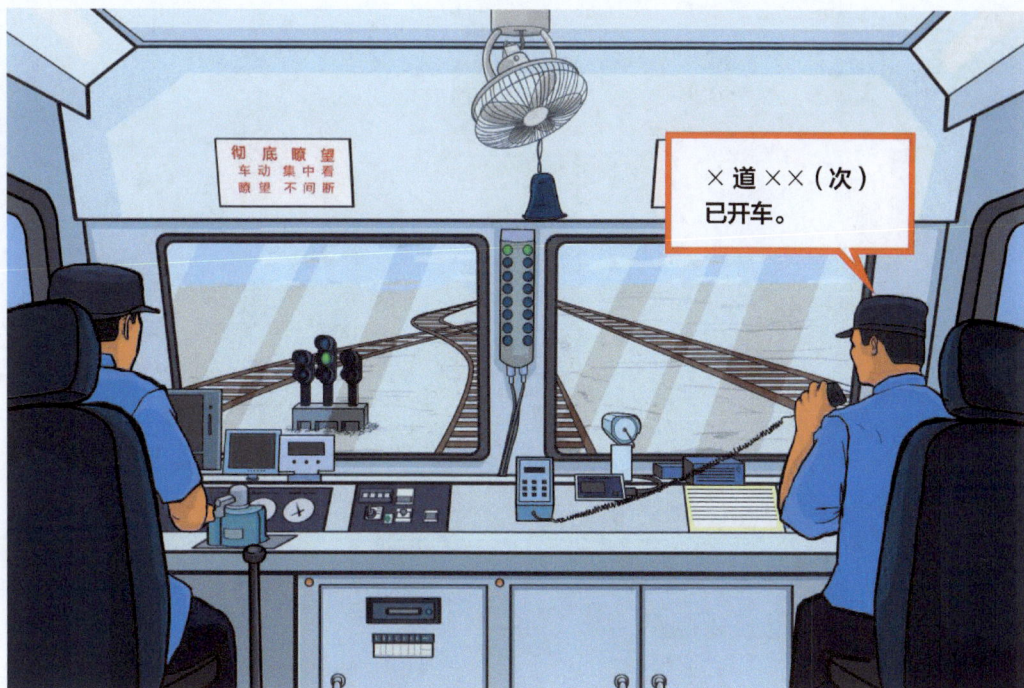

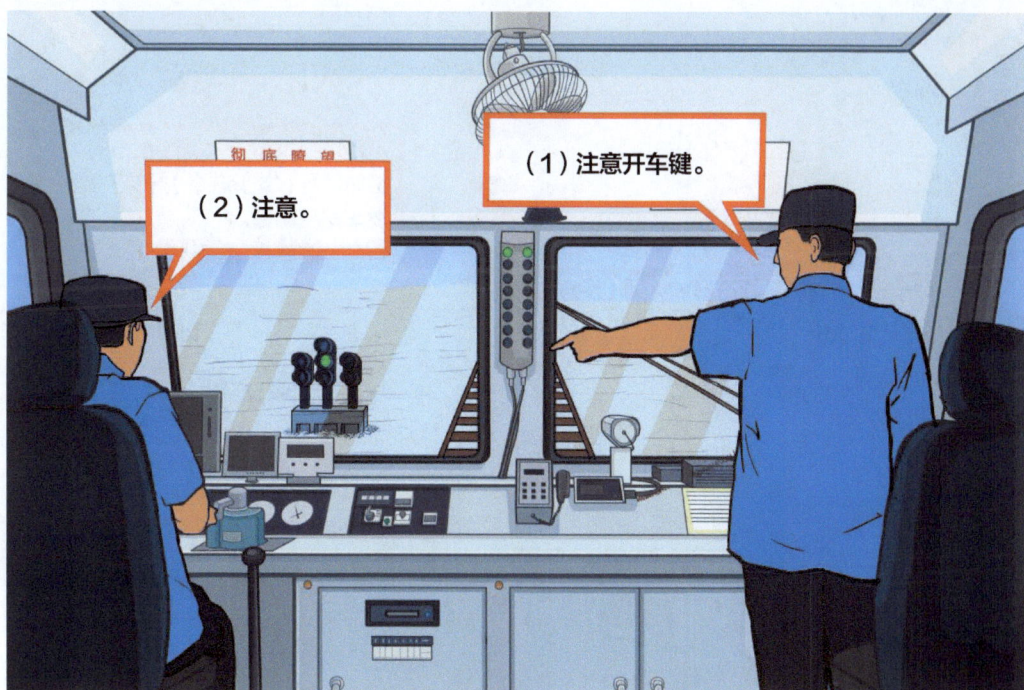

开车键好了，控速××km/h。

注：对标速度不超最低道岔限速。

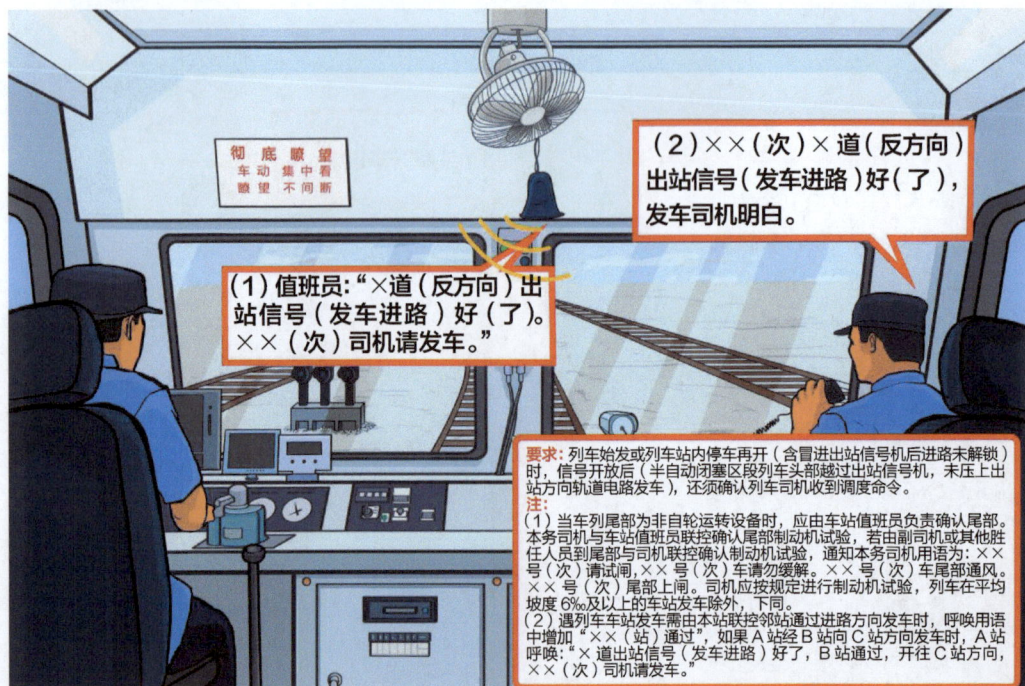

彻底瞭望
车动 集中看
瞭望 不间断

（2）××（次）×道（反方向）出站信号（发车进路）好（了），发车司机明白。

（1）值班员："×道（反方向）出站信号（发车进路）好（了）。××（次）司机请发车。"

要求：列车始发或列车站内停车再开（含冒进出站信号机后进路未解锁）时，信号开放后（半自动闭塞区段列车头部越过出站信号机，未压上出站方向轨道电路发车），还须确认列车司机收到调度命令。

注：
（1）当车列尾部为非自轮运转设备时，应由车站值班员负责确认尾部。本务司机与车站值班员联控确认尾部制动机试验，若由副司机或其他胜任人员到尾部与司机联控确认制动机试验，通知本务司机用语为：××号（次）请试闸，××号（次）车请勿缓解。××号（次）车尾部通风。××号（次）尾部上闸。司机应按规定进行制动机试验，列车在平均坡度6‰及以上的车站发车除外，下同。
（2）遇列车车站发车需由本站联控邻站通过进路方向发车时，呼唤用语中增加"××（站）通过"，如果A站经B站向C站方向发车时，A站呼唤："×道出站信号（发车进路）好了，B站通过，开往C站方向，××（次）司机请发车。"

（2）动态试闸。

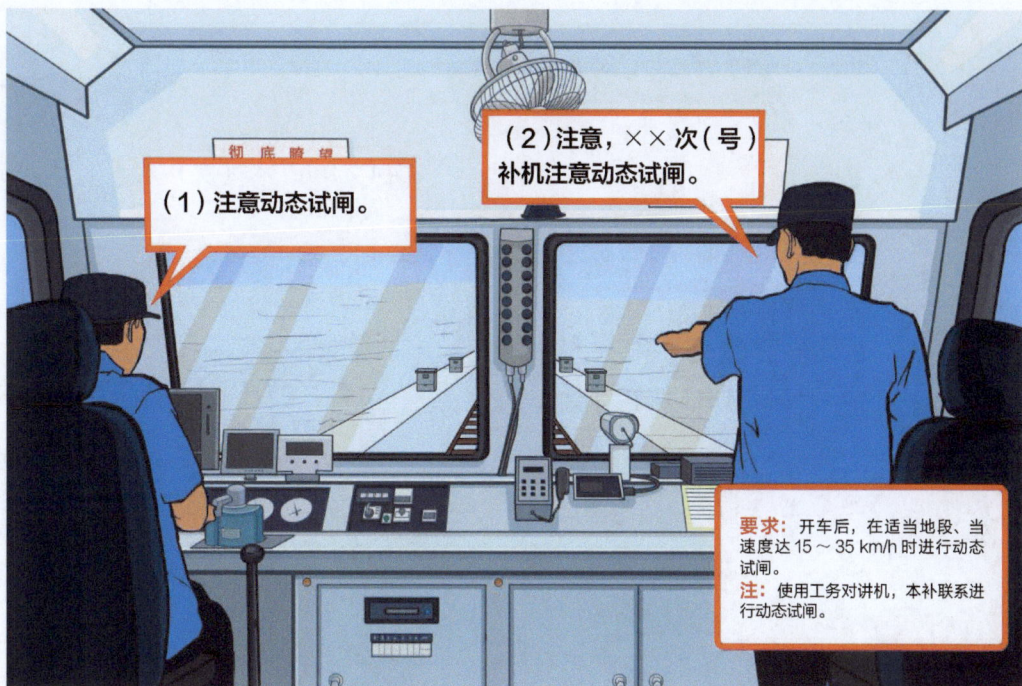

非本务车（尾部补机）

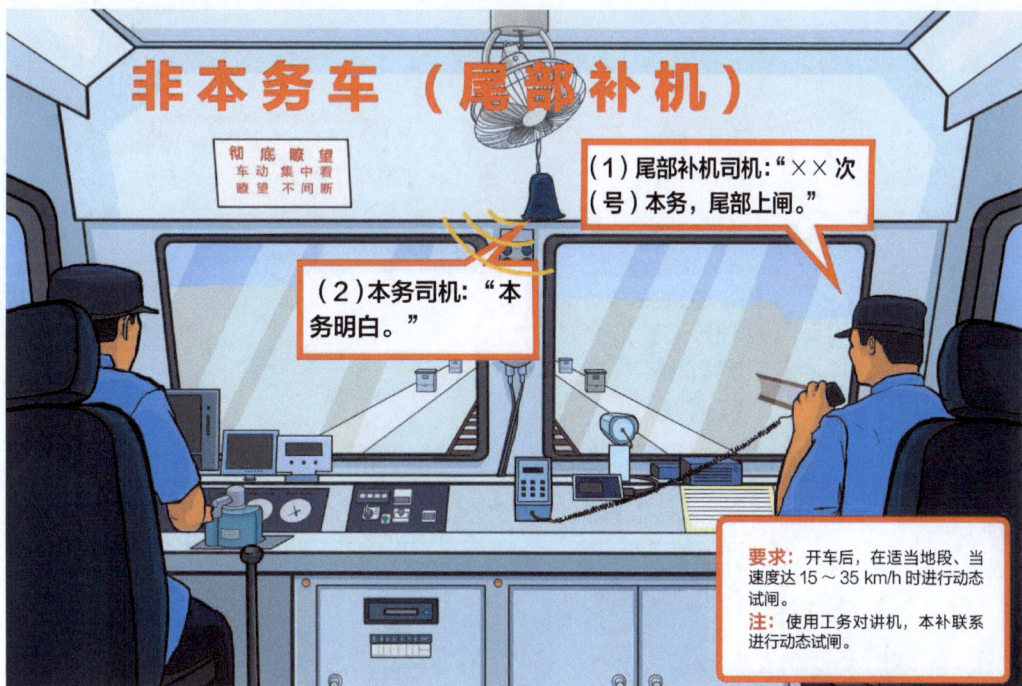

（3）唱核调度命令。

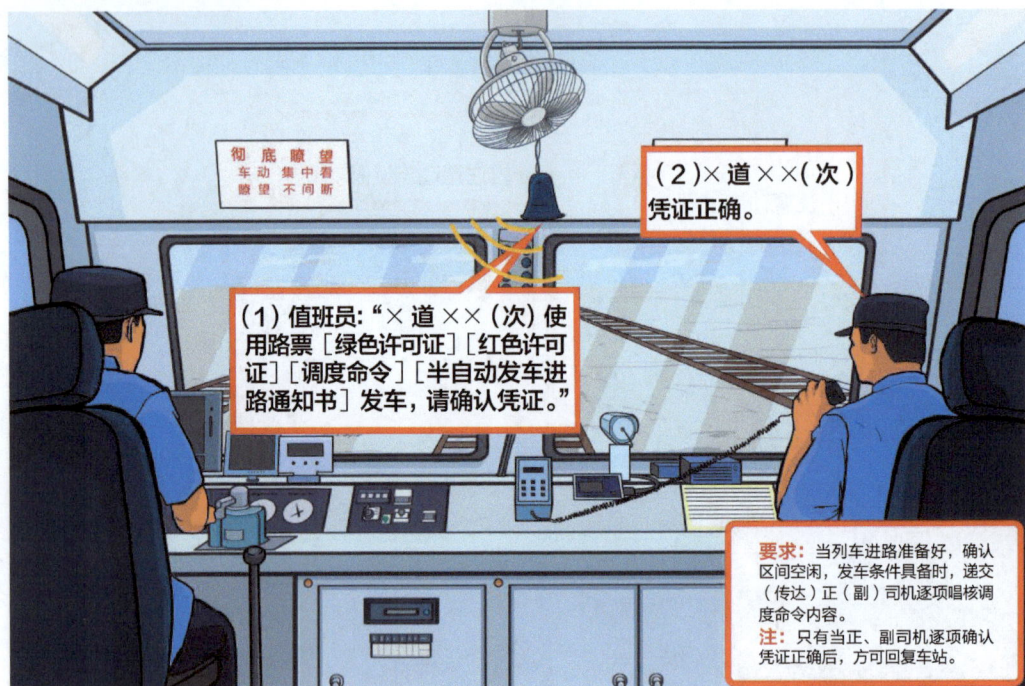

要求：当列车进路准备好，确认区间空闲，发车条件具备时，递交（传达）正（副）司机逐项唱核调度命令内容。
注：只有当正、副司机逐项确认凭证正确后，方可回复车站。

（4）发车。

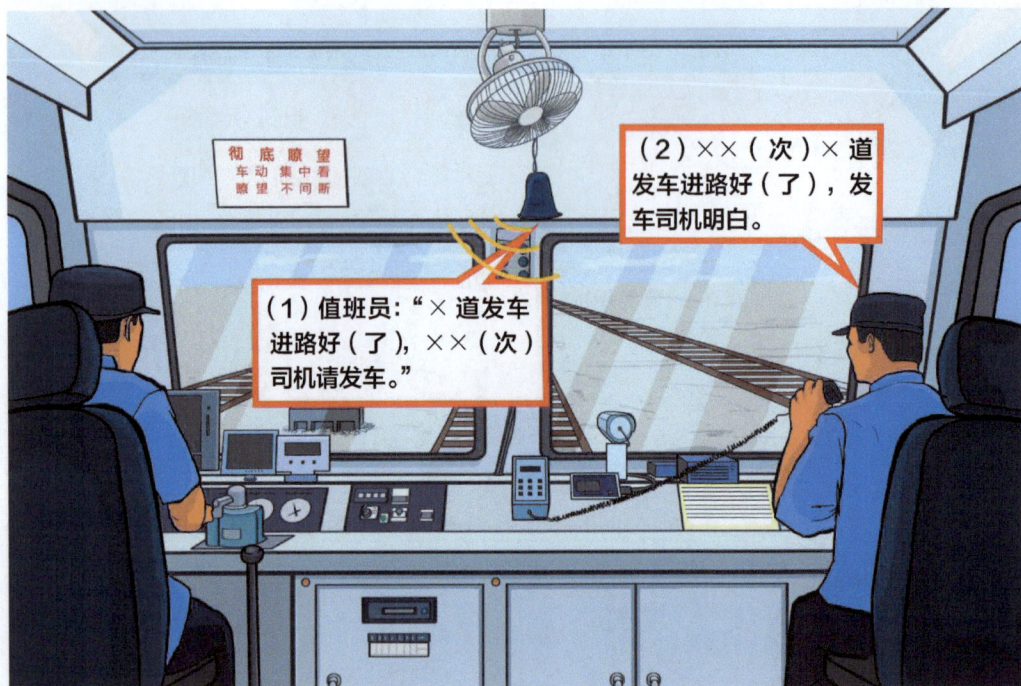

（5）进入区间。

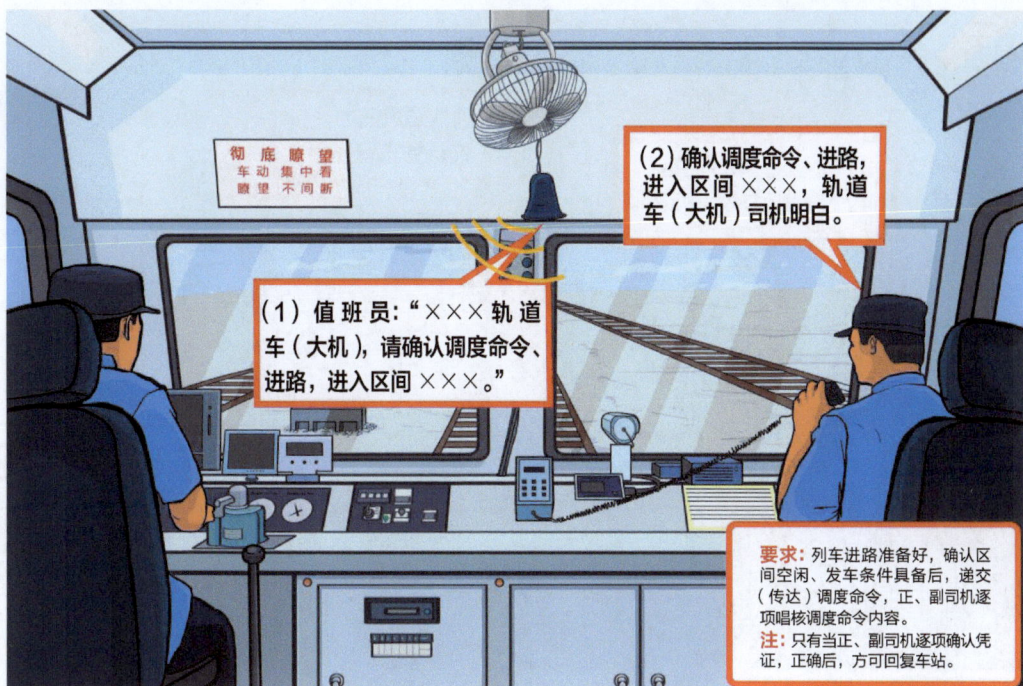

> （2）确认调度命令、进路，进入区间×××，轨道车（大机）司机明白。

> （1）值班员："×××轨道车（大机），请确认调度命令、进路，进入区间×××。"

> **要求：**列车进路准备好，确认区间空闲、发车条件具备后，递交（传达）调度命令，正、副司机逐项唱核调度命令内容。
> **注：**只有当正、副司机逐项确认凭证，正确后，方可回复车站。

（6）出站。

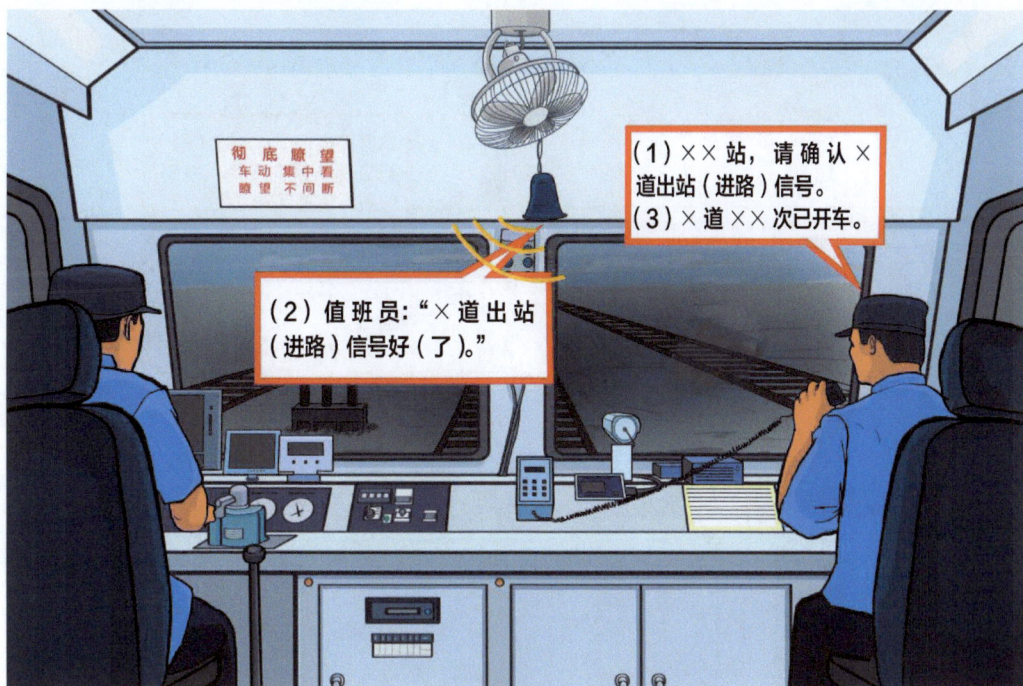

> （1）××站，请确认×道出站（进路）信号。
> （3）×道××次已开车。

> （2）值班员："×道出站（进路）信号好（了）。"

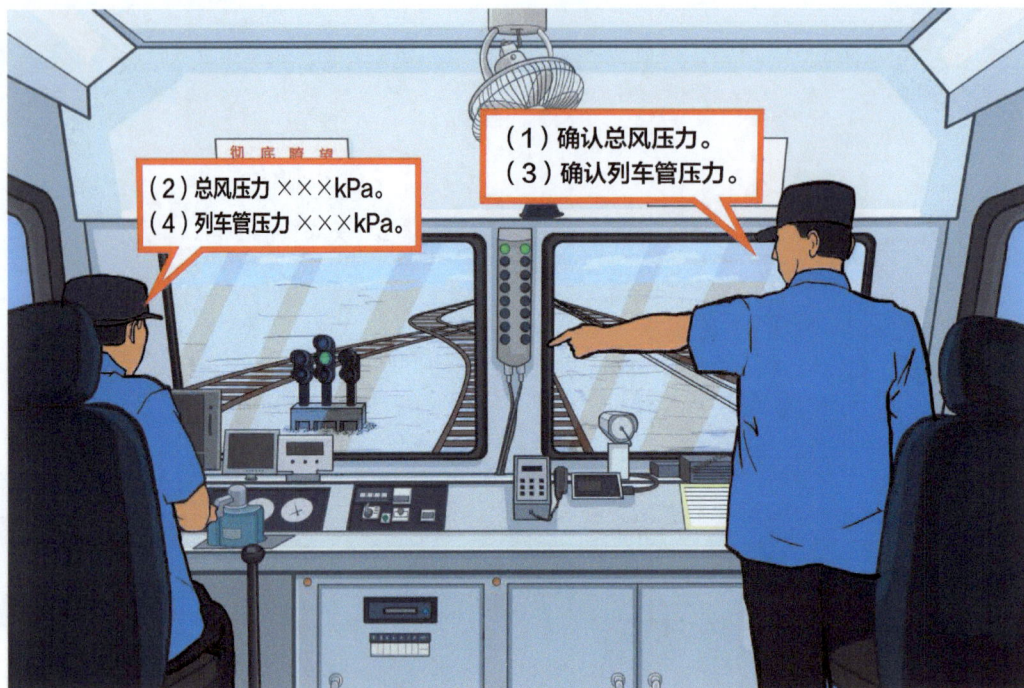

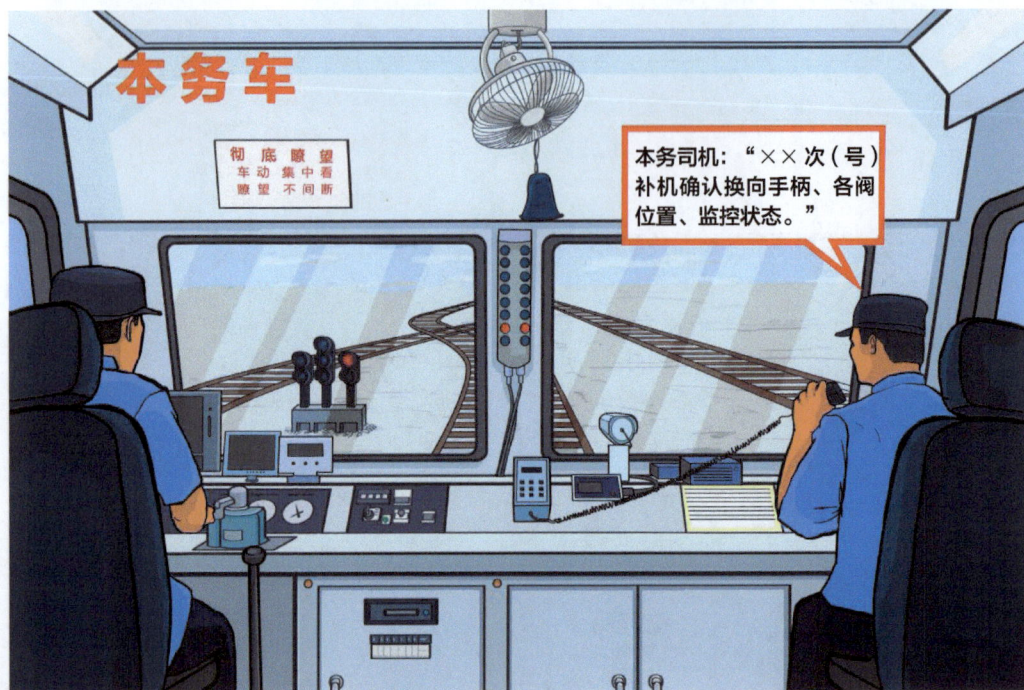

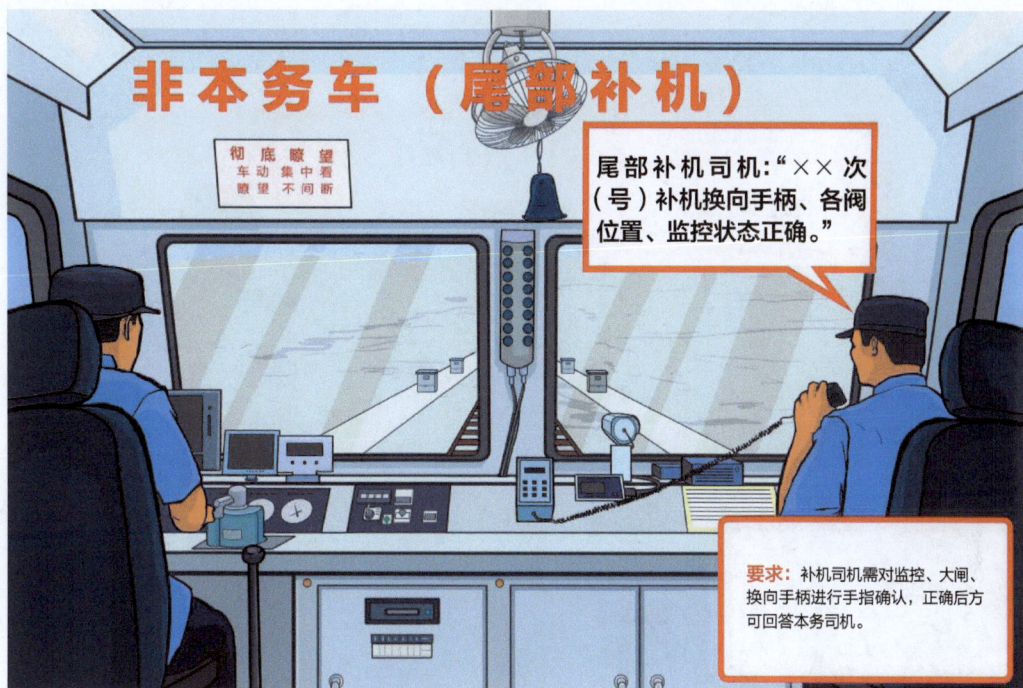

非本务车（尾部补机）

彻底瞭望
车动集中看
瞭望不间断

尾部补机司机："×× 次（号）补机换向手柄、各阀位置、监控状态正确。"

要求： 补机司机需对监控、大闸、换向手柄进行手指确认，正确后方可回答本务司机。

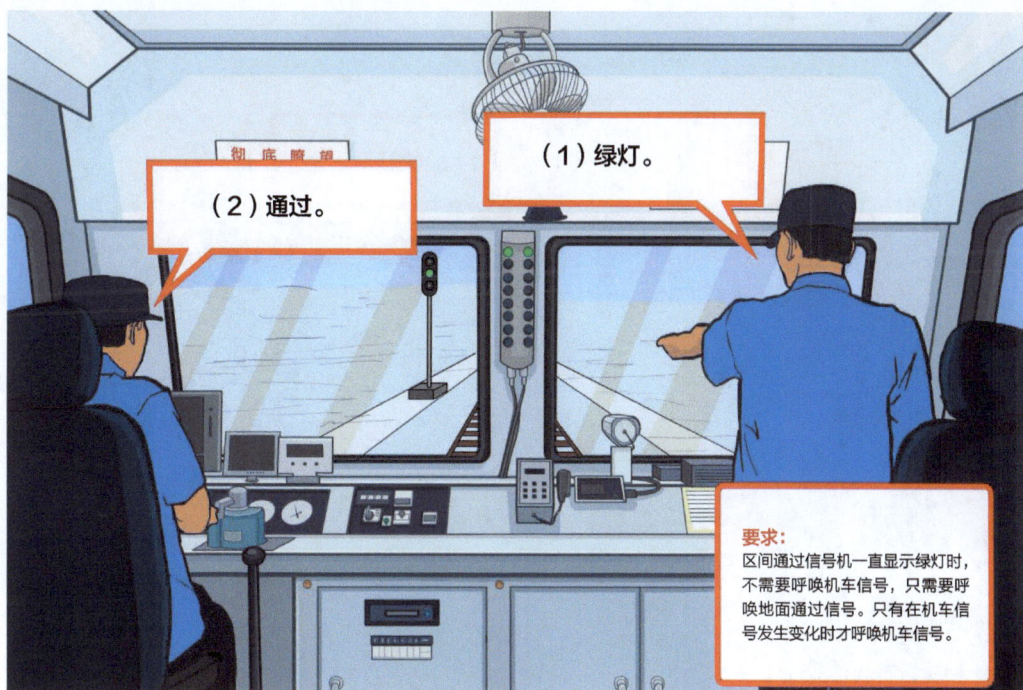

（1）绿灯。

（2）通过。

要求：
区间通过信号机一直显示绿灯时，不需要呼唤机车信号，只需要呼唤地面通过信号。只有在机车信号发生变化时才呼唤机车信号。

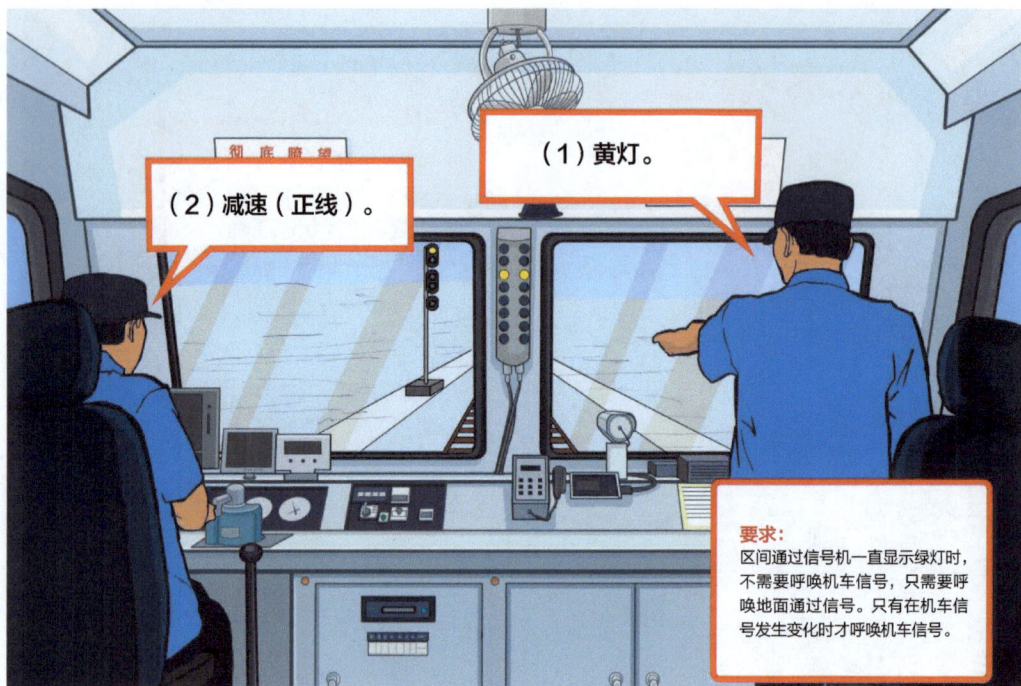

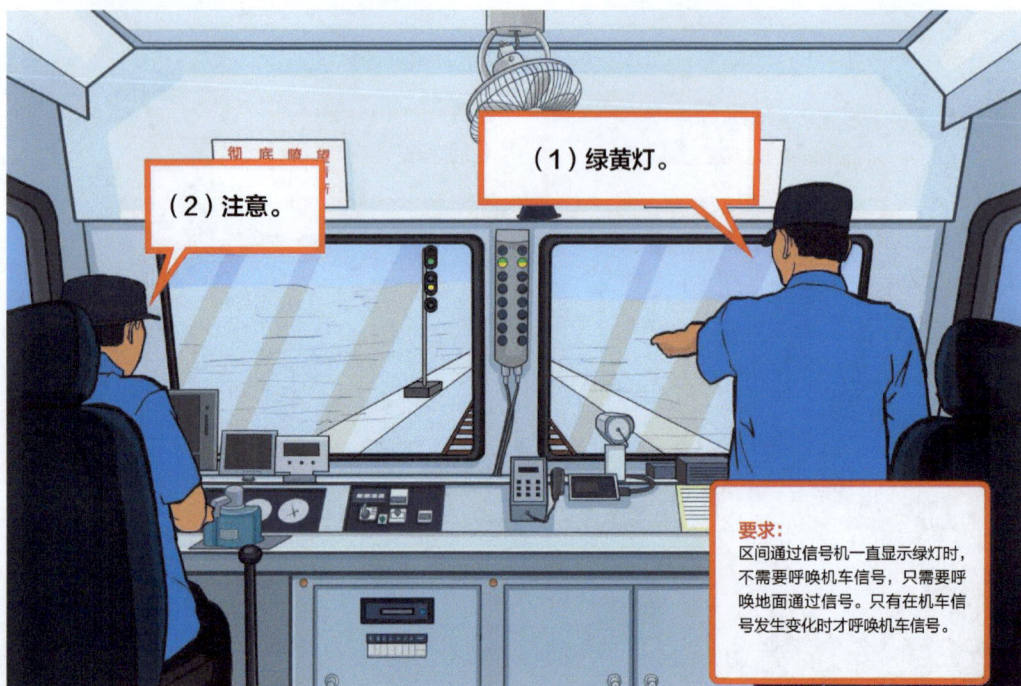

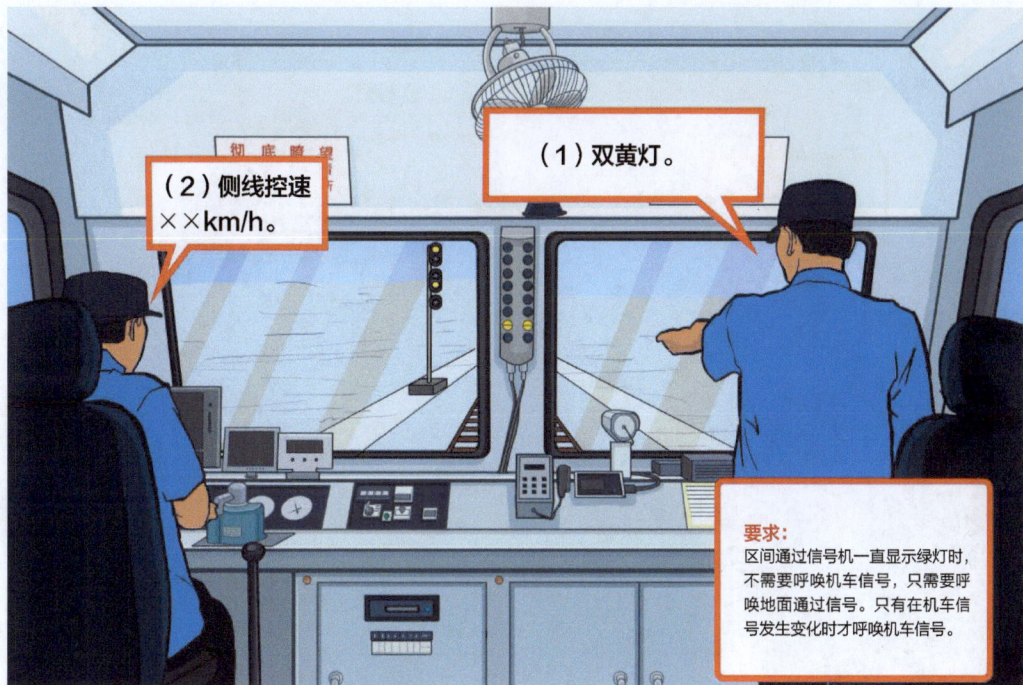

（1）双黄灯。

（2）侧线控速××km/h。

要求：
区间通过信号机一直显示绿灯时，不需要呼唤机车信号，只需要呼唤地面通过信号。只有在机车信号发生变化时才呼唤机车信号。

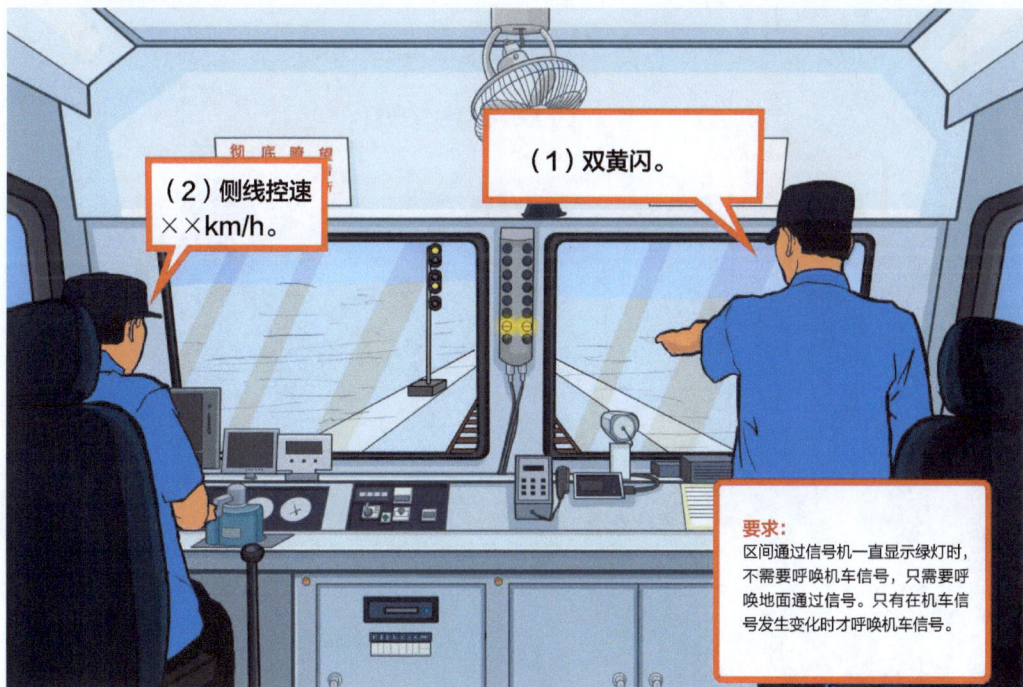

（1）双黄闪。

（2）侧线控速××km/h。

要求：
区间通过信号机一直显示绿灯时，不需要呼唤机车信号，只需要呼唤地面通过信号。只有在机车信号发生变化时才呼唤机车信号。

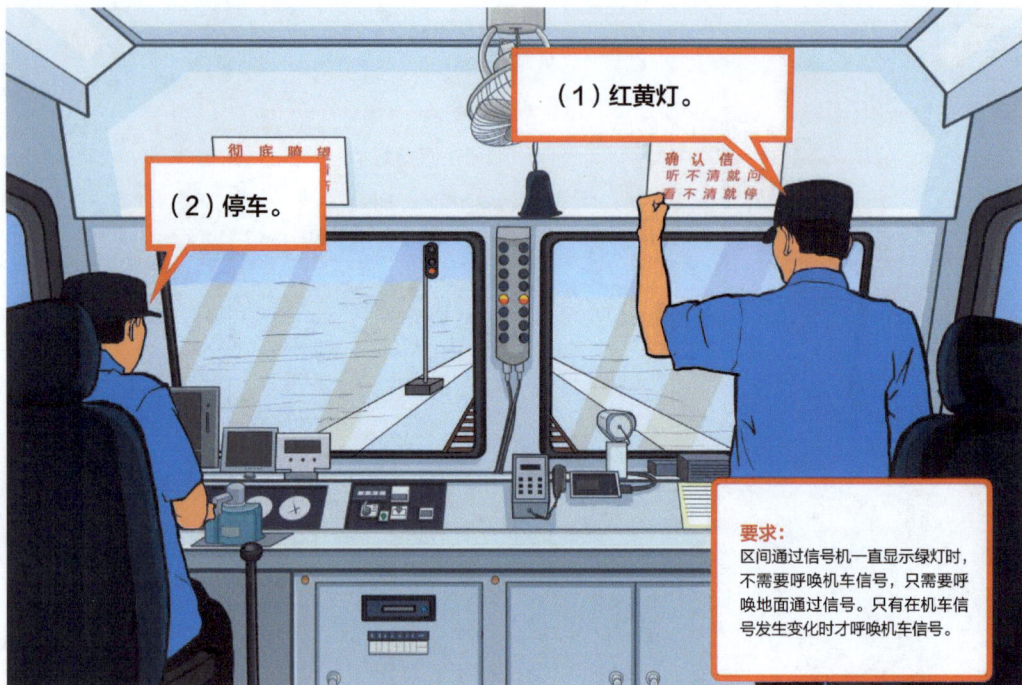

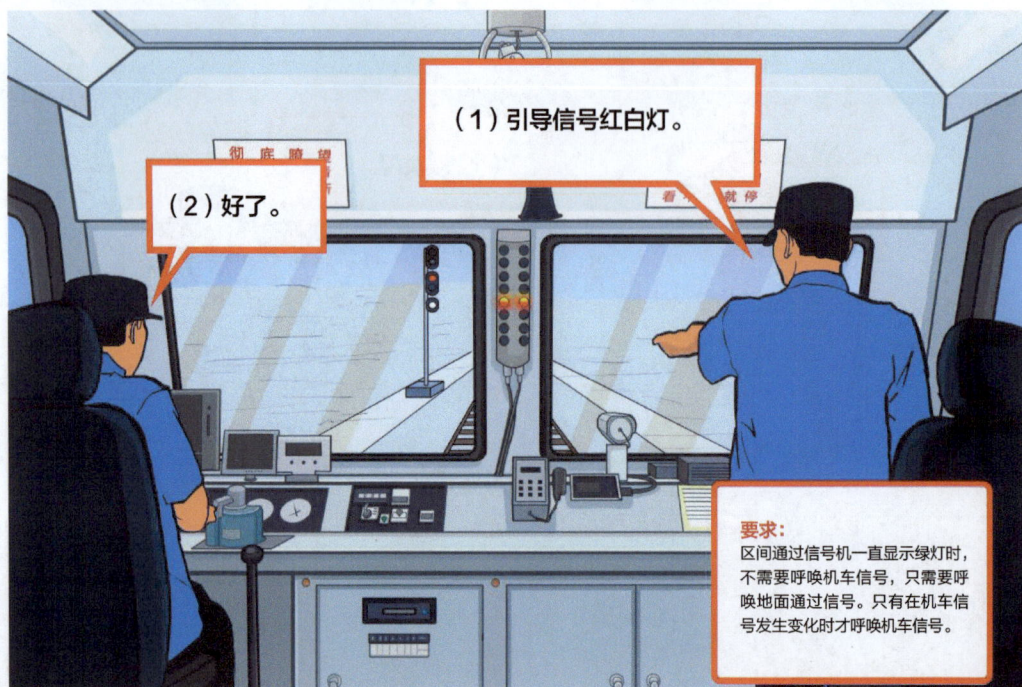

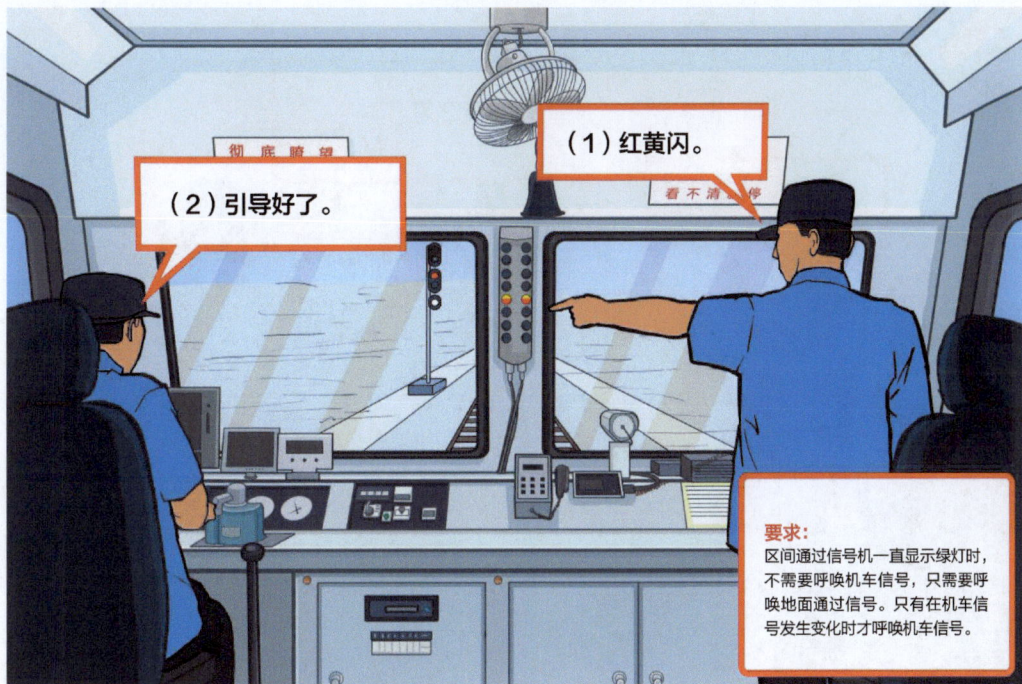

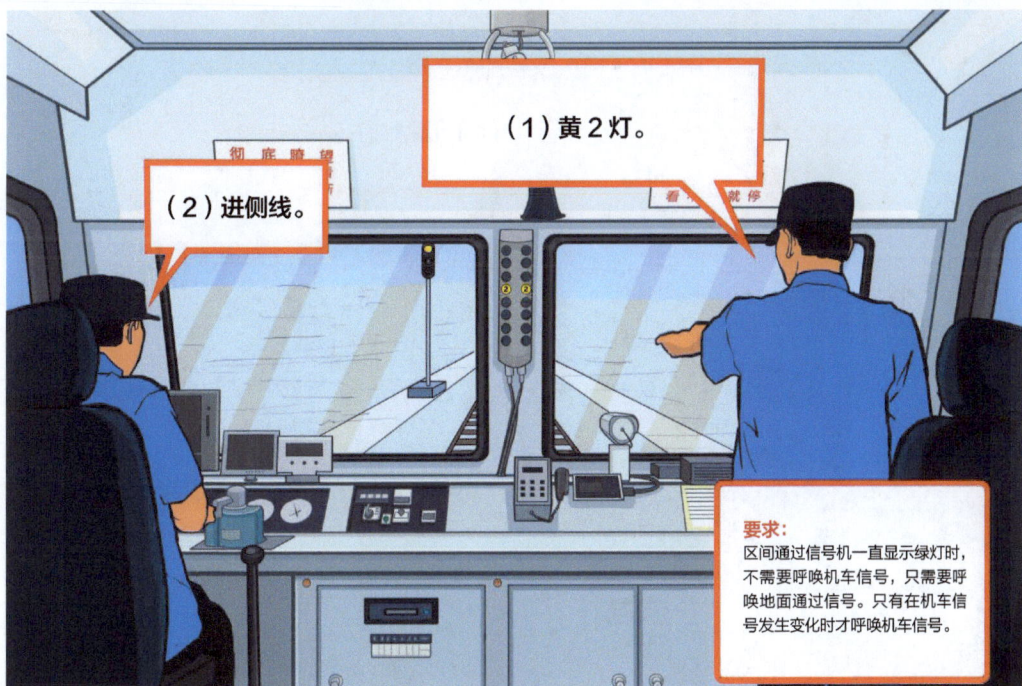

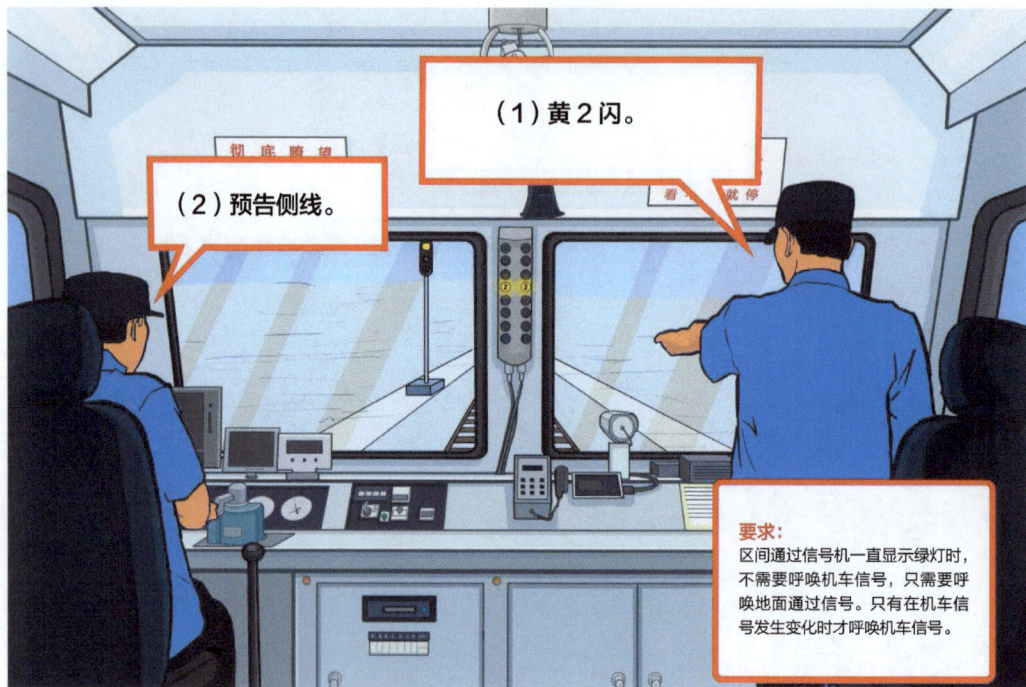

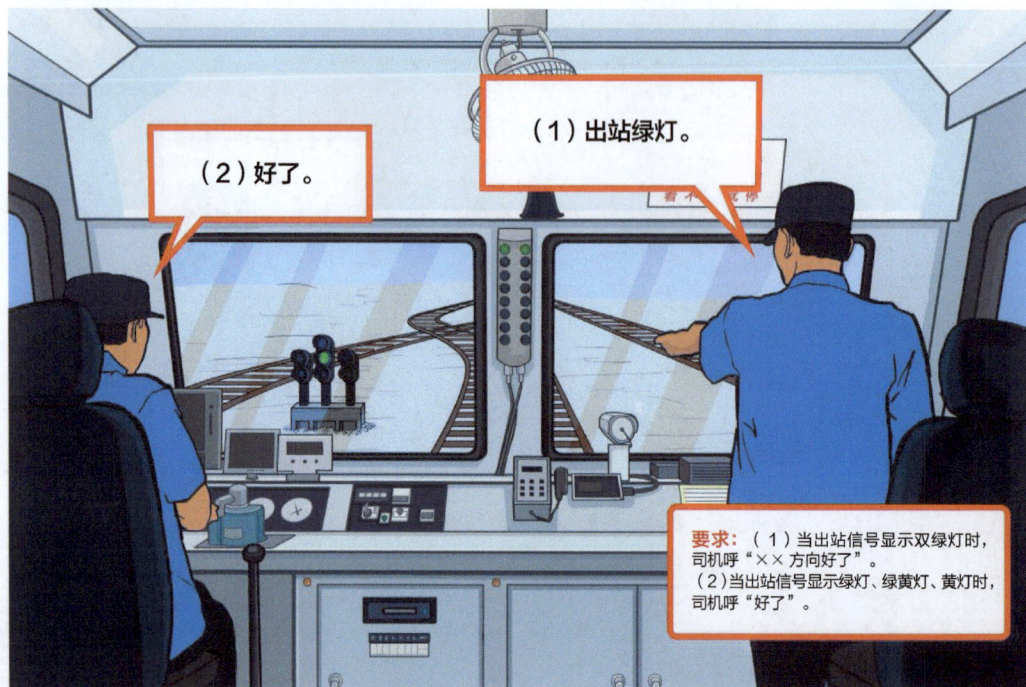

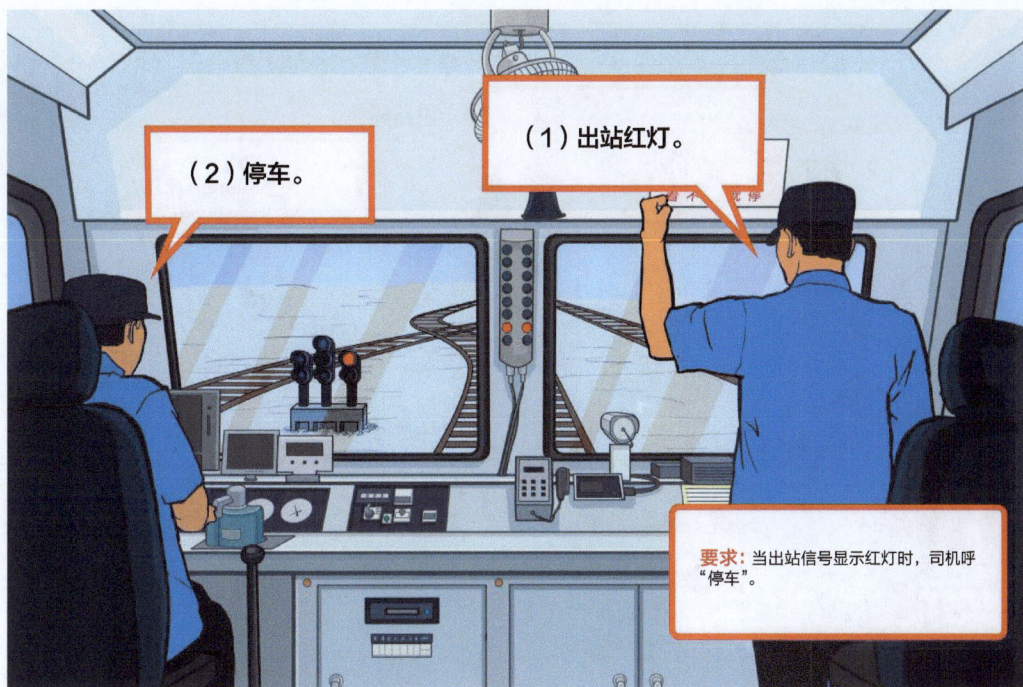

（2）停车。

（1）出站红灯。

要求： 当出站信号显示红灯时，司机呼"停车"。

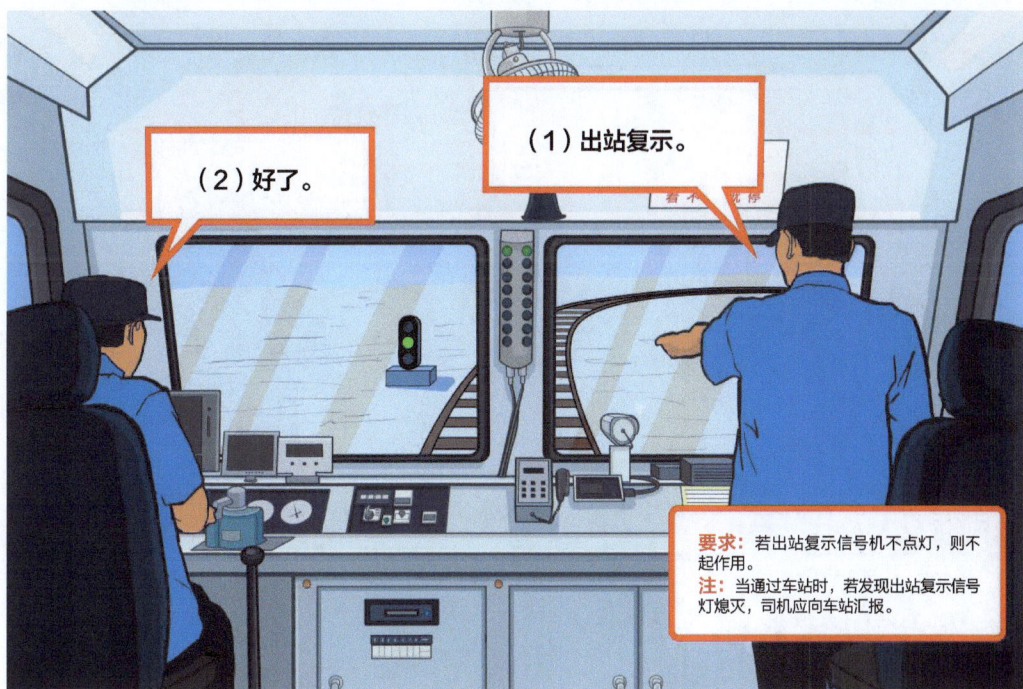

（2）好了。

（1）出站复示。

要求： 若出站复示信号机不点灯，则不起作用。
注： 当通过车站时，若发现出站复示信号灯熄灭，司机应向车站汇报。

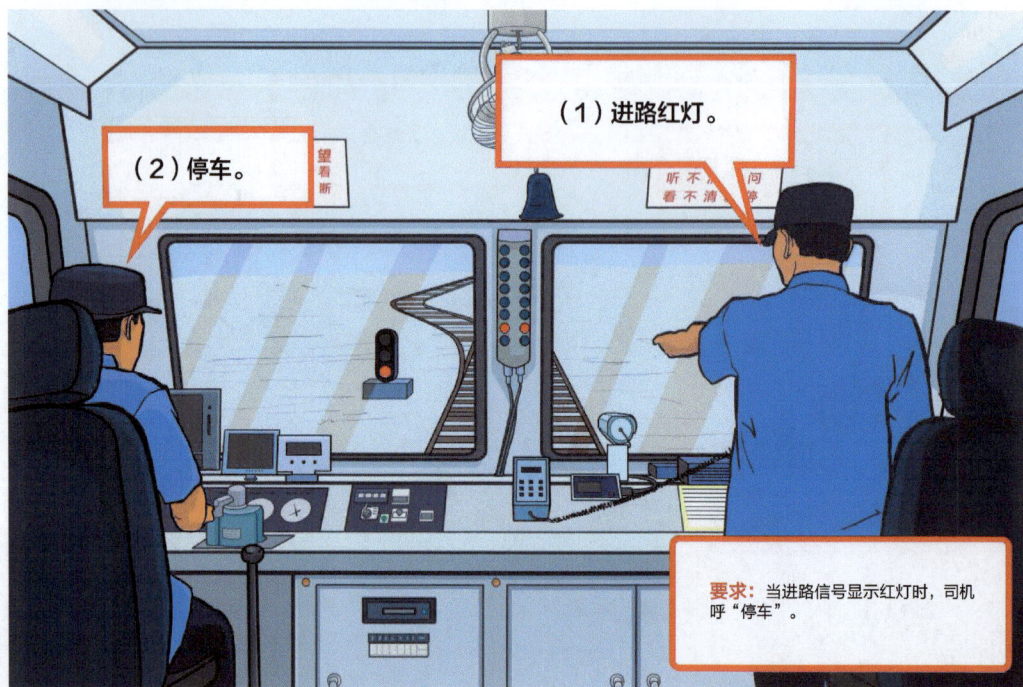

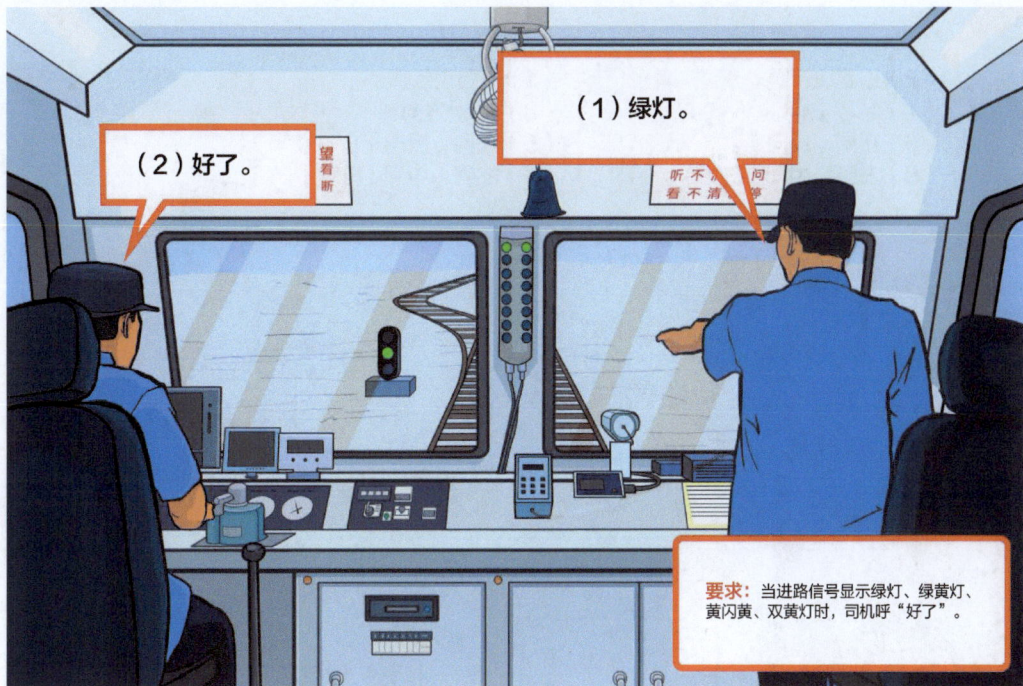

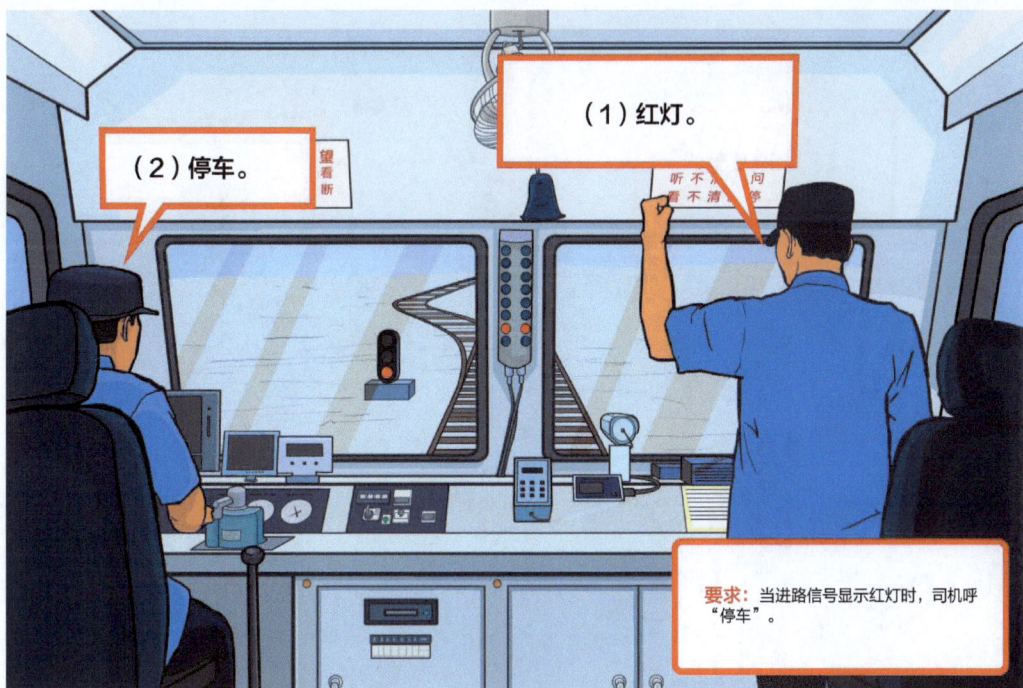

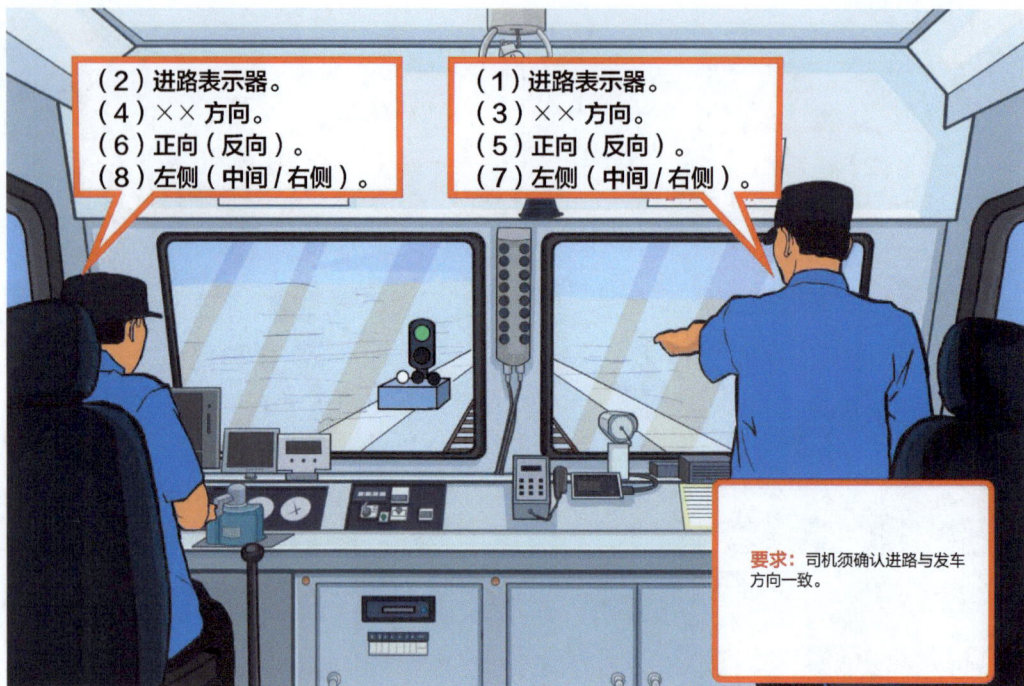

（2）进路表示器。
（4）×× 方向。
（6）正向（反向）。
（8）左侧（中间／右侧）。

（1）进路表示器。
（3）×× 方向。
（5）正向（反向）。
（7）左侧（中间／右侧）。

要求：司机须确认进路与发车方向一致。

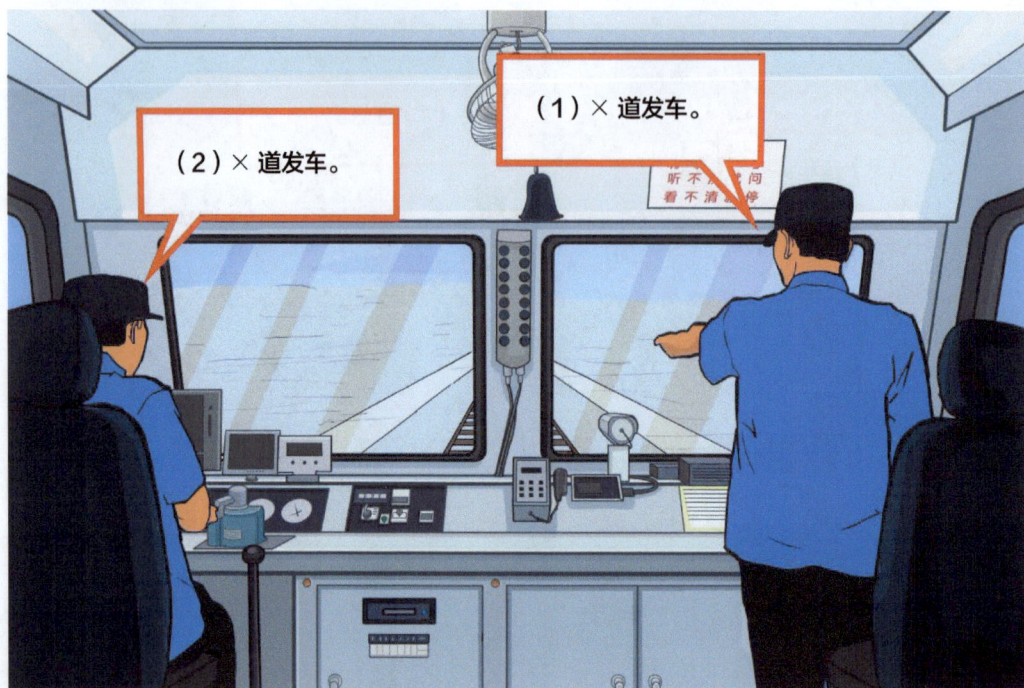

（2）× 道发车。

（1）× 道发车。

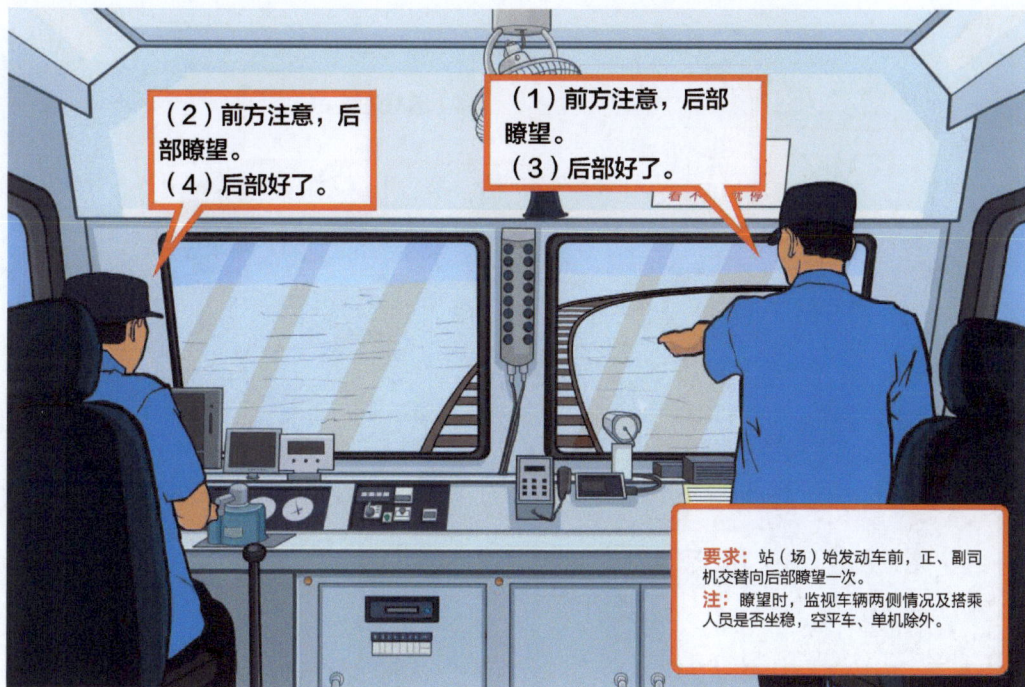

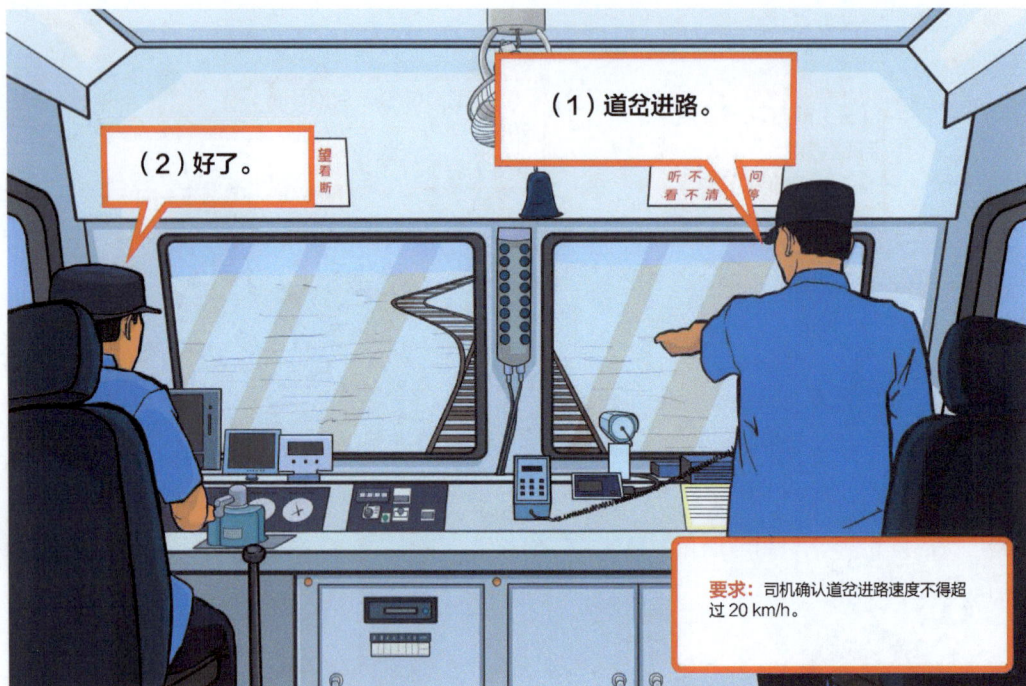

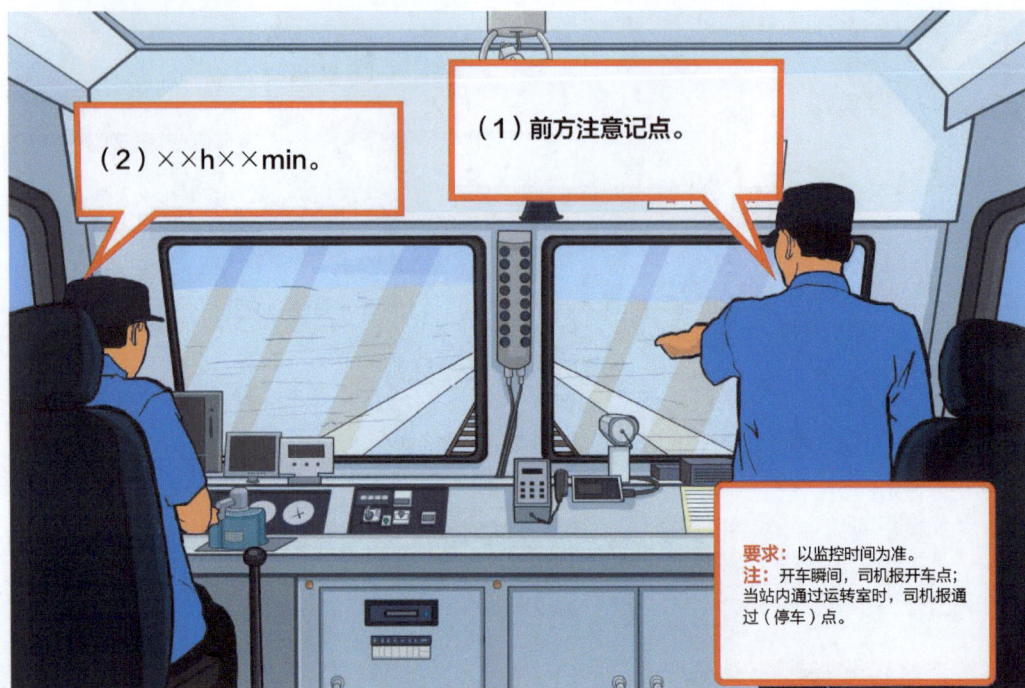

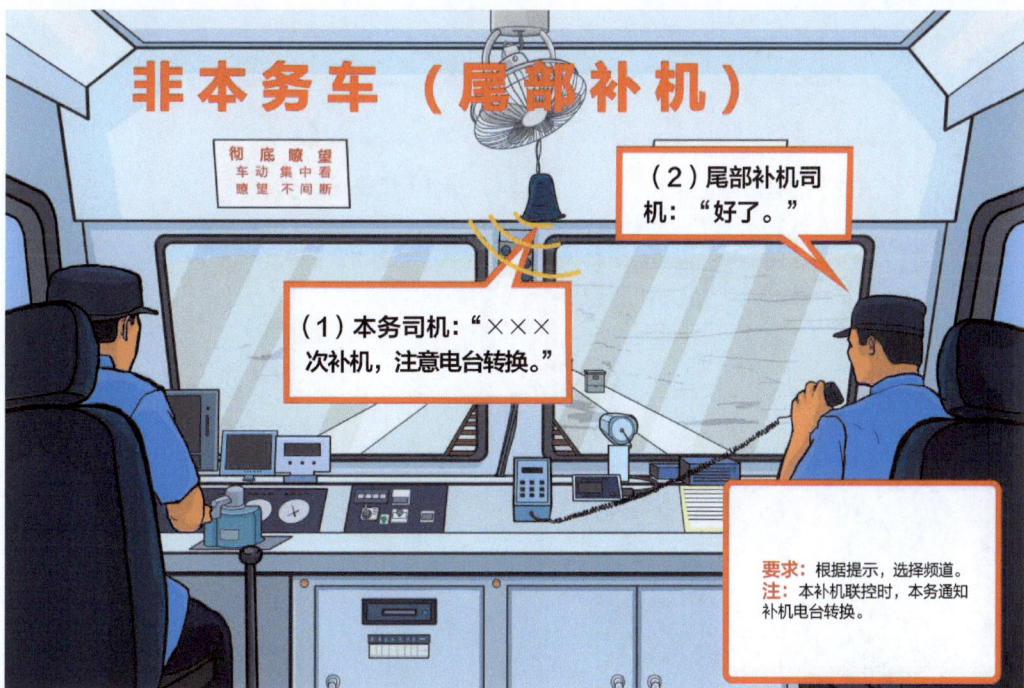

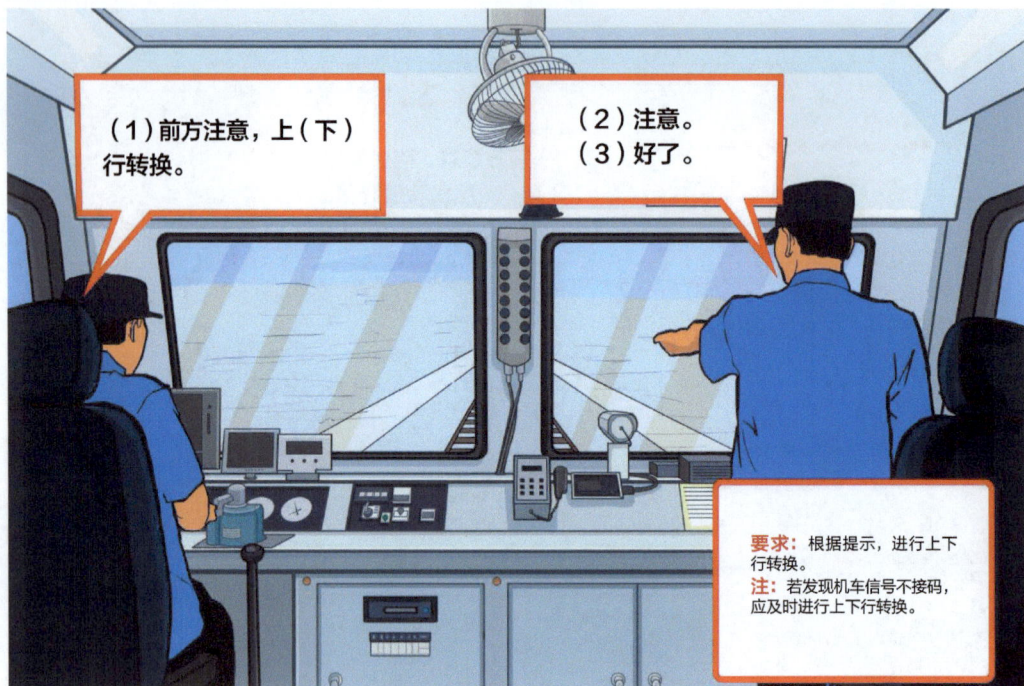

5. 普铁区间运行

（1）通过作业标。

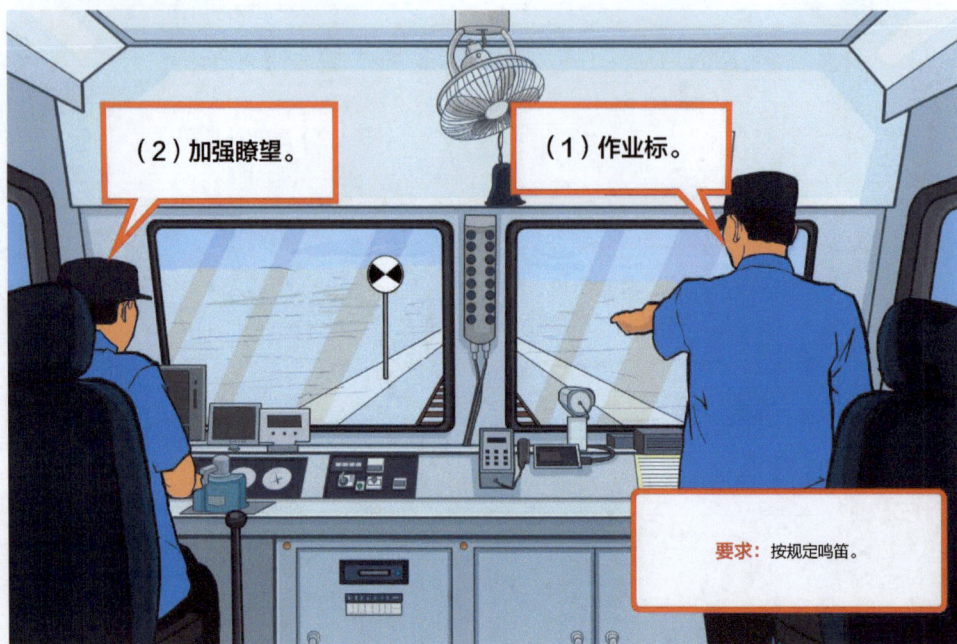

（2）通过防洪重点地段。

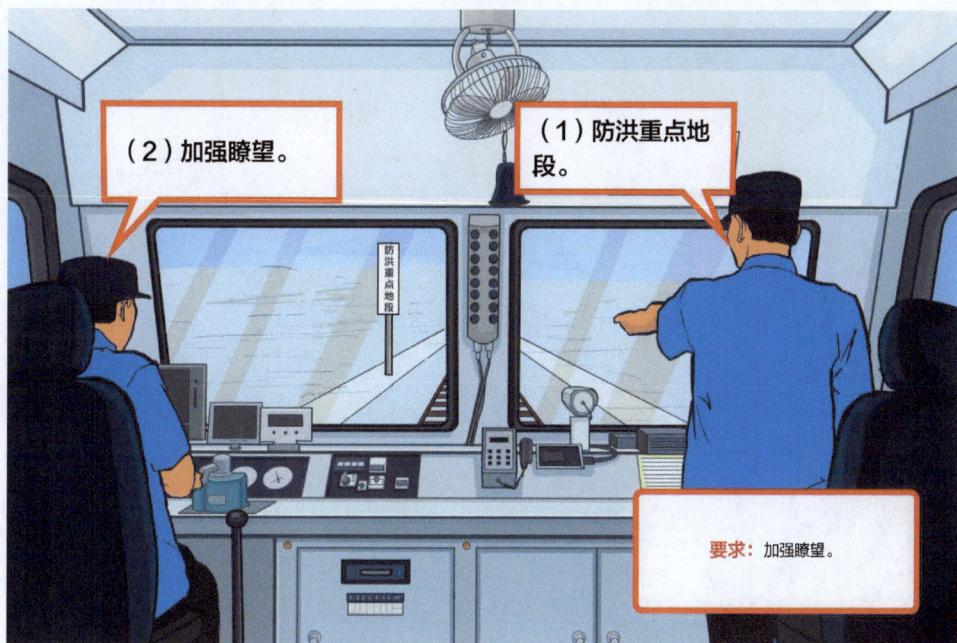

（2）加强瞭望。

（1）防洪重点地段。

防洪重点地段

要求： 加强瞭望。

（3）通过慢行区段。

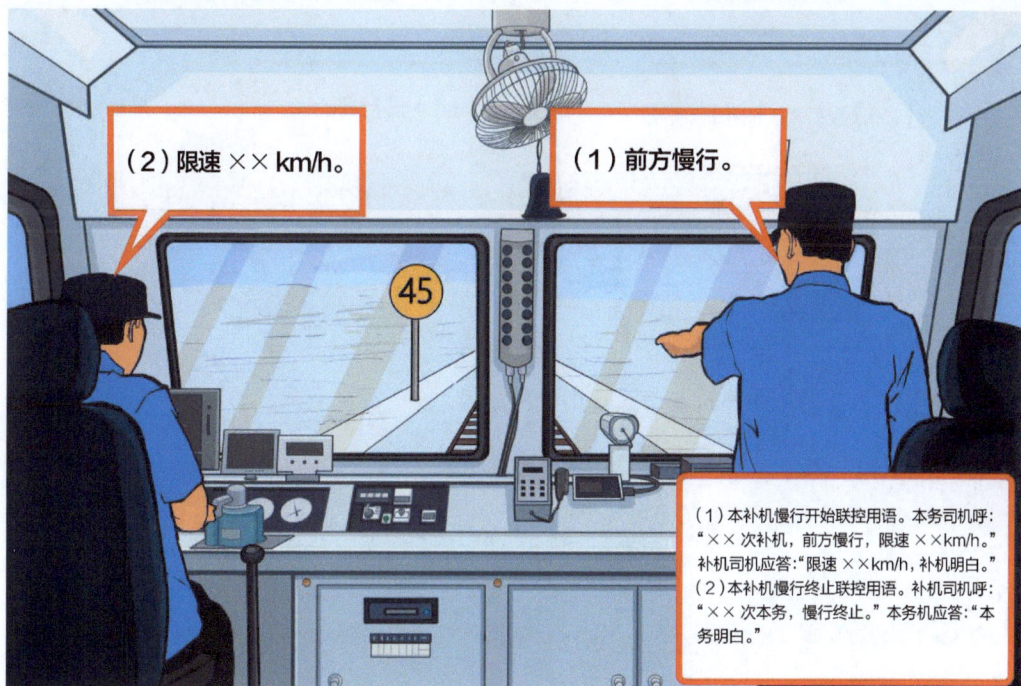

（2）限速××km/h。

（1）前方慢行。

45

（1）本补机慢行开始联控用语。本务司机呼："××次补机，前方慢行，限速××km/h。"补机司机应答："限速××km/h，补机明白。"
（2）本补机慢行终止联控用语。补机司机呼："××次本务，慢行终止。"本务机应答："本务明白。"

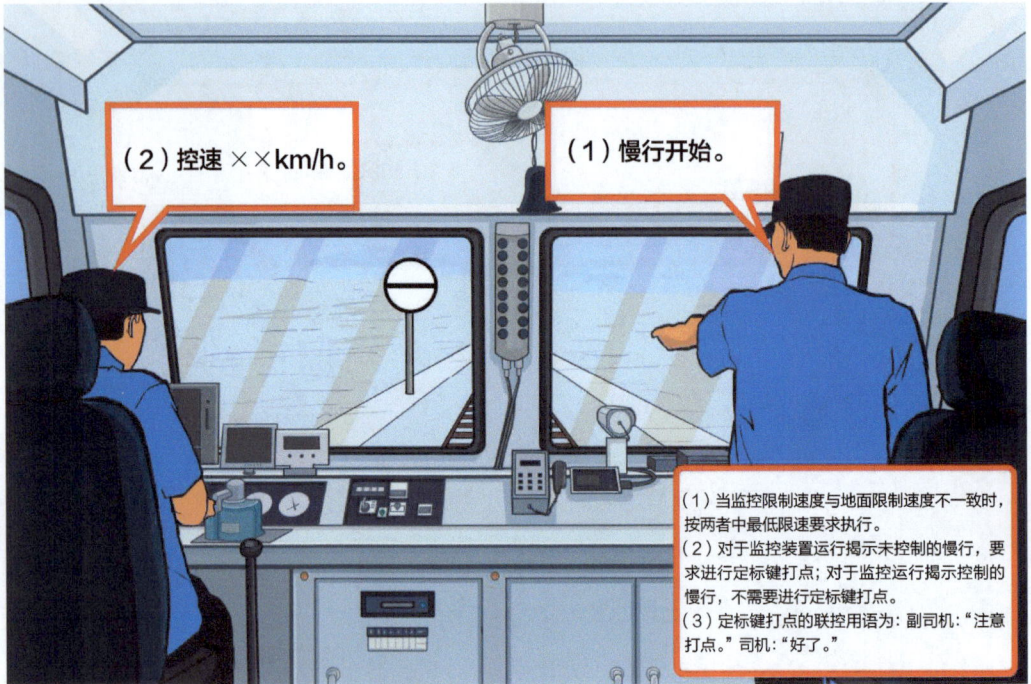

（2）控速××km/h。

（1）慢行开始。

（1）当监控限制速度与地面限制速度不一致时，按两者中最低限速要求执行。
（2）对于监控装置运行揭示未控制的慢行，要求进行定标键打点；对于监控运行揭示控制的慢行，不需要进行定标键打点。
（3）定标键打点的联控用语为：副司机："注意打点。"司机："好了。"

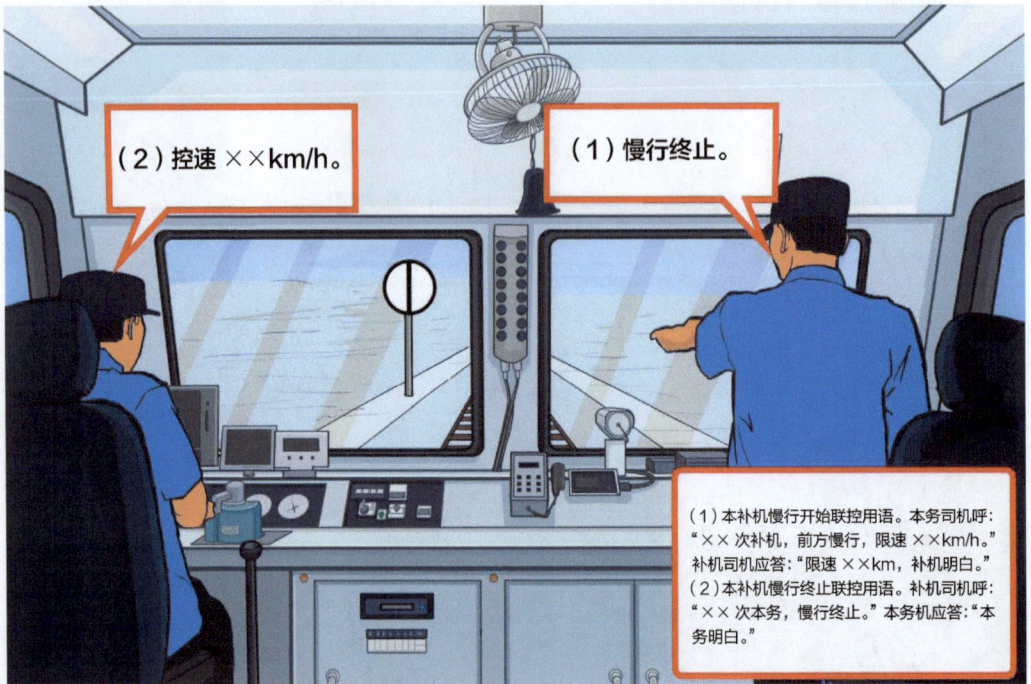

（2）控速××km/h。

（1）慢行终止。

（1）本补机慢行开始联控用语。本务司机呼："××次补机，前方慢行，限速××km/h。"补机司机应答："限速××km，补机明白。"
（2）本补机慢行终止联控用语。补机司机呼："××次本务，慢行终止。"本务机应答："本务明白。"

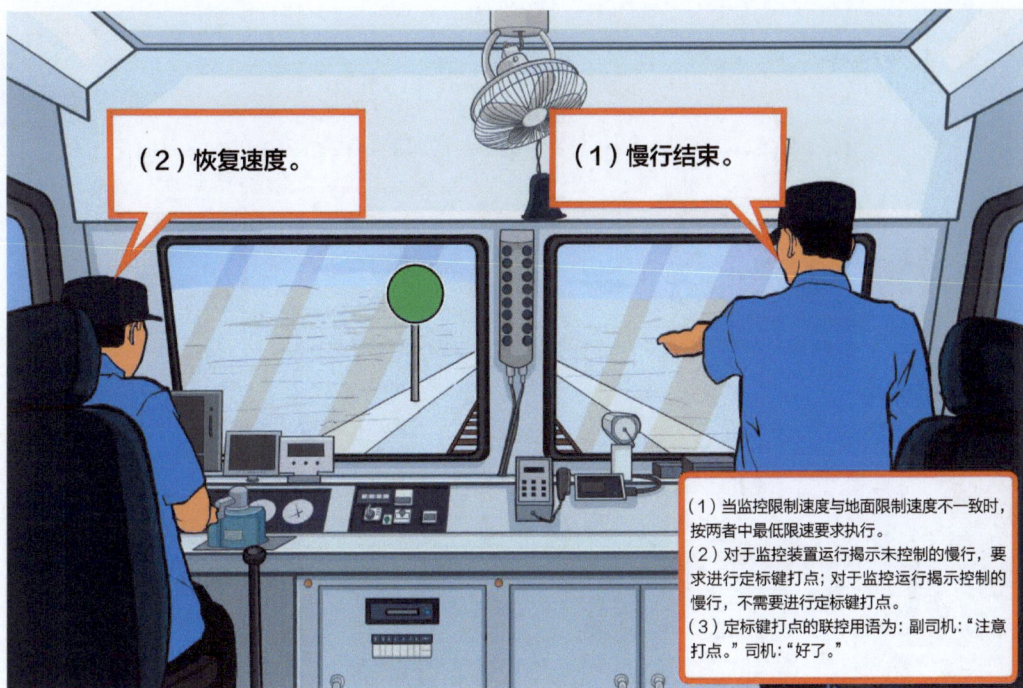

（2）恢复速度。

（1）慢行结束。

（1）当监控限制速度与地面限制速度不一致时，按两者中最低限速要求执行。
（2）对于监控装置运行揭示未控制的慢行，要求进行定标键打点；对于监控运行揭示控制的慢行，不需要进行定标键打点。
（3）定标键打点的联控用语为：副司机："注意打点。"司机："好了。"

（4）提示销号。

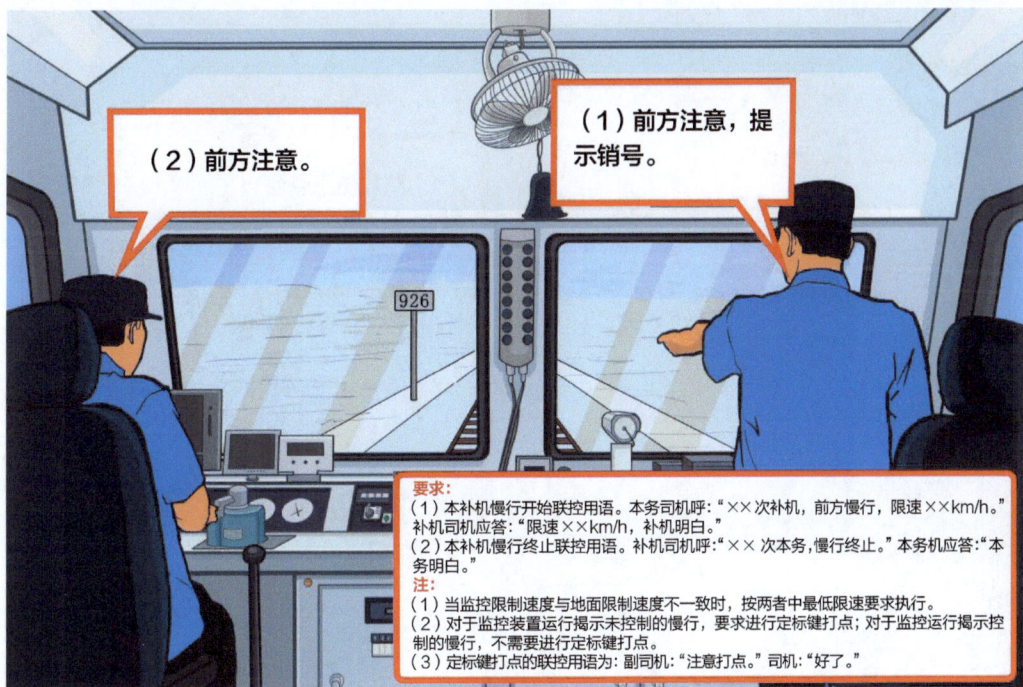

（2）前方注意。

（1）前方注意，提示销号。

要求：
（1）本补机慢行开始联控用语。本务司机呼："××次补机，前方慢行，限速××km/h。"补机司机应答："限速××km/h，补机明白。"
（2）本补机慢行终止联控用语。补机司机呼："××次本务，慢行终止。"本务机应答："本务明白。"
注：
（1）当监控限制速度与地面限制速度不一致时，按两者中最低限速要求执行。
（2）对于监控装置运行揭示未控制的慢行，要求进行定标键打点；对于监控运行揭示控制的慢行，不需要进行定标键打点。
（3）定标键打点的联控用语为：副司机："注意打点。"司机："好了。"

（5）通过道口。

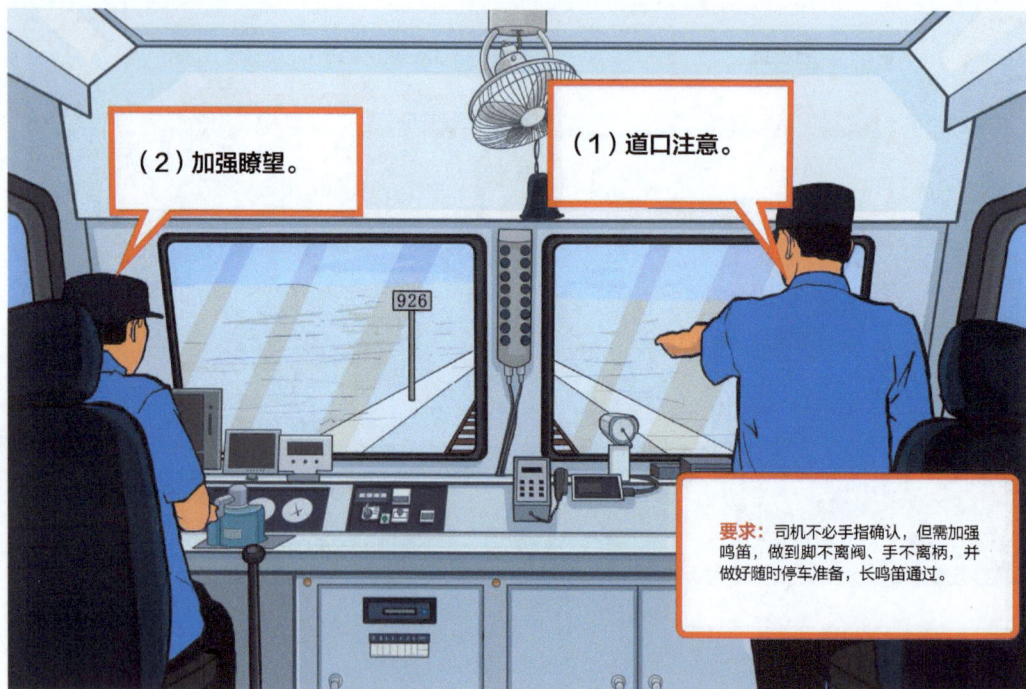

（2）加强瞭望。

（1）道口注意。

926

要求： 司机不必手指确认，但需加强鸣笛，做到脚不离阀、手不离柄，并做好随时停车准备，长鸣笛通过。

（6）通过防外伤重点地段。

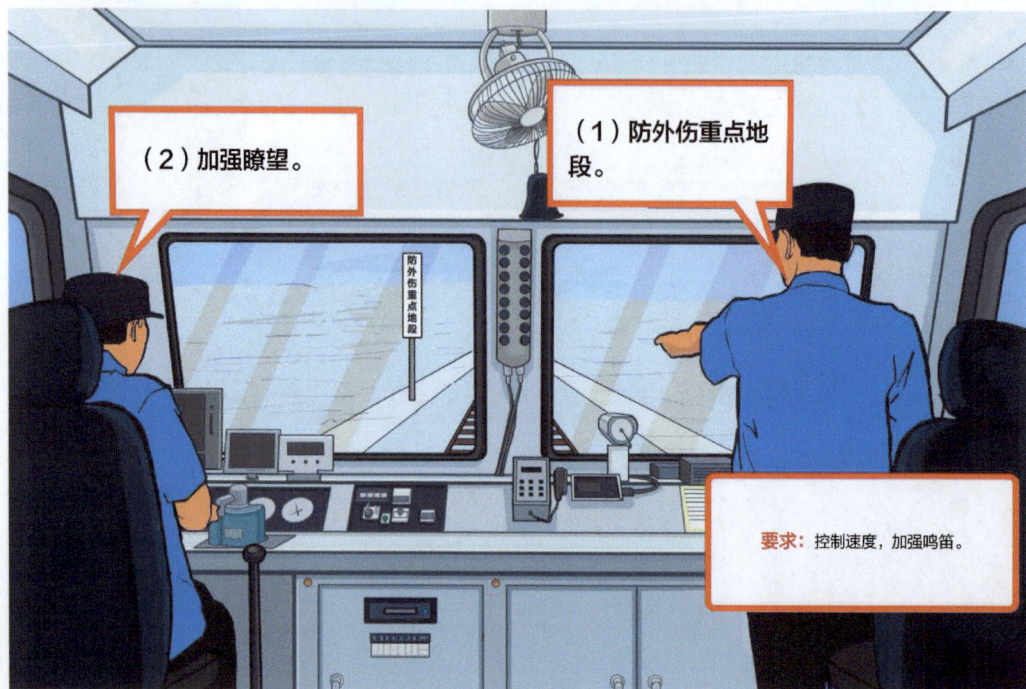

（2）加强瞭望。

（1）防外伤重点地段。

防外伤重点地段

要求： 控制速度，加强鸣笛。

（7）通过看守［加巡］点。

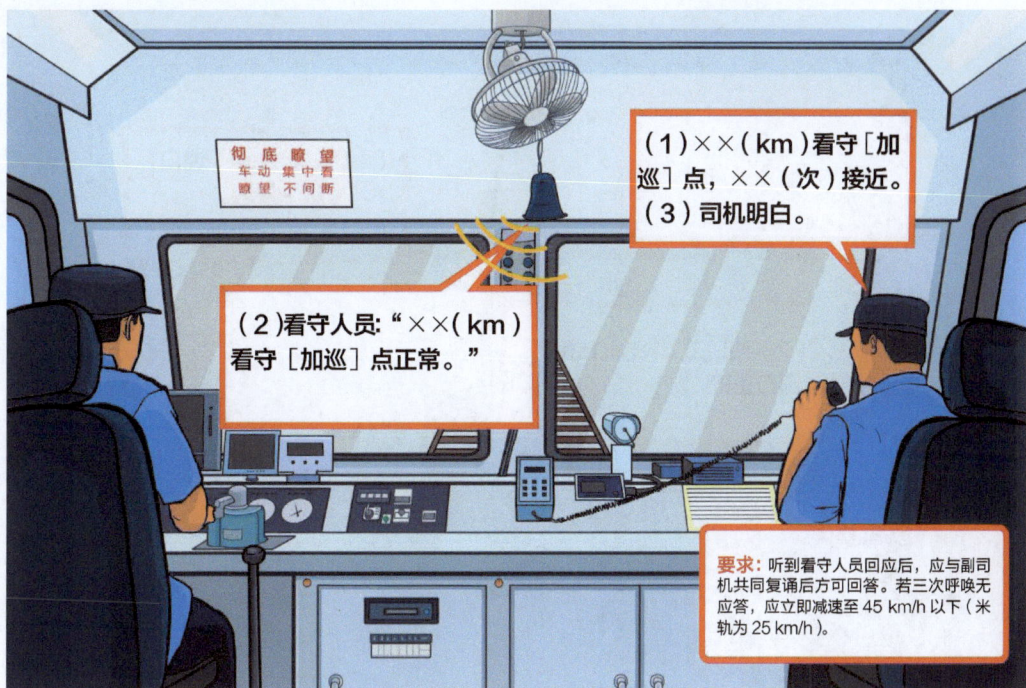

（1）××（km）看守［加巡］点，××（次）接近。
（3）司机明白。

（2）看守人员："××（km）看守［加巡］点正常。"

彻底瞭望
车动集中看
瞭望不间断

要求： 听到看守人员回应后，应与副司机共同复诵后方可回答。若三次呼唤无应答，应立即减速至 45 km/h 以下（米轨为 25 km/h）。

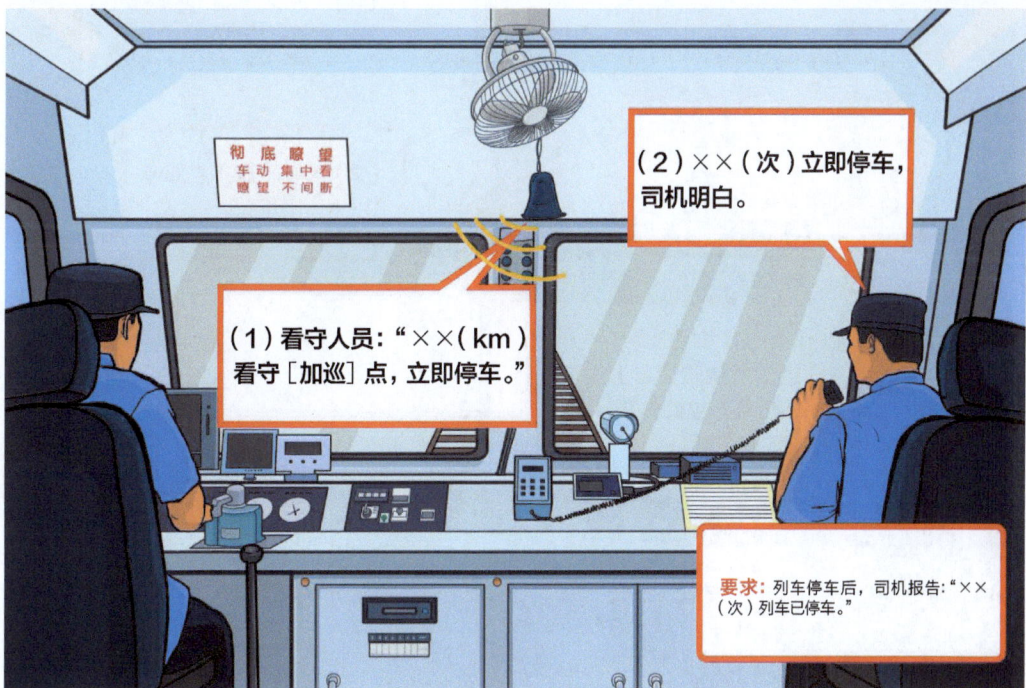

（2）××（次）立即停车，司机明白。

（1）看守人员："××（km）看守［加巡］点，立即停车。"

彻底瞭望
车动集中看
瞭望不间断

要求： 列车停车后，司机报告："××（次）列车已停车。"

（8）通过道口。

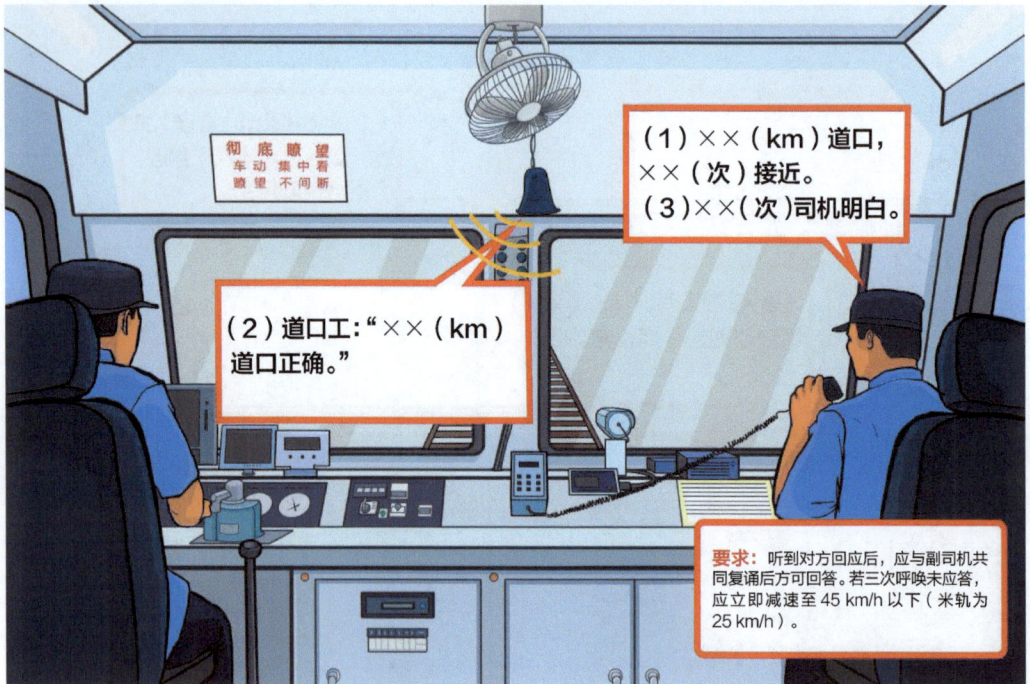

（1）××（km）道口，××（次）接近。
（3）××（次）司机明白。

（2）道口工："××（km）道口正确。"

彻底瞭望
车动集中看
瞭望不间断

要求： 听到对方回应后，应与副司机共同复诵后方可回答。若三次呼唤未应答，应立即减速至45 km/h以下（米轨为25 km/h）。

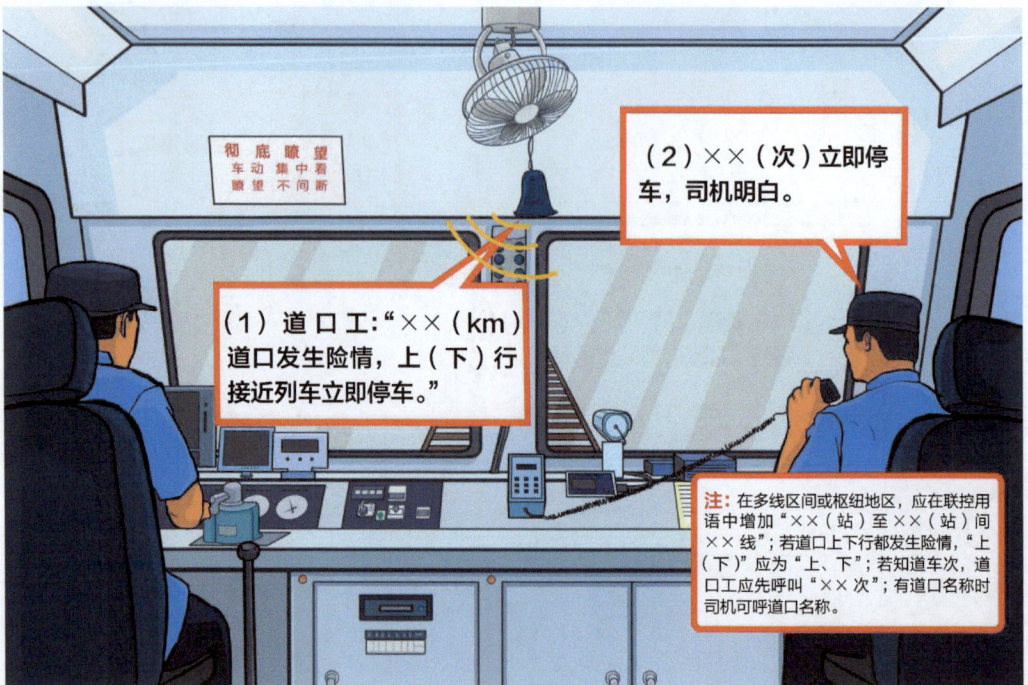

（2）××（次）立即停车，司机明白。

（1）道口工："××（km）道口发生险情，上（下）行接近列车立即停车。"

彻底瞭望
车动集中看
瞭望不间断

注： 在多线区间或枢纽地区，应在联控用语中增加"××（站）至××（站）间××线"；若道口上下行都发生险情，"上（下）"应为"上、下"；若知道口车次，道口工应先呼叫"××次"；有道口名称时司机可呼道口名称。

（9）立即停车。

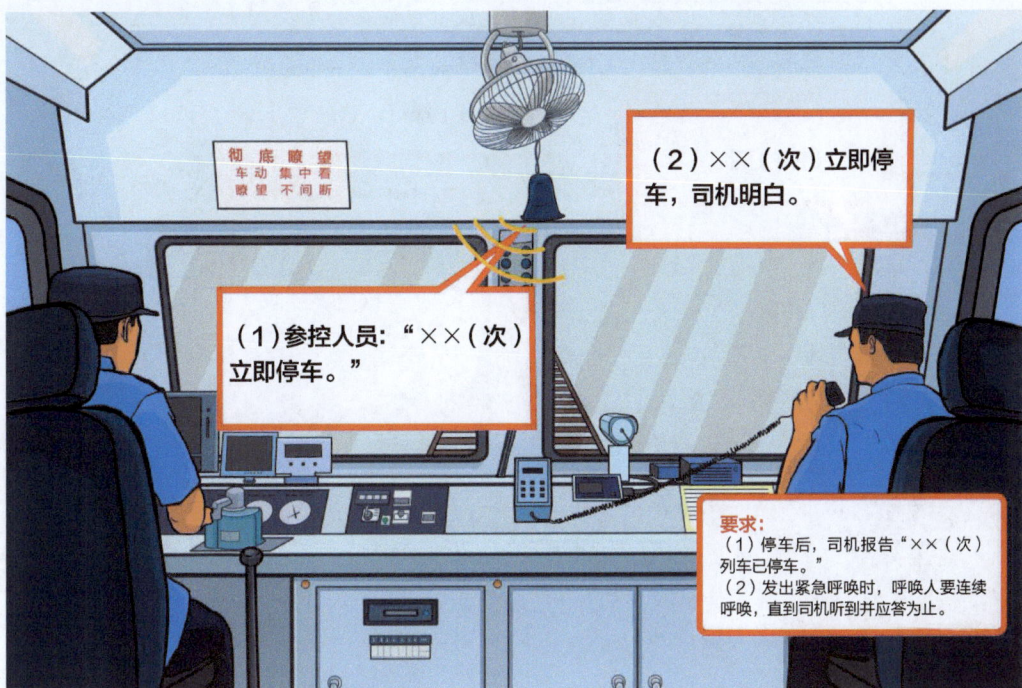

（10）达限速［封锁］警戒值。

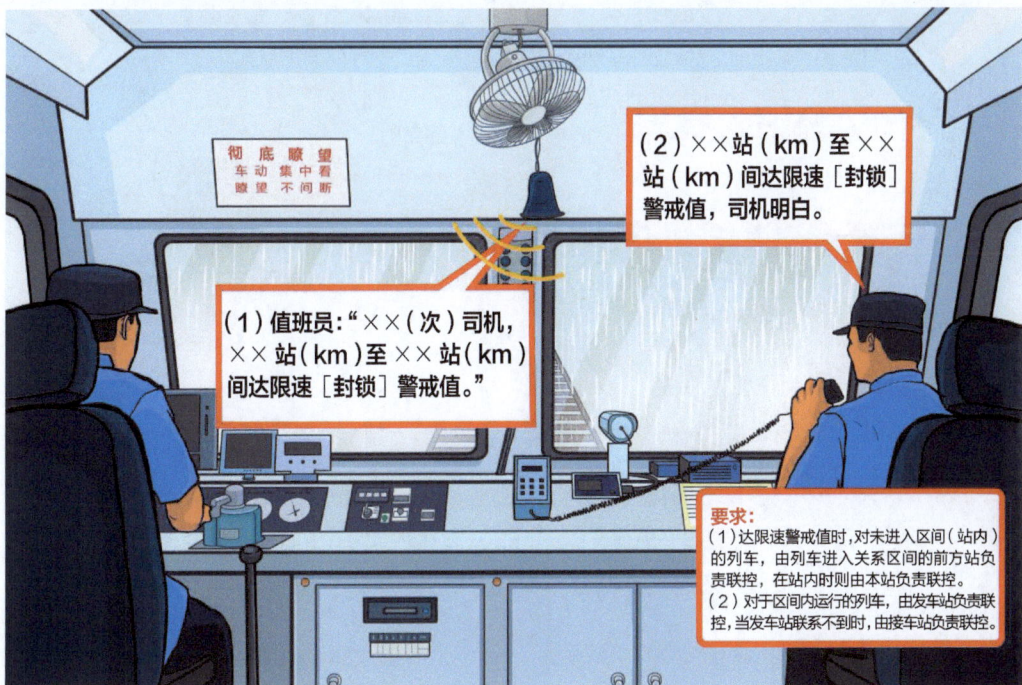

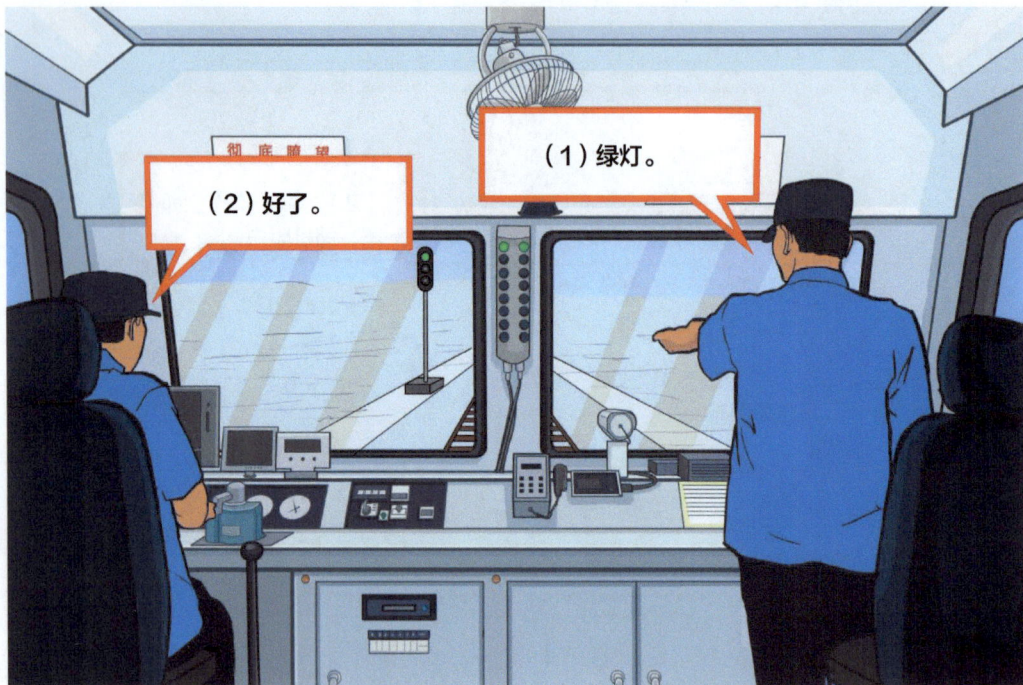

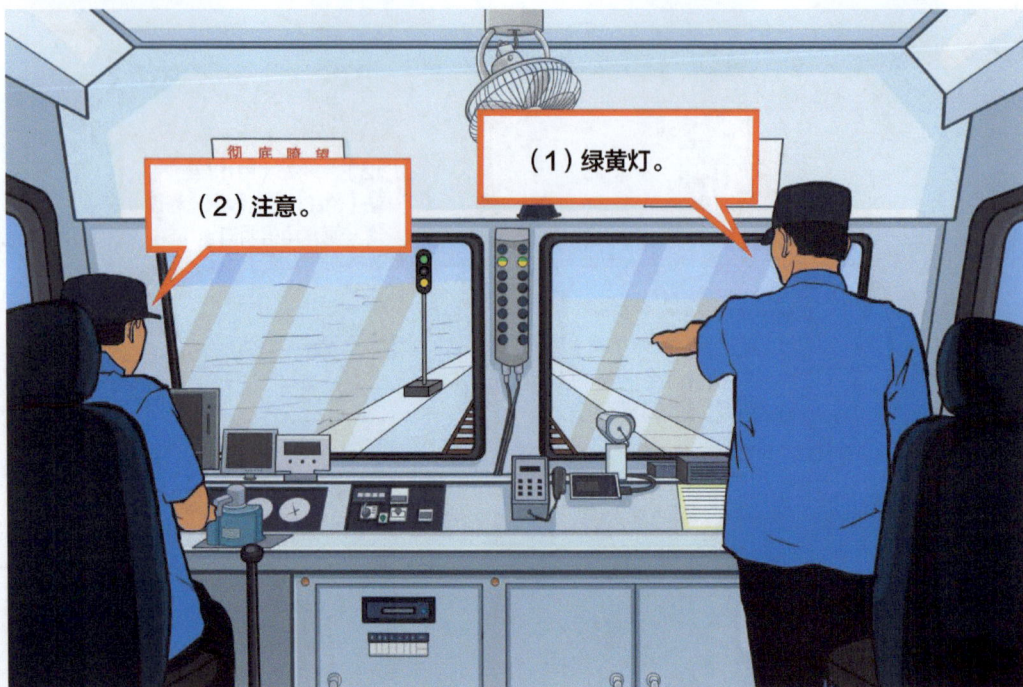

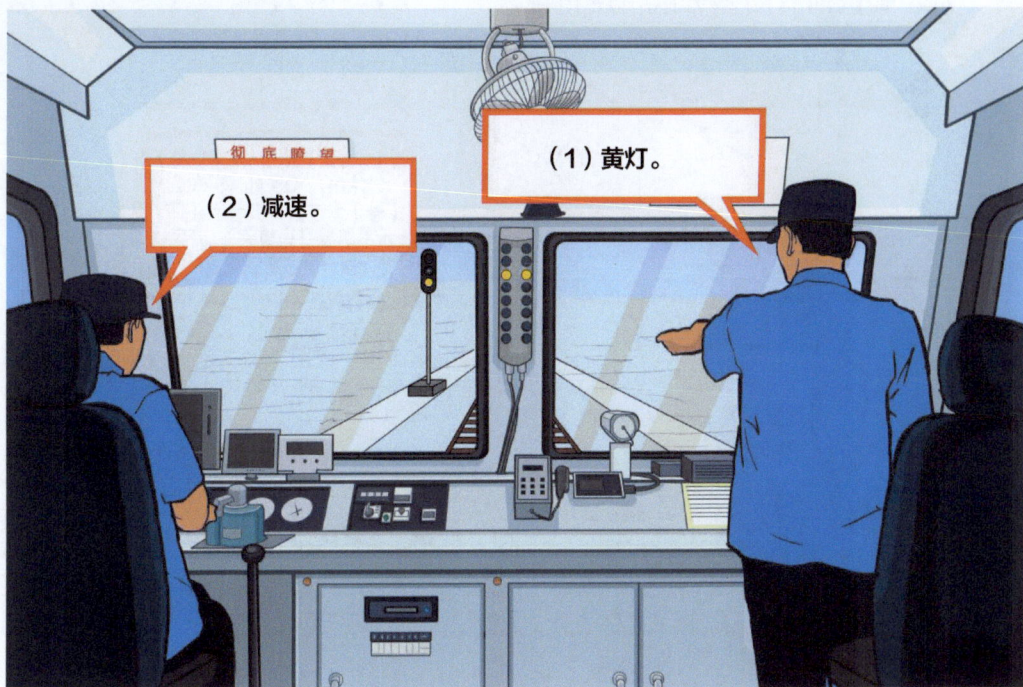

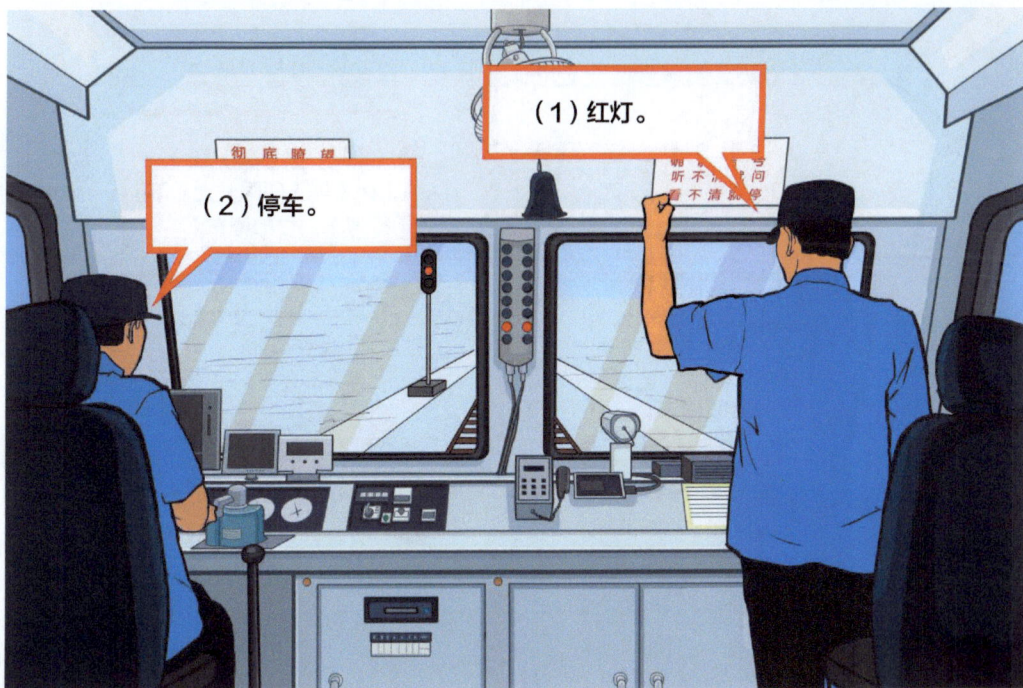

（11）确认前方闭塞分区占用情况。

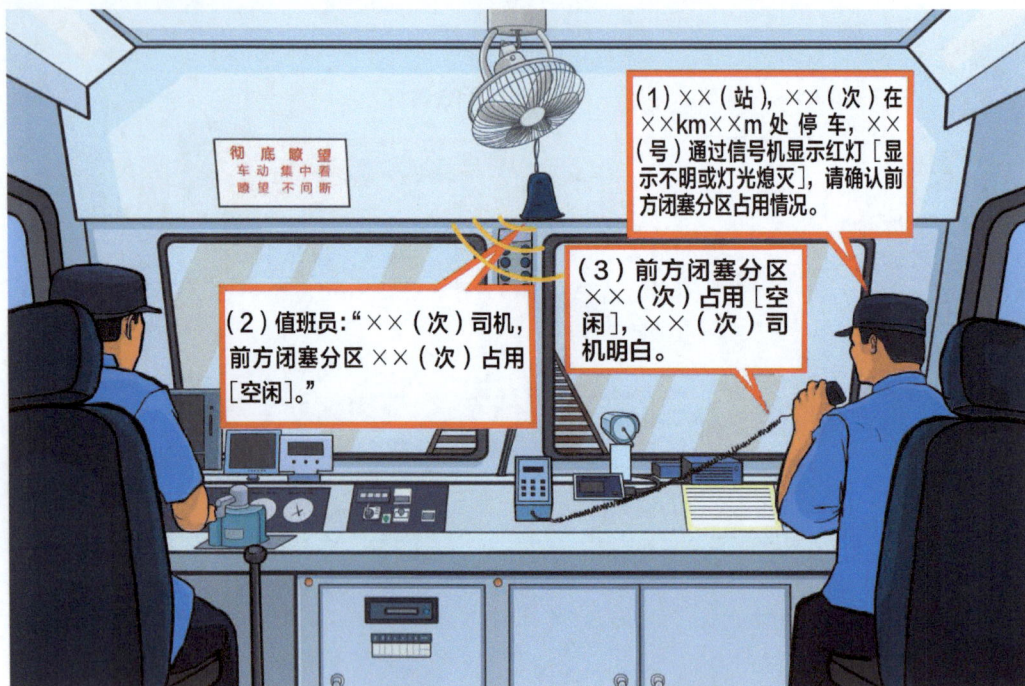

（12）列车侵限。

（13）被迫停车。

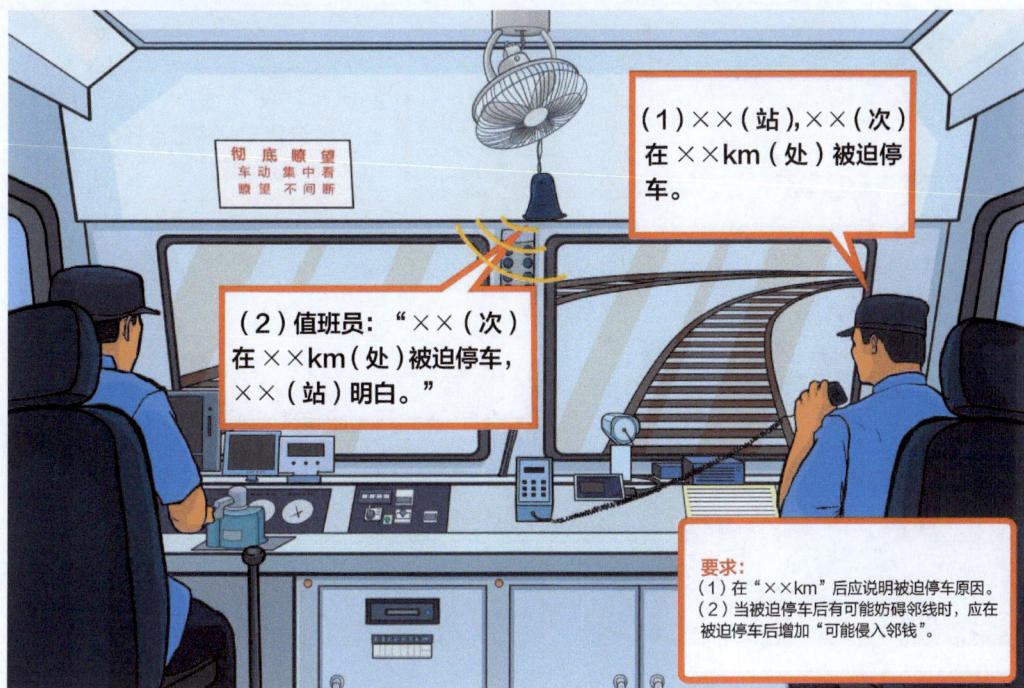

彻底瞭望
车动 集中看
瞭望 不间断

（1）××（站），××（次）在××km（处）被迫停车。

（2）值班员："××（次）在××km（处）被迫停车，××（站）明白。"

要求：
（1）在"××km"后应说明被迫停车原因。
（2）当被迫停车后有可能妨碍邻线时，应在被迫停车后增加"可能侵入邻钱"。

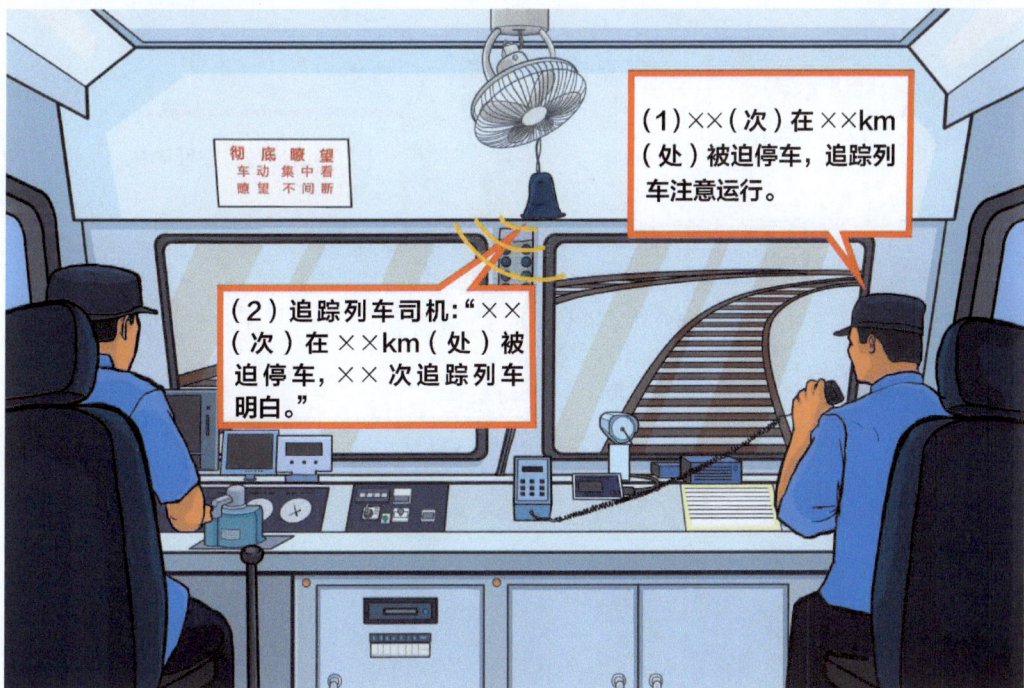

彻底瞭望
车动 集中看
瞭望 不间断

（1）××（次）在××km（处）被迫停车，追踪列车注意运行。

（2）追踪列车司机："××（次）在××km（处）被迫停车，××次追踪列车明白。"

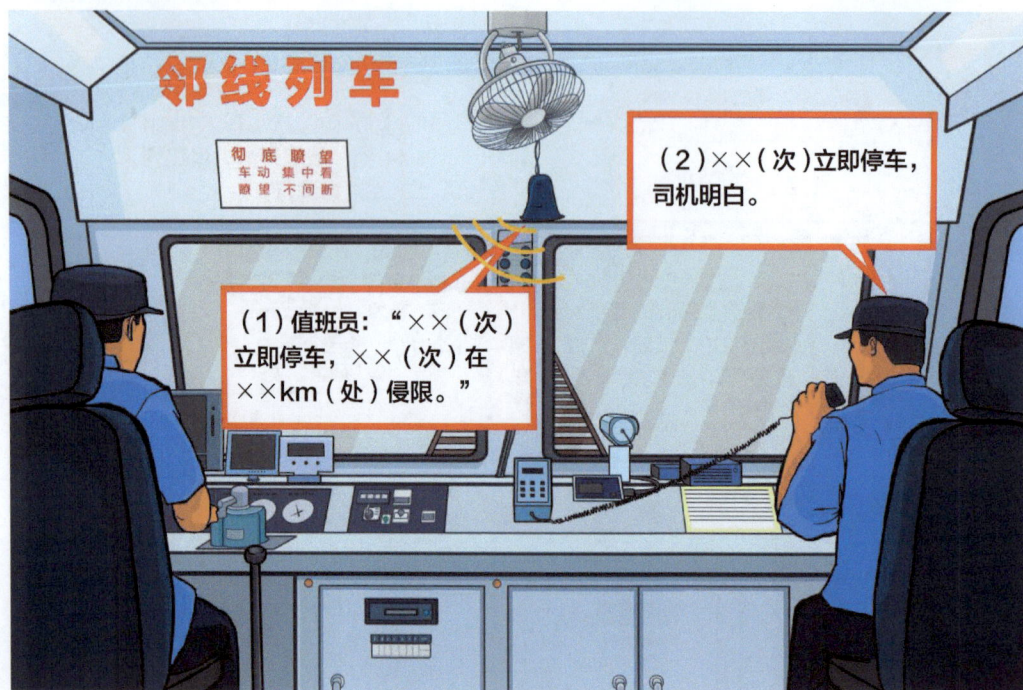

（14）严重晃车。

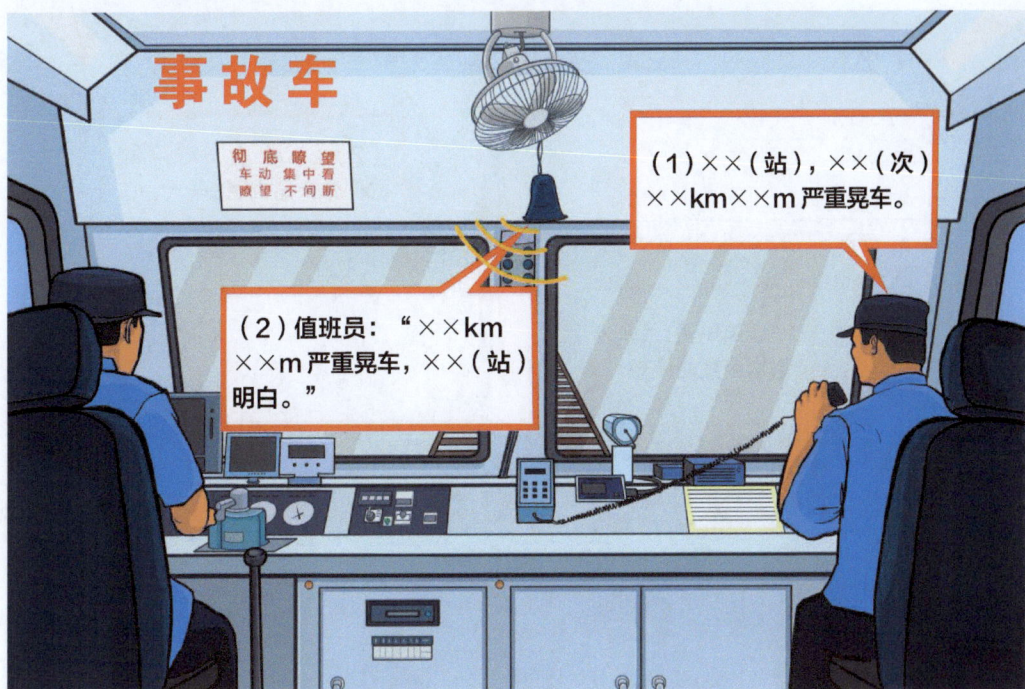

事故车

（1）××（站），××（次）××km××m严重晃车。

（2）值班员："××km××m严重晃车，××（站）明白。"

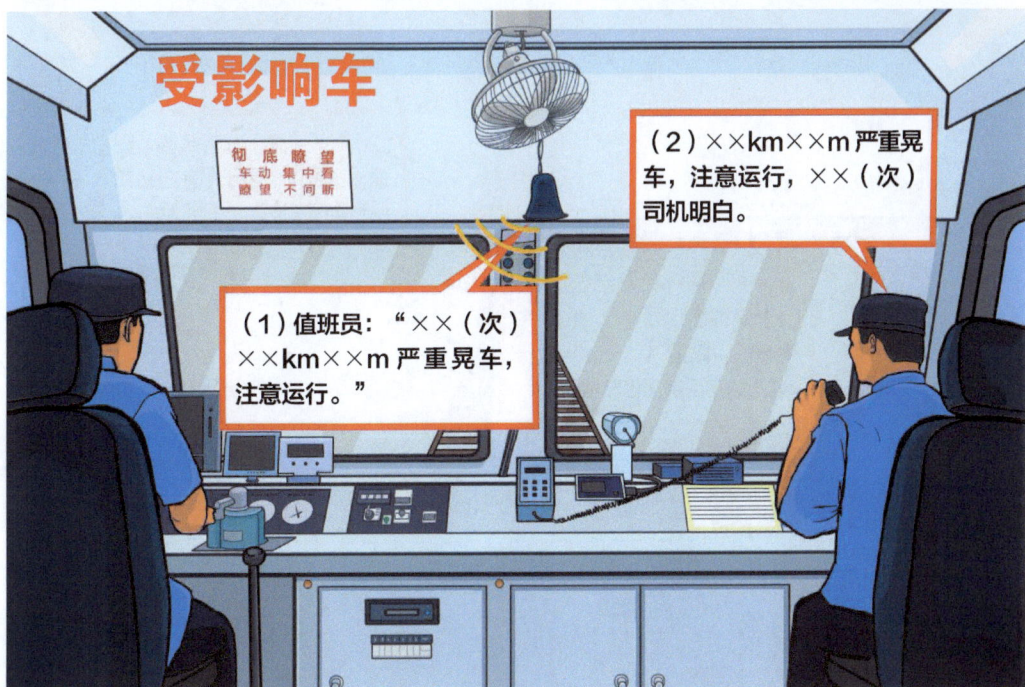

受影响车

（2）××km××m严重晃车，注意运行，××（次）司机明白。

（1）值班员："××（次）××km××m严重晃车，注意运行。"

（15）车辆热轴。

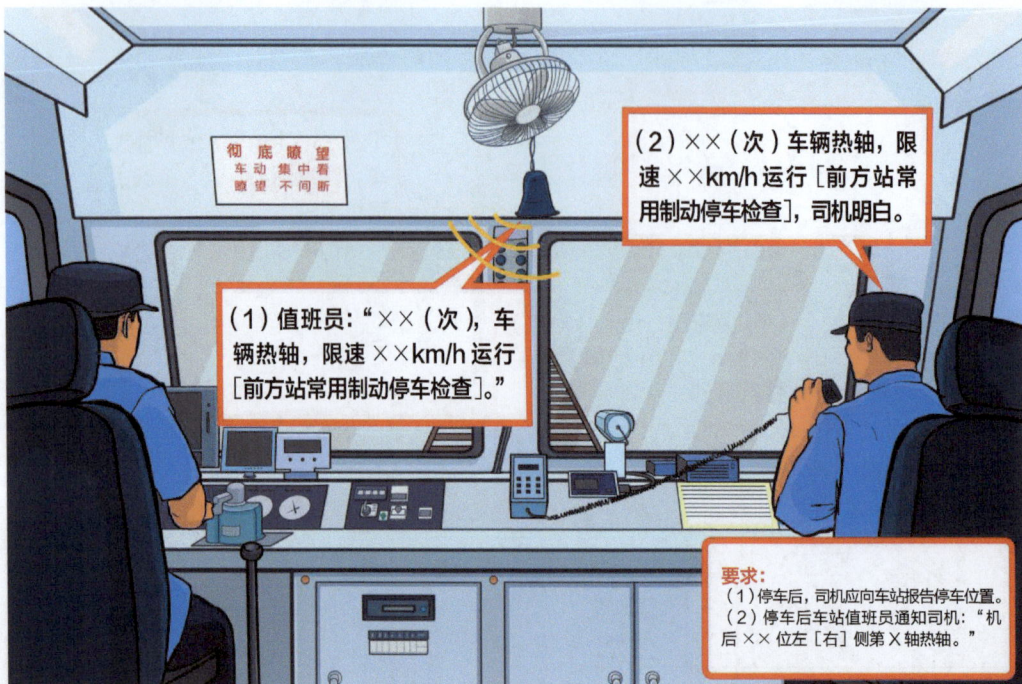

（16）进出车站。

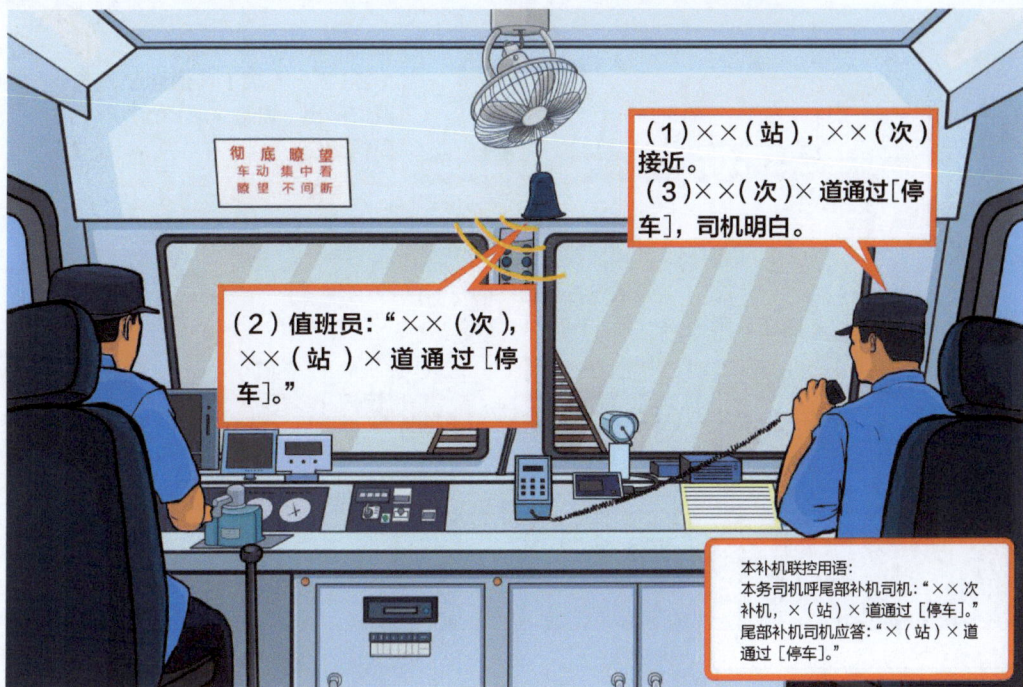

（1）××（站），××（次）接近。
（3）××（次）×道通过［停车］，司机明白。

（2）值班员："××（次），××（站）×道通过［停车］。"

彻底瞭望
车动集中看
瞭望不间断

本补机联控用语：
本务司机呼尾部补机司机："××次补机，×（站）×道通过［停车］。"
尾部补机司机应答："×（站）×道通过［停车］。"

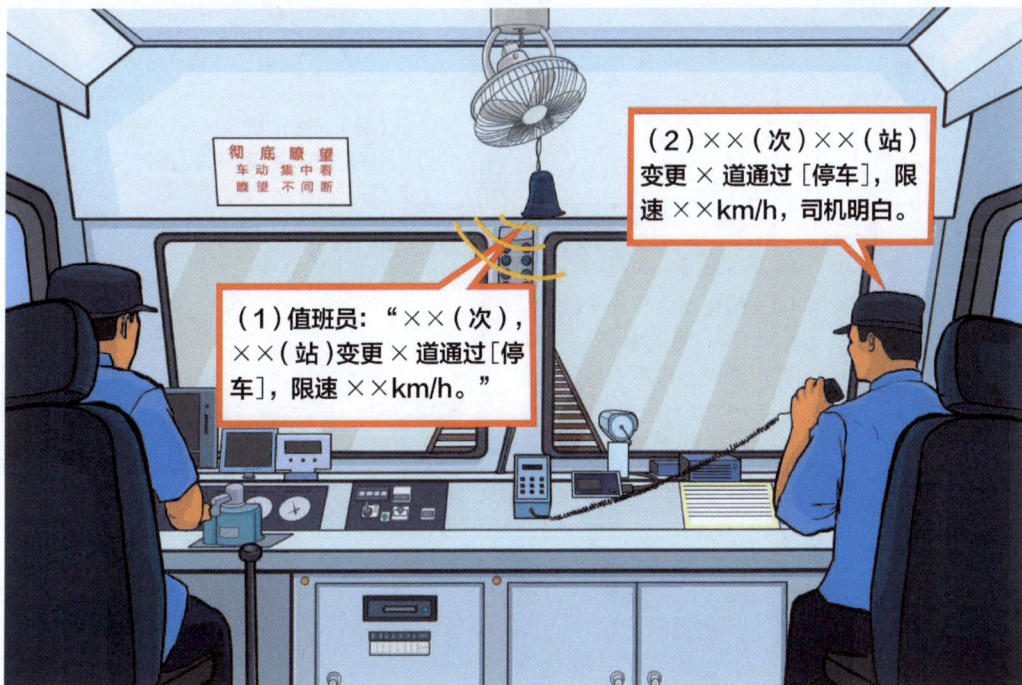

（2）××（次）××（站）变更×道通过［停车］，限速××km/h，司机明白。

（1）值班员："××（次），××（站）变更×道通过［停车］，限速××km/h。"

彻底瞭望
车动集中看
瞭望不间断

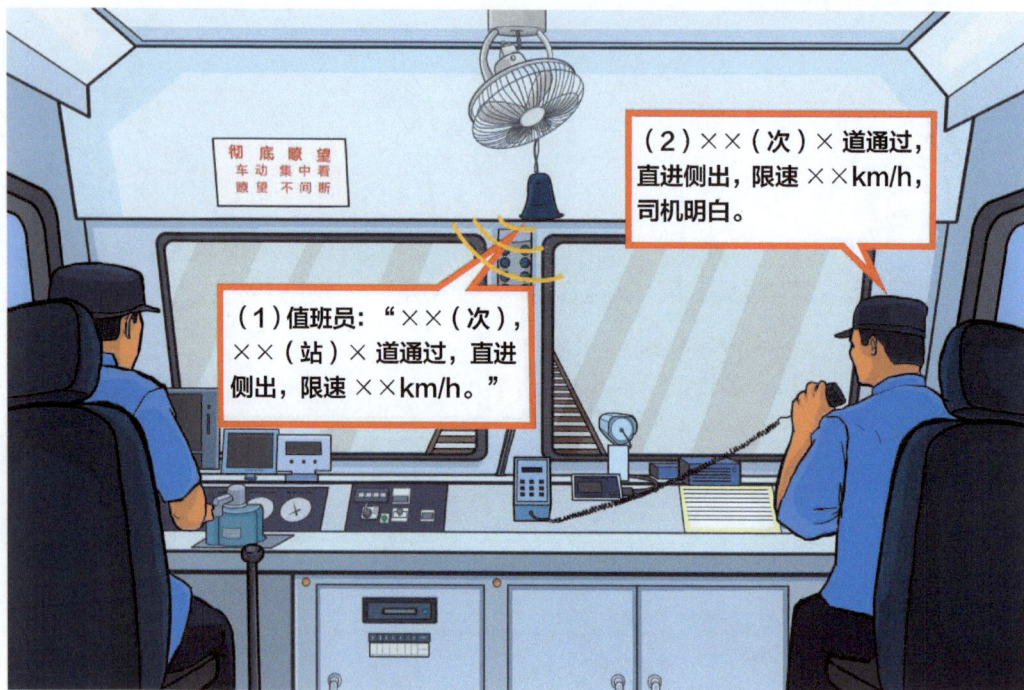

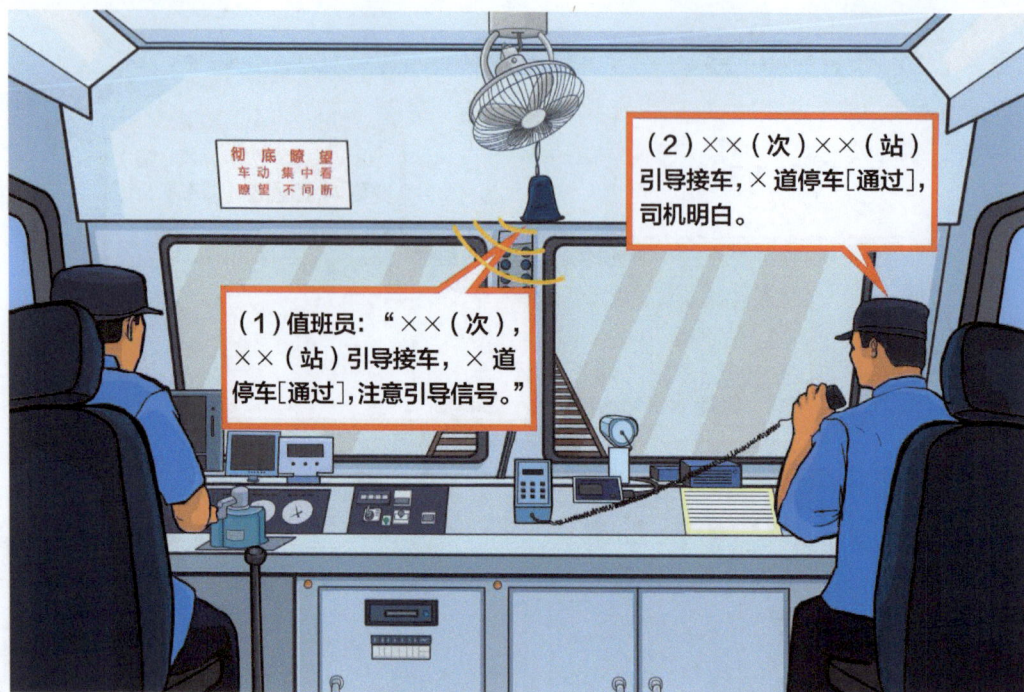

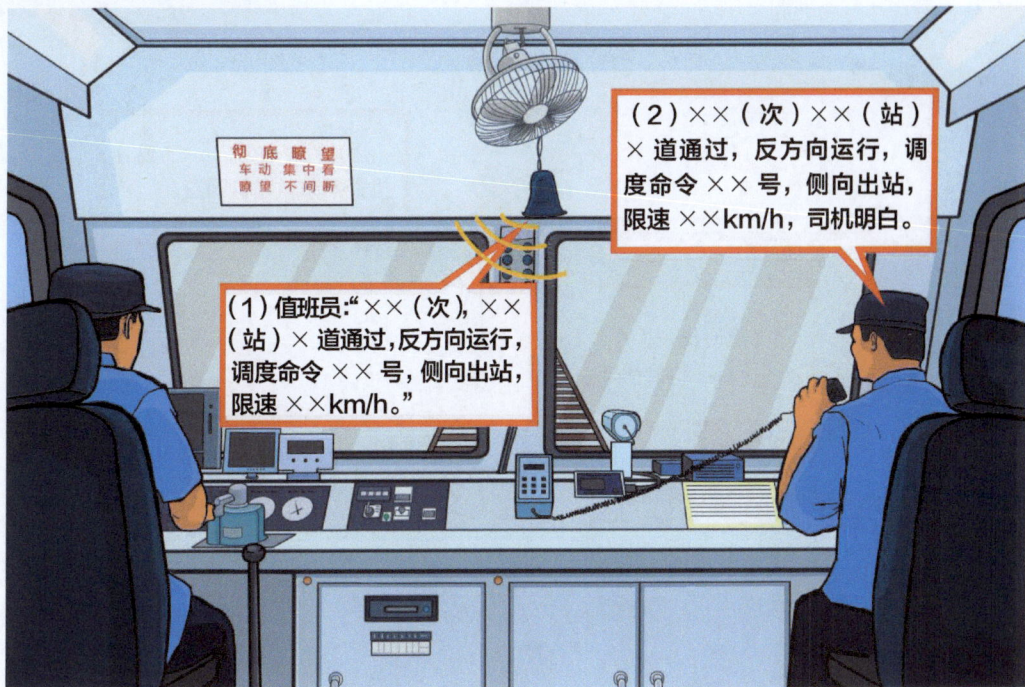

（1）值班员："××（次），××（站）×道通过，反方向运行，调度命令××号，侧向出站，限速××km/h。"

（2）××（次）××（站）×道通过，反方向运行，调度命令××号，侧向出站，限速××km/h，司机明白。

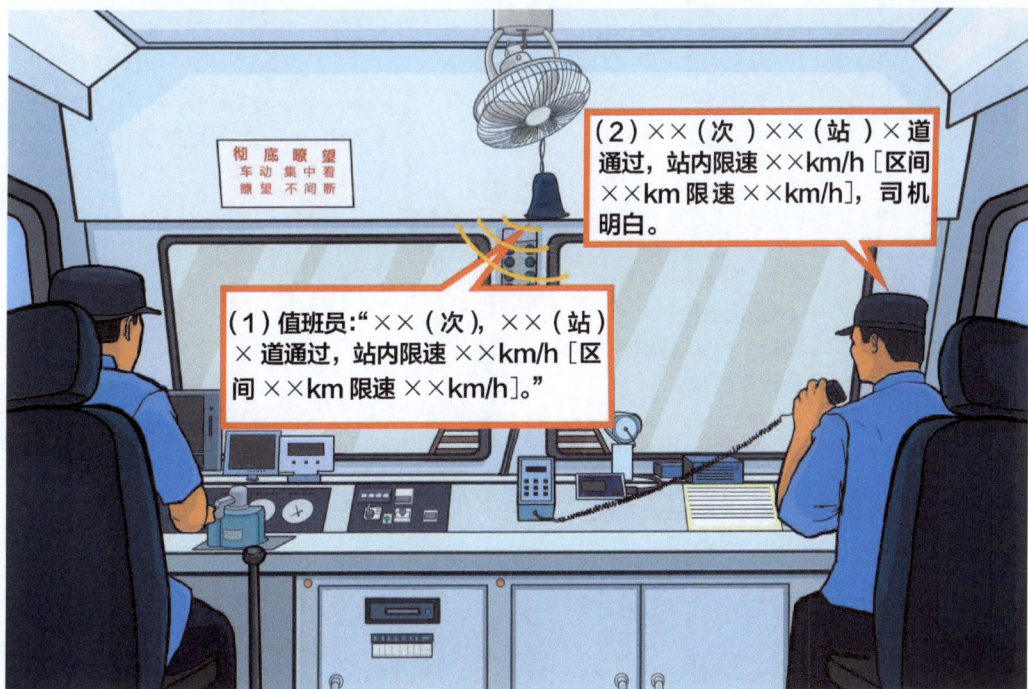

（1）值班员："××（次），××（站）×道通过，站内限速××km/h［区间××km限速××km/h］。"

（2）××（次）××（站）×道通过，站内限速××km/h［区间××km限速××km/h］，司机明白。

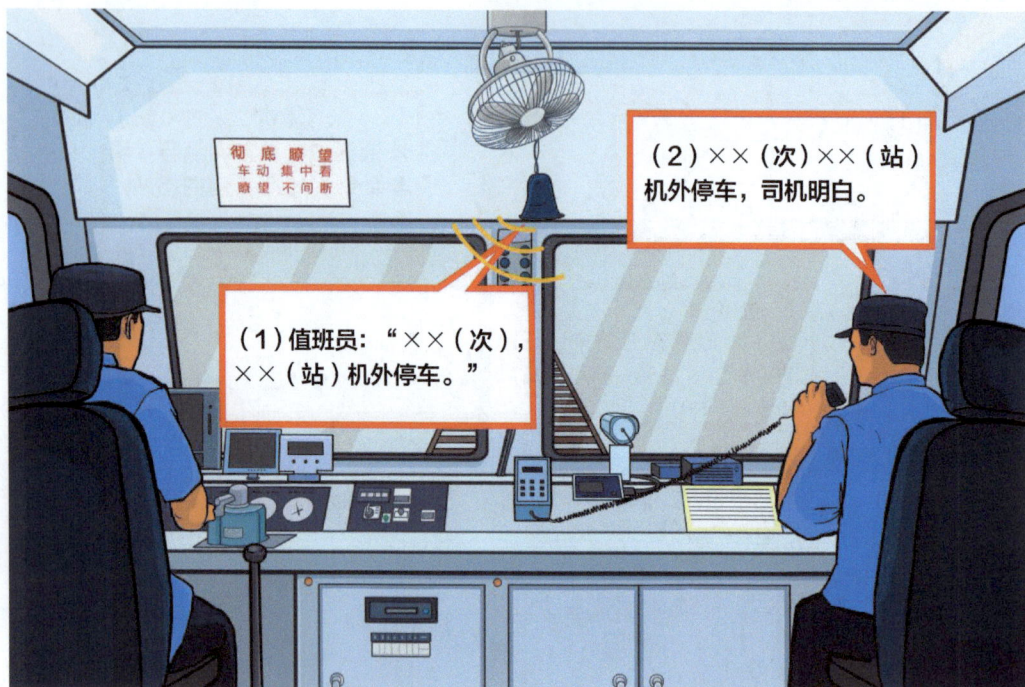

（17）列车占用丢失。

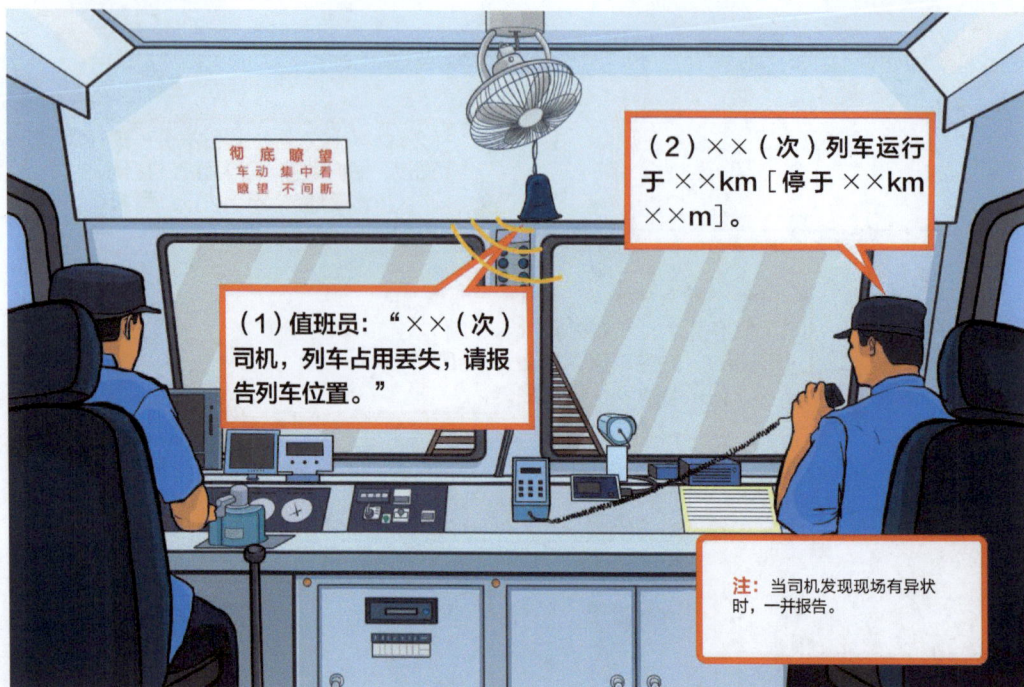

（18）限速运行。

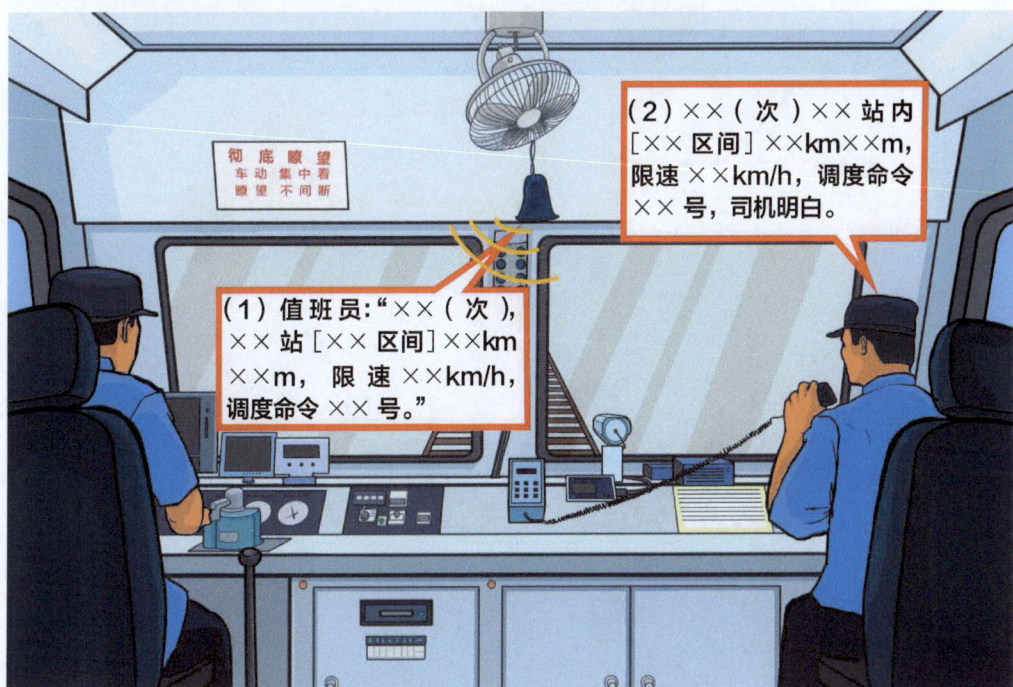

彻底瞭望
车动集中看
瞭望不间断

（2）××（次）××站内 [××区间] ××km××m，限速××km/h，调度命令 ××号，司机明白。

（1）值班员："××（次），×× 站 [××区间]××km ××m，限速××km/h，调度命令××号。"

（19）确认是否收到调度命令。

彻底瞭望
车动集中看
瞭望不间断

（2）××号调度命令已收到。

（1）值班员："××（次），××号调度命令是否收到？"

（20）按信号行车。

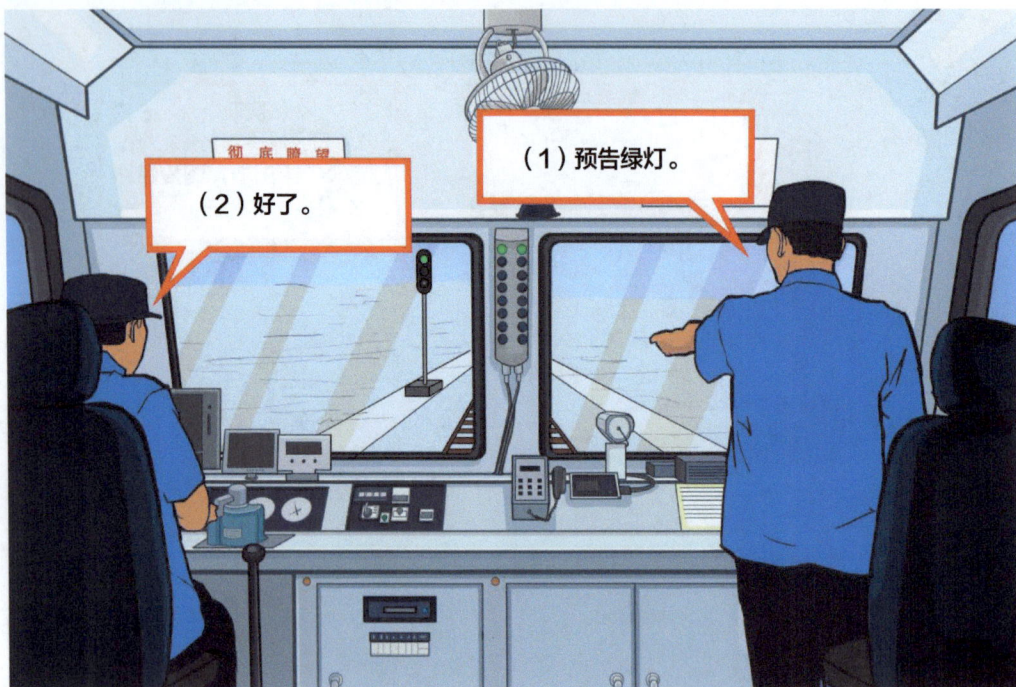

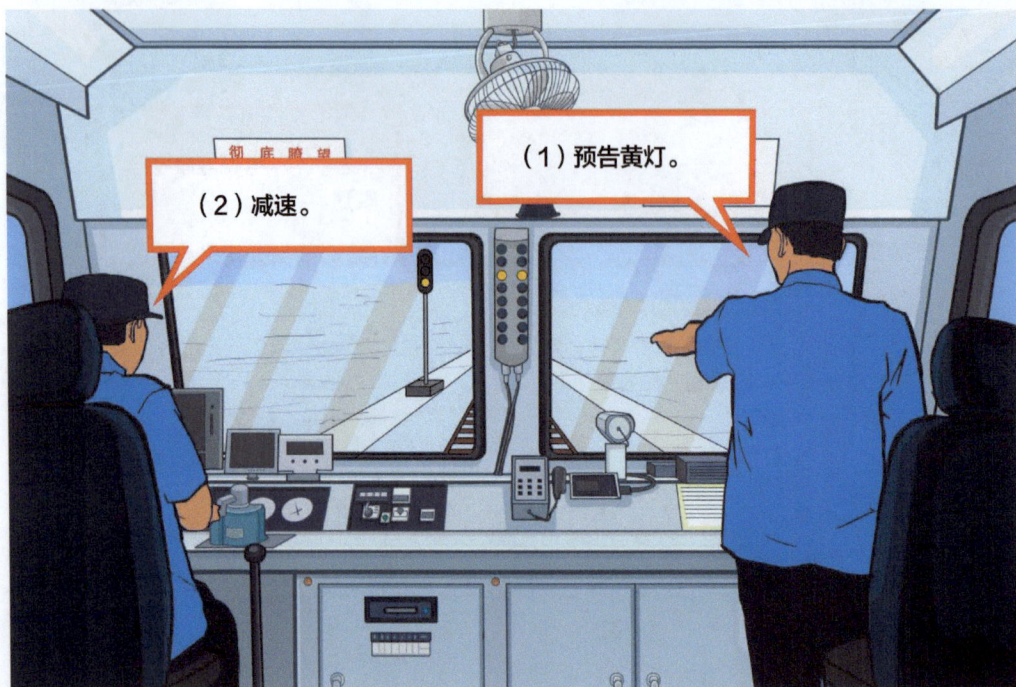

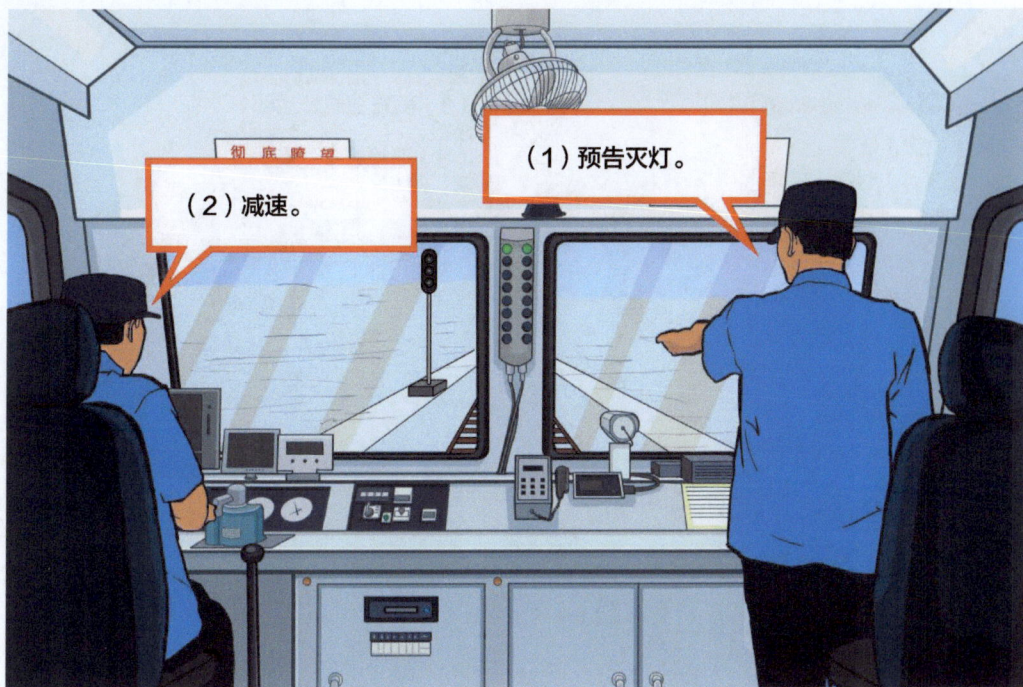

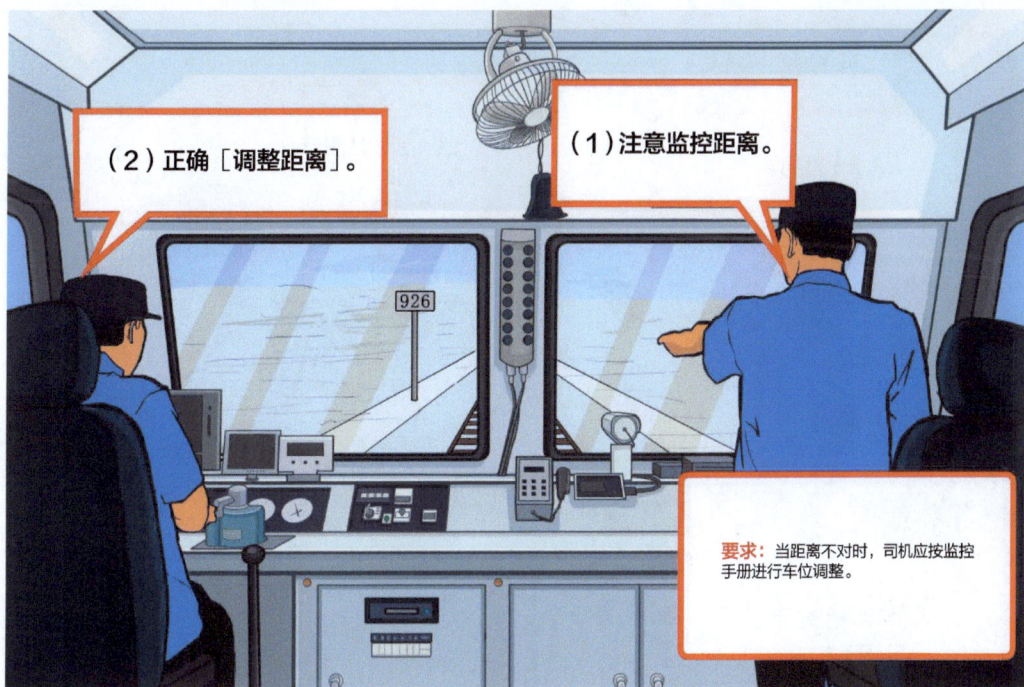

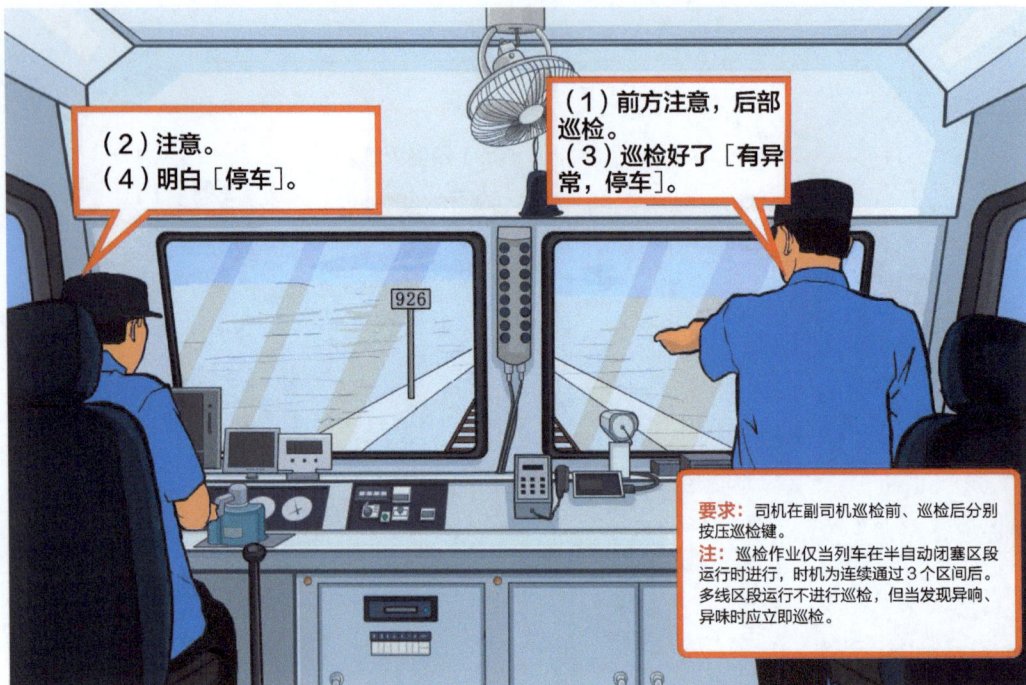

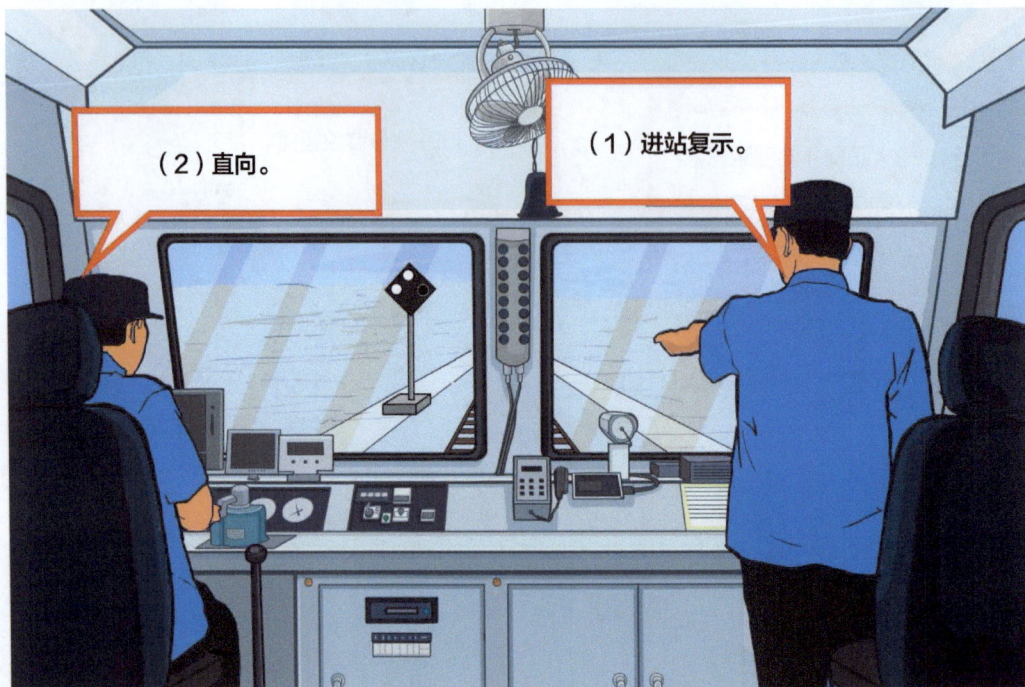

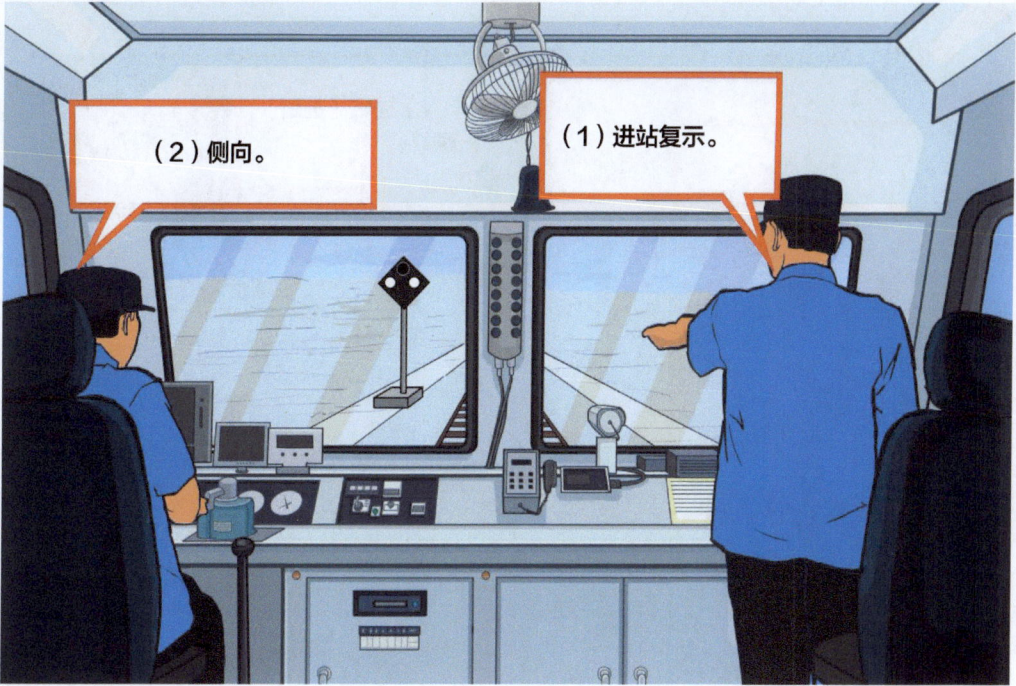

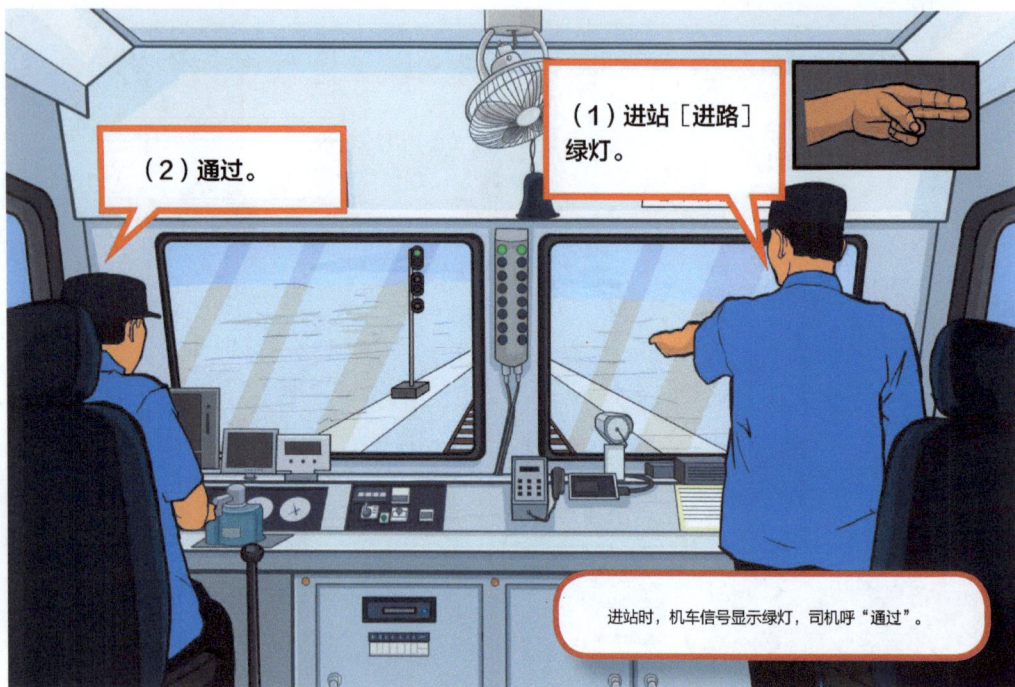

（2）通过。

（1）进站［进路］绿灯。

进站时，机车信号显示绿灯，司机呼"通过"。

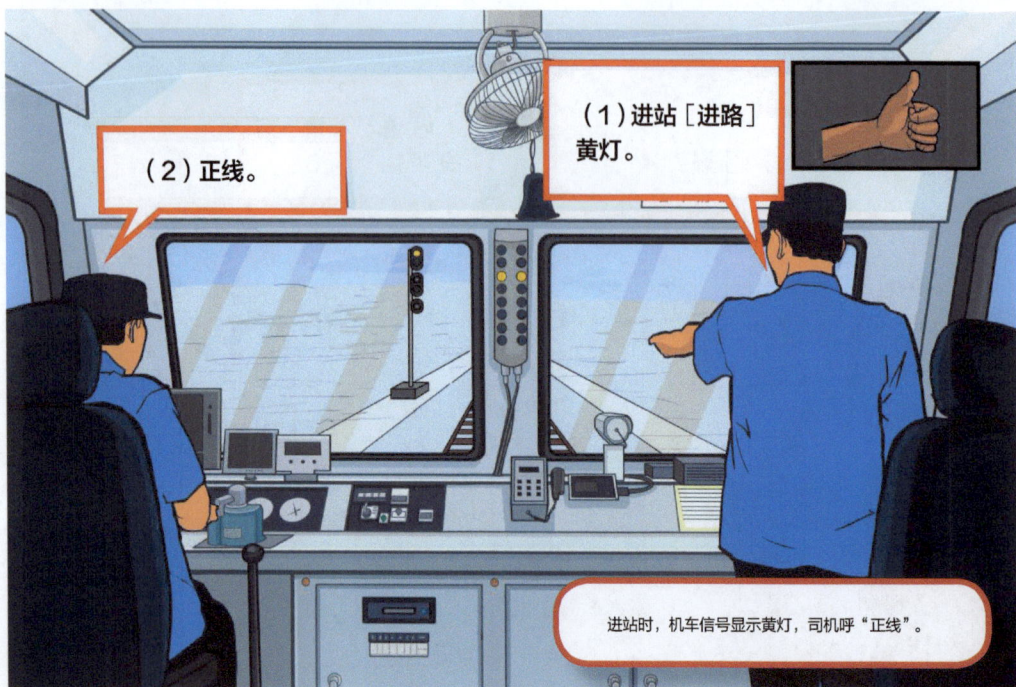

（2）正线。

（1）进站［进路］黄灯。

进站时，机车信号显示黄灯，司机呼"正线"。

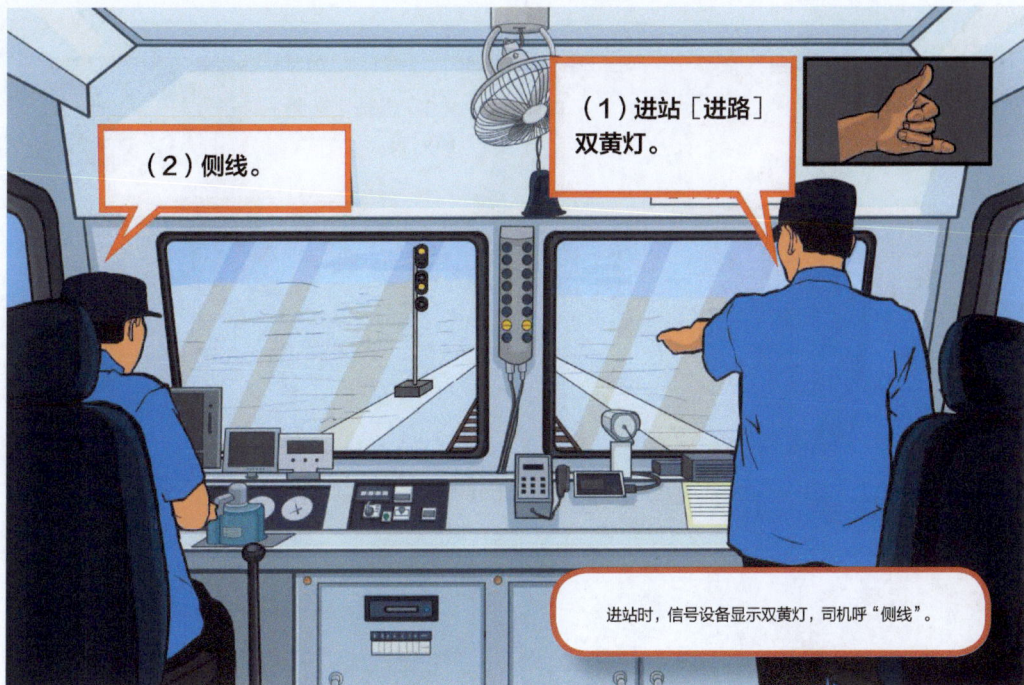

（1）进站［进路］双黄灯。

（2）侧线。

进站时，信号设备显示双黄灯，司机呼"侧线"。

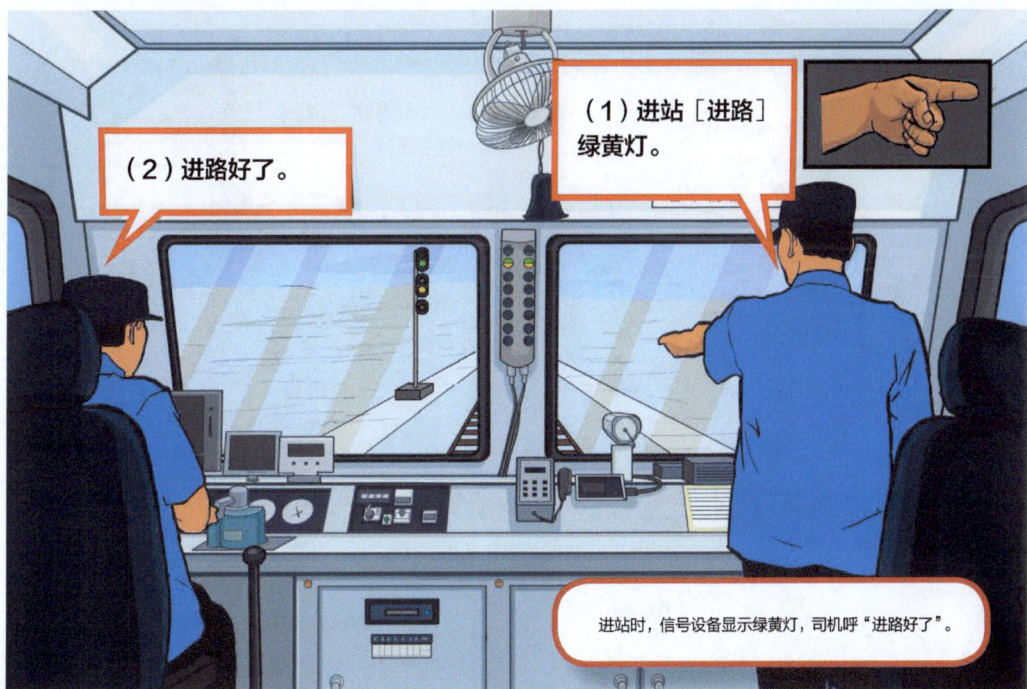

（1）进站［进路］绿黄灯。

（2）进路好了。

进站时，信号设备显示绿黄灯，司机呼"进路好了"。

（2）机外停车。

（1）进站［进路］黄闪黄。

进站时，信号设备显示黄闪黄，司机呼"机外停车"。

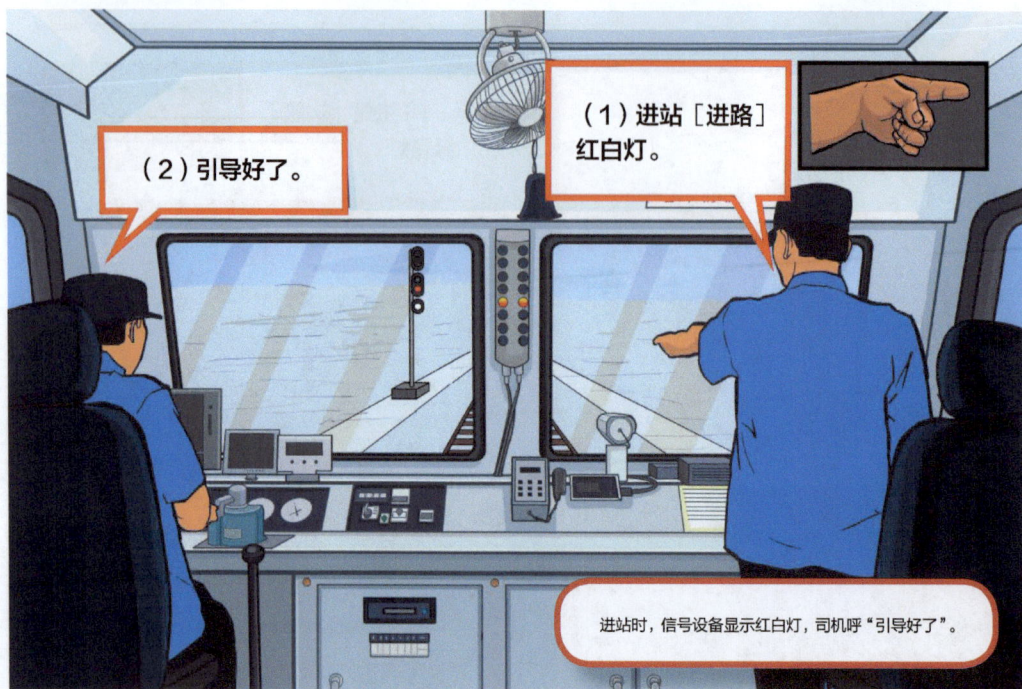

（2）引导好了。

（1）进站［进路］红白灯。

进站时，信号设备显示红白灯，司机呼"引导好了"。

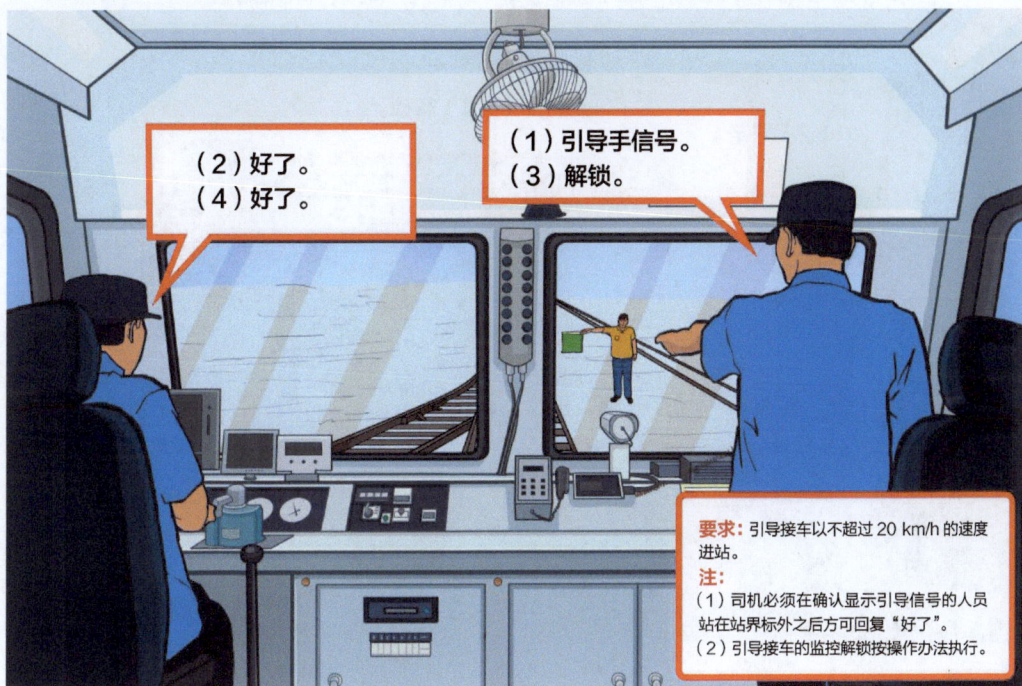

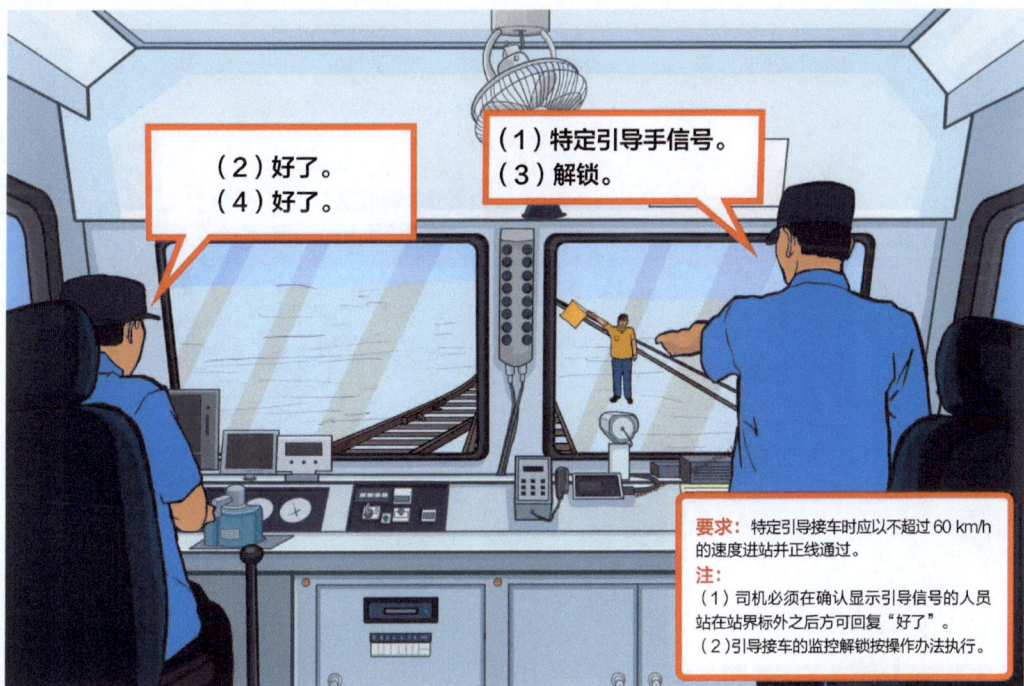

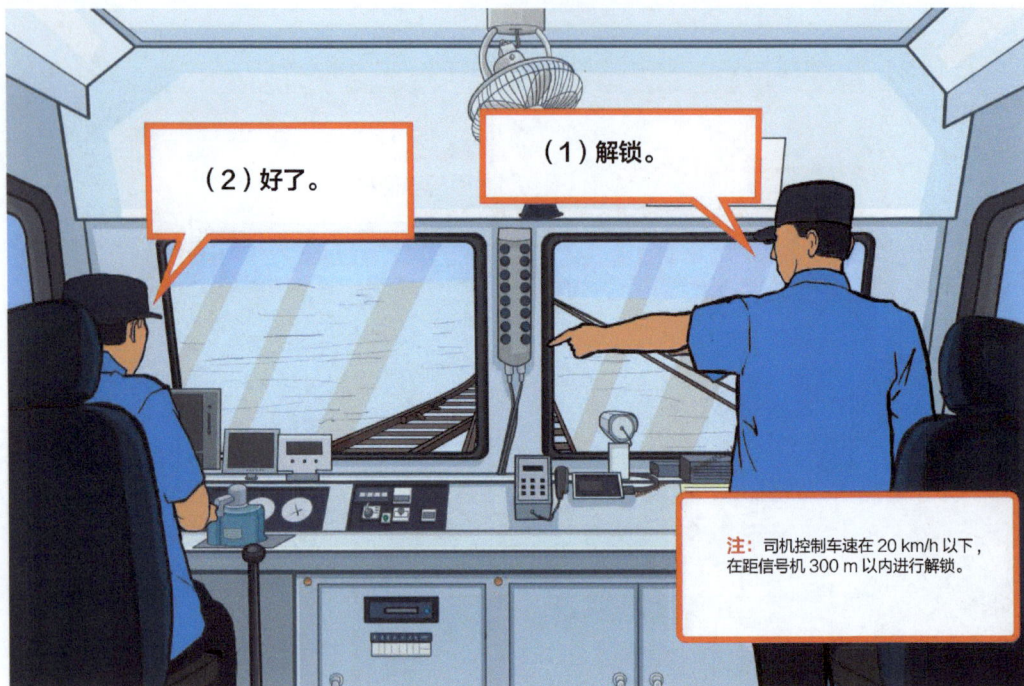

6. 高铁区间运行

（1）通话试验。

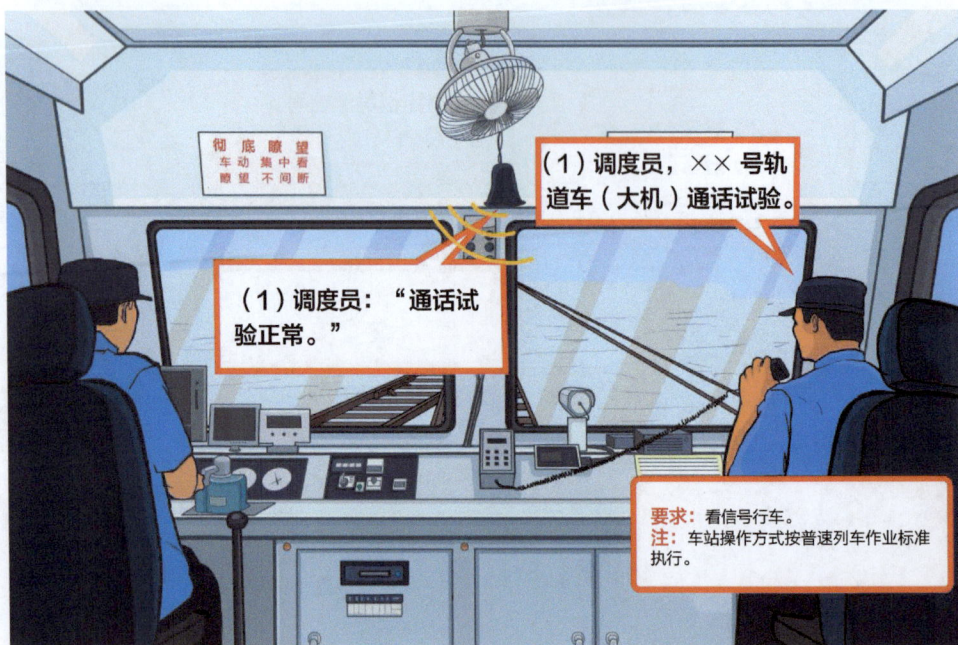

（2）接收命令。

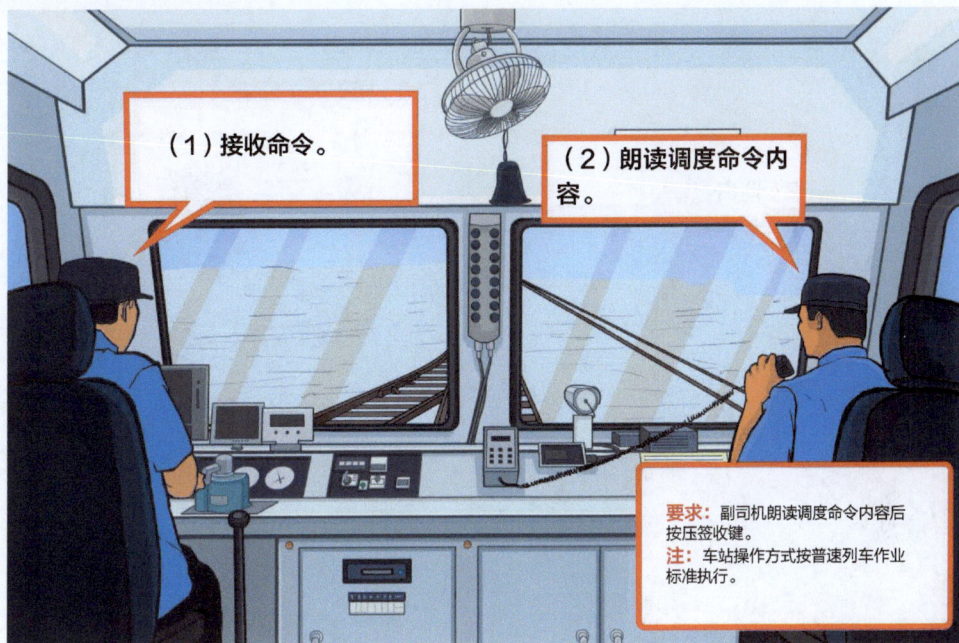

（1）接收命令。

（2）朗读调度命令内容。

要求： 副司机朗读调度命令内容后按压签收键。
注： 车站操作方式按普速列车作业标准执行。

7. 施工路用列车运行

（1）唱核调度命令。

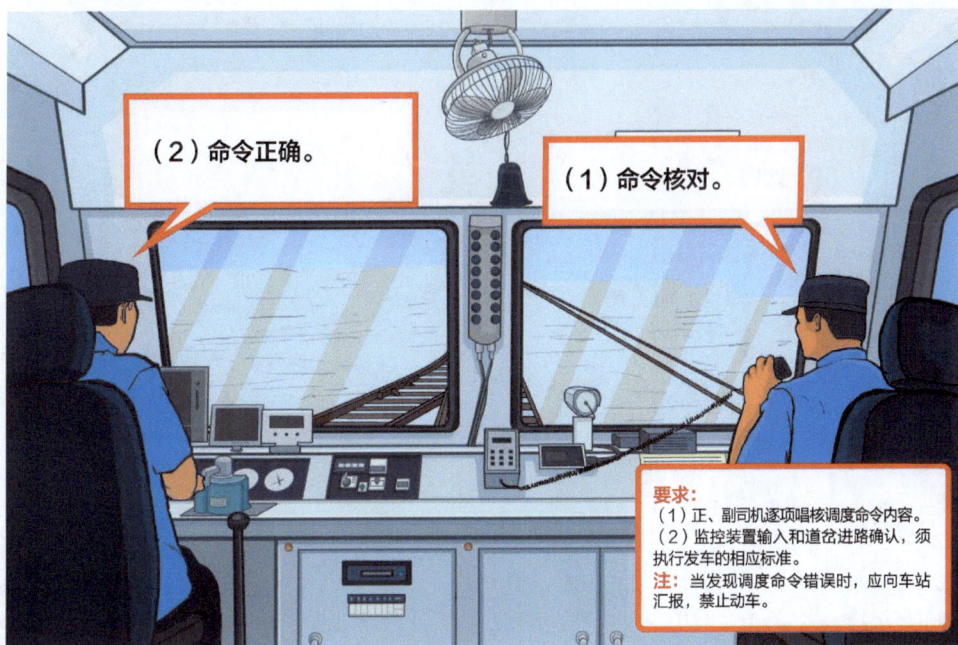

（2）命令正确。

（1）命令核对。

要求：
（1）正、副司机逐项唱核调度命令内容。
（2）监控装置输入和道岔进路确认，须执行发车的相应标准。
注： 当发现调度命令错误时，应向车站汇报，禁止动车。

（2）防护停车点。

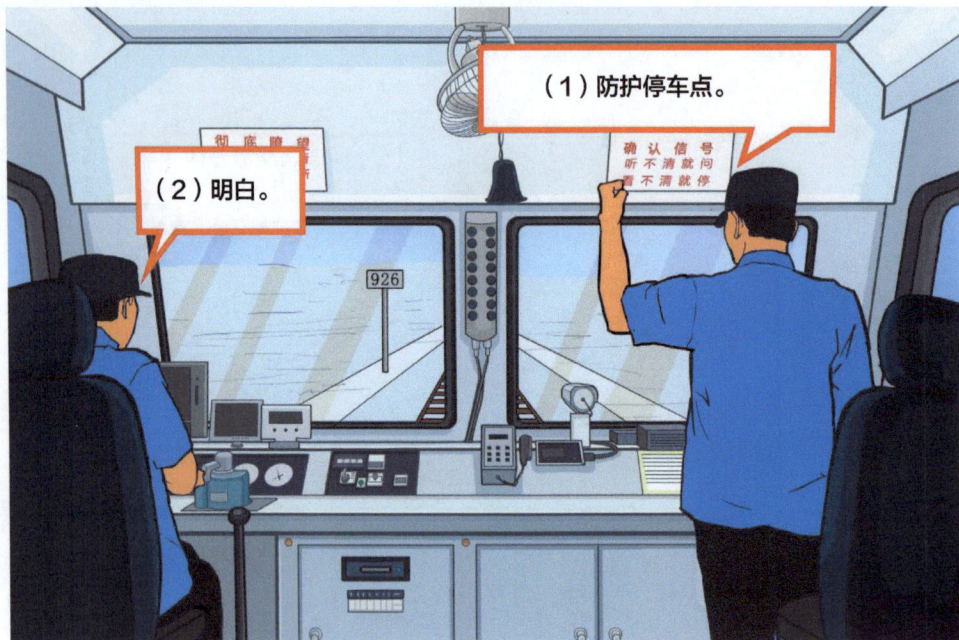

（1）防护停车点。

（2）明白。

确认信号
听不清就问
看不清就停

（3）列车解体。

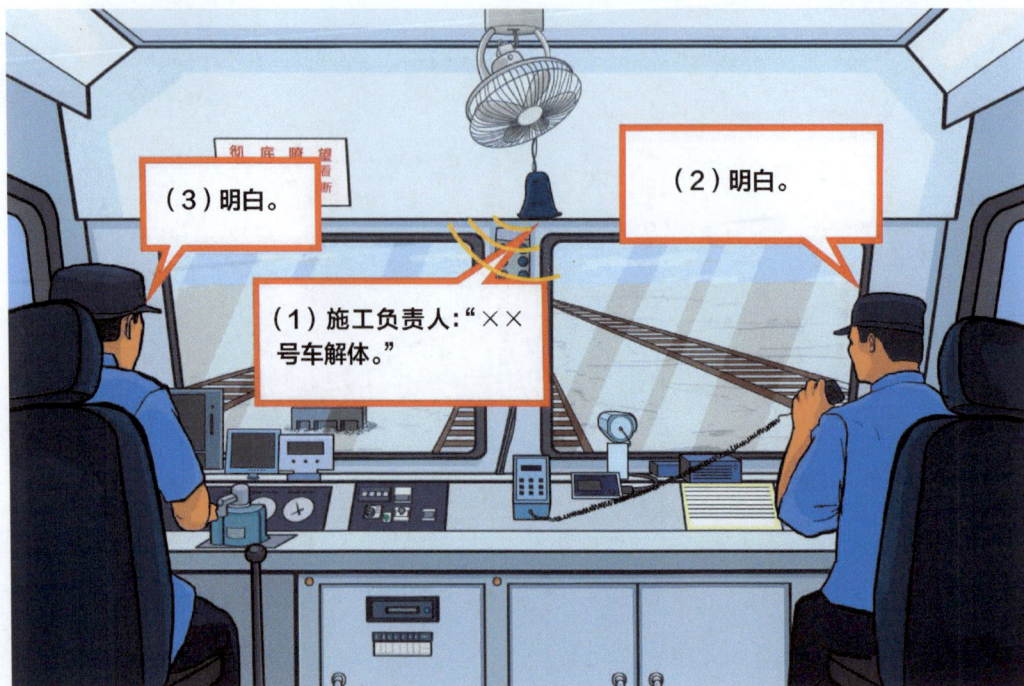

（3）明白。

（2）明白。

（1）施工负责人："××号车解体。"

（4）车辆连挂。

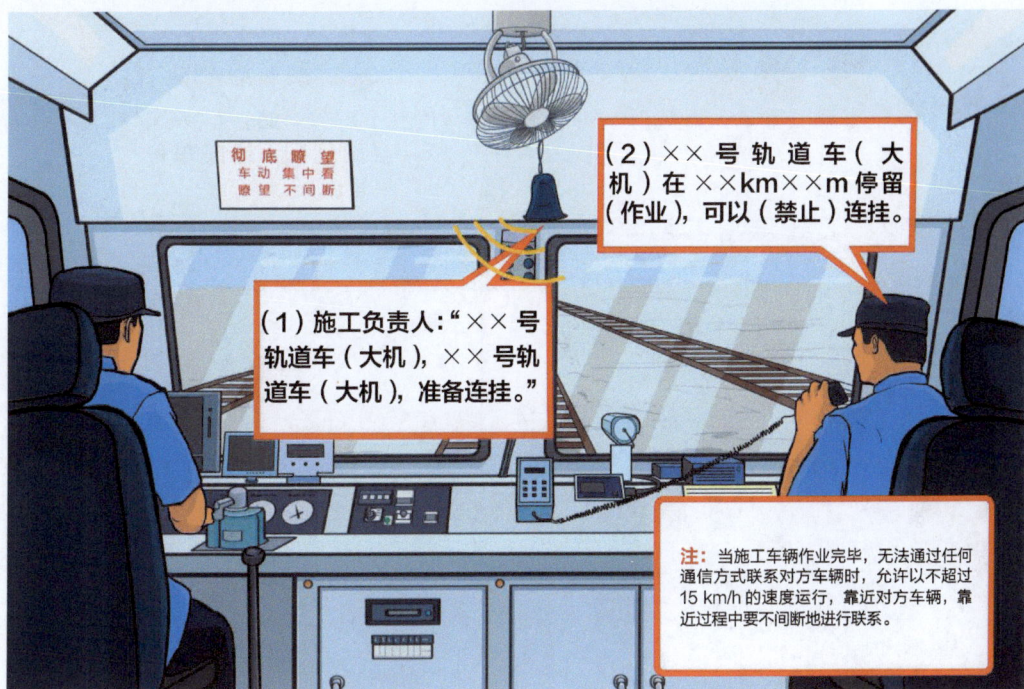

彻底瞭望
车动 集中看
瞭望 不间断

（2）××号轨道车（大机）在××km××m停留（作业），可以（禁止）连挂。

（1）施工负责人："××号轨道车（大机），××号轨道车（大机），准备连挂。"

注：当施工车辆作业完毕，无法通过任何通信方式联系对方车辆时，允许以不超过15 km/h的速度运行，靠近对方车辆，靠近过程中要不间断地进行联系。

（5）道岔进路。

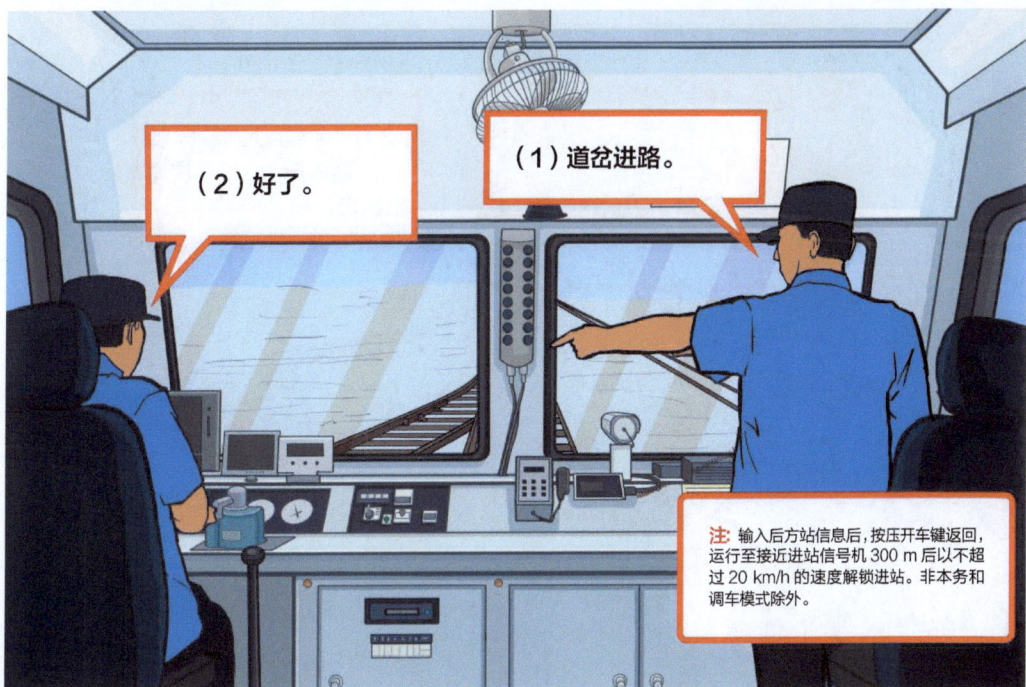

（2）好了。

（1）道岔进路。

注：输入后方站信息后，按压开车键返回，运行至接近进站信号机300 m后以不超过20 km/h的速度解锁进站。非本务和调车模式除外。

（6）列车返回。

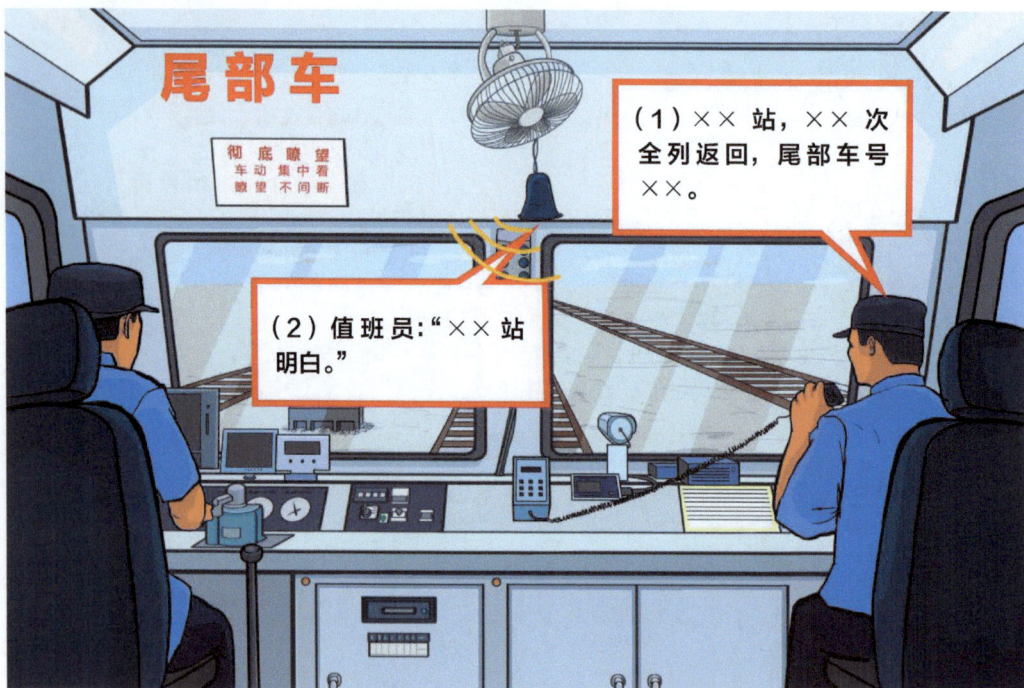

8. 入库作业

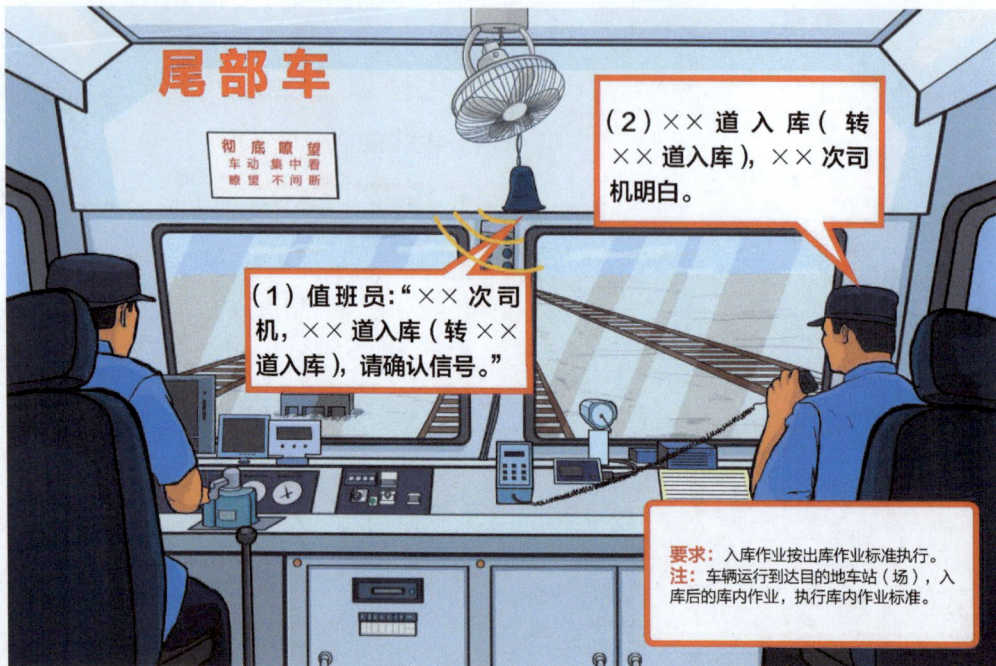

9. 本务司机或副司机进行中断瞭望的行为

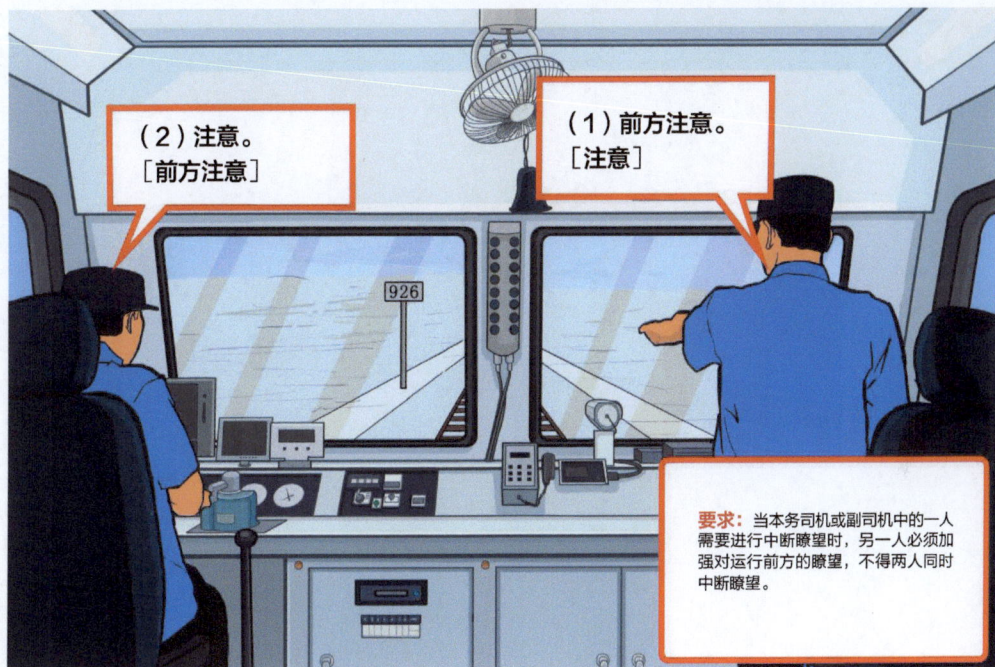

（2）注意。
［前方注意］

（1）前方注意。
［注意］

926

要求： 当本务司机或副司机中的一人需要进行中断瞭望时，另一人必须加强对运行前方的瞭望，不得两人同时中断瞭望。

五、城市轨道交通作业

1. 预想会作业票发放

班组长发放作业票，并宣读作业内容及安全注意事项。

×××车组、司机×××、副司机×××：××站至××站左/右线进行××作业，要认真落实标准化作业程序，严格控制速度，注意行车安全。

司机接收作业票，对作业票内容进行复诵：×××车组、司机×××、副司机×××、在××站至××站左/右线进行××作业。要认真落实标准化作业程序，严格控制速度，注意行车安全。

注释： 以上述内容为模板，在填写作业票时，要根据工程项目施工安排和调度命令要求。认真填写作业时间、作业地点、作业内容及安全作业注意事项等。结合施工任务安排和施工现场的实际情况，向司机交代清楚安全注意事项和事故隐患，宣读各项施工内容，明确司机与副司机的责任划分和职责等。

2. 发车前准备工作

（1）检查监控设备。

（1）司机呼唤"监控开启，工作正常"或"监控开启，××故障。"

（2）副司机应答"工作正常"或"××故障"，并填写行车日志。

防溜已设置

注释： 乘务人员打开总电源并插入IC卡后，对视频监控装置监控系统工作是否正常、摄像头角度是否正确及画面是否清晰、硬盘存储状态是否正常等进行检查，检查完毕后进行呼唤应答。若视频监控装置出现故障，应立即处理，并在行车日志中填写标明。对于处理不了的故障，要及时上报。

（2）复核调度命令。

（2）副司机呼唤："××号调度命令，准许××作业车组在××至××区间左/右线作业。限速××km/h。"

（1）司机呼唤："××号调度命令，准许××作业车组在××至××区间左/右线作业。限速××km/h。"

防溜已设置

出库

司机

司机

注意：填写行车日志前要进行呼唤应答。

（3）发动机及油、水检查。

（1）司机呼唤："发动机及油、水检查。"

（2）副司机答："油、水位标准，各部无泄漏。"

（3）司机回复："油、水位标准，司机明白。"

注释：未规定必须是副司机进行检查，只要按照标准用语进行呼唤应答即可。

（4）通话试验。

（5）空压机检查。

（6）检查移动摄像头。

（2）司机应答："监控画面清晰，角度正确。"

（1）副司机呼唤："检查移动摄像头。"

（3）副司机复诵："监控画面清晰，角度正确，收到。"

司机

（7）设备检查完毕。

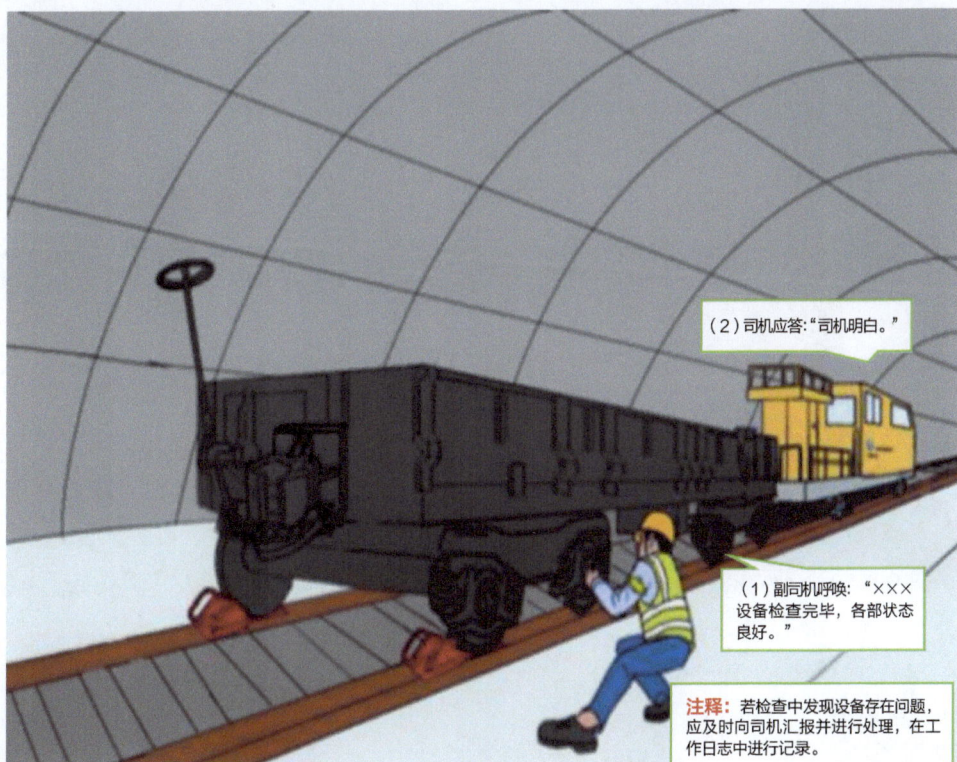

（2）司机应答："司机明白。"

（1）副司机呼唤："×××设备检查完毕，各部状态良好。"

注释：若检查中发现设备存在问题，应及时向司机汇报并进行处理，在工作日志中进行记录。

（8）全列车制动试验。

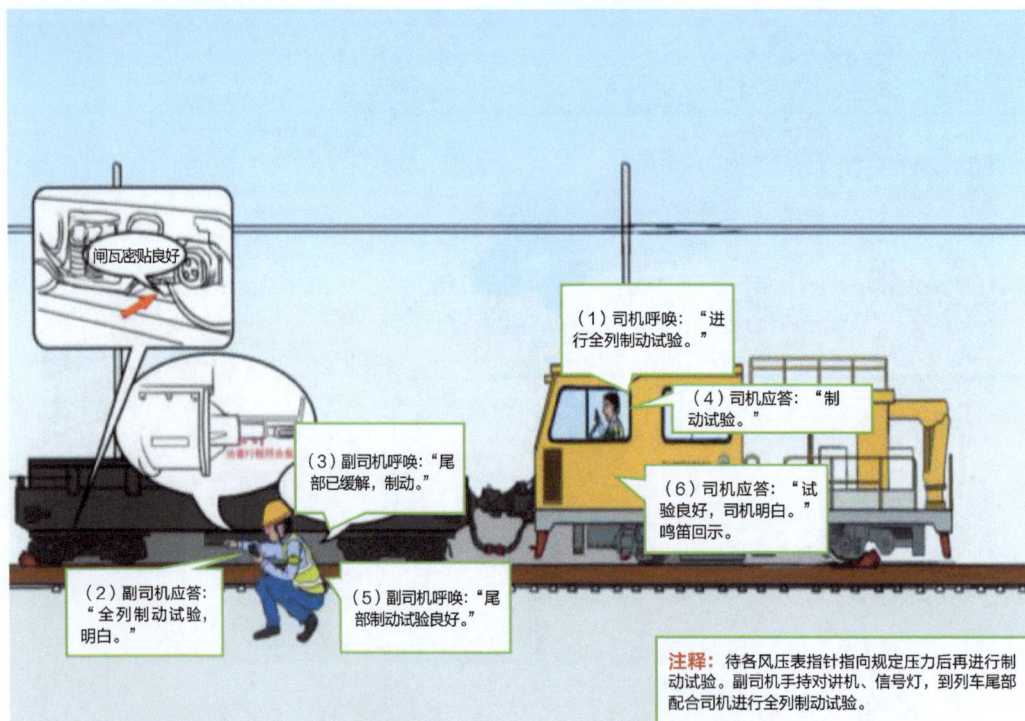

闸瓦密贴良好

（1）司机呼唤："进行全列制动试验。"

（4）司机应答："制动试验。"

（3）副司机呼唤："尾部已缓解，制动。"

（6）司机应答："试验良好，司机明白。"鸣笛回示。

（2）副司机应答："全列制动试验，明白。"

（5）副司机呼唤："尾部制动试验良好。"

注释：待各风压表指针指向规定压力后再进行制动试验。副司机手持对讲机、信号灯，到列车尾部配合司机进行全列制动试验。

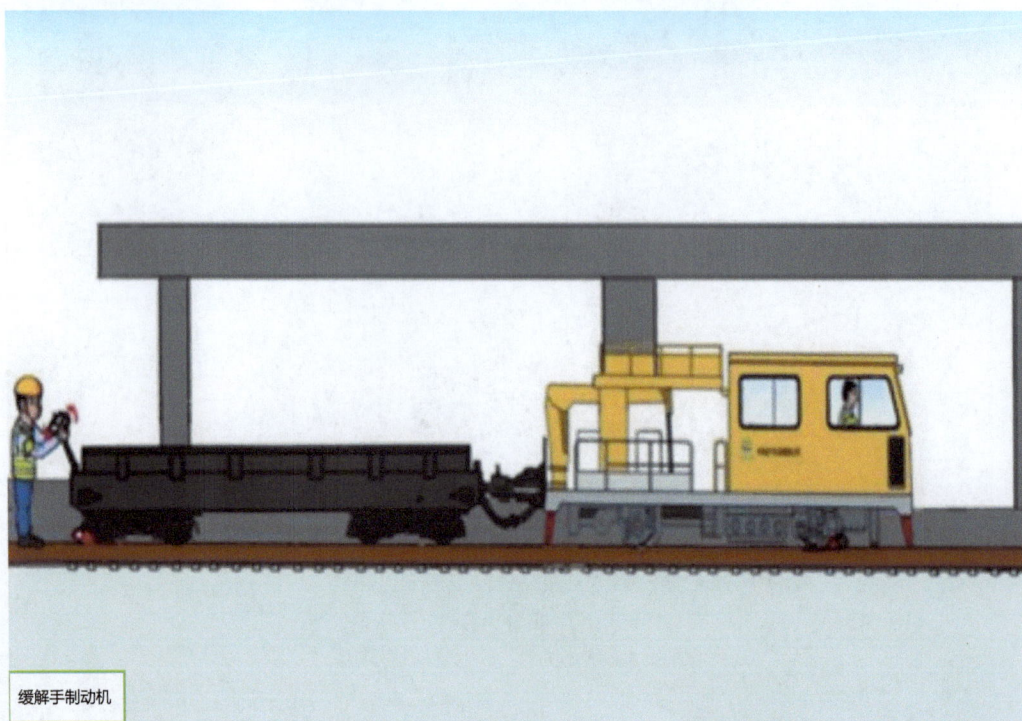

缓解手制动机

（9）撤除防溜措施。

（1）司机呼唤："撤除防溜措施。"

（3）司机复诵："防溜措施已撤除。司机明白。"

（2）副司机听到指令后，撤除铁鞋，缓解手制动机，然后应答："防溜措施已撤除，撤除×个铁鞋，缓解×个手制动机。"

（10）检查货物绑扎状态。

（1）副司机呼唤："车辆货物绑扎牢固，状态良好，可以走车。"

（2）司机应答："货物绑扎牢固，状态良好，司机明白。"

3. 运行施工作业

（1）车辆前后线路检查。

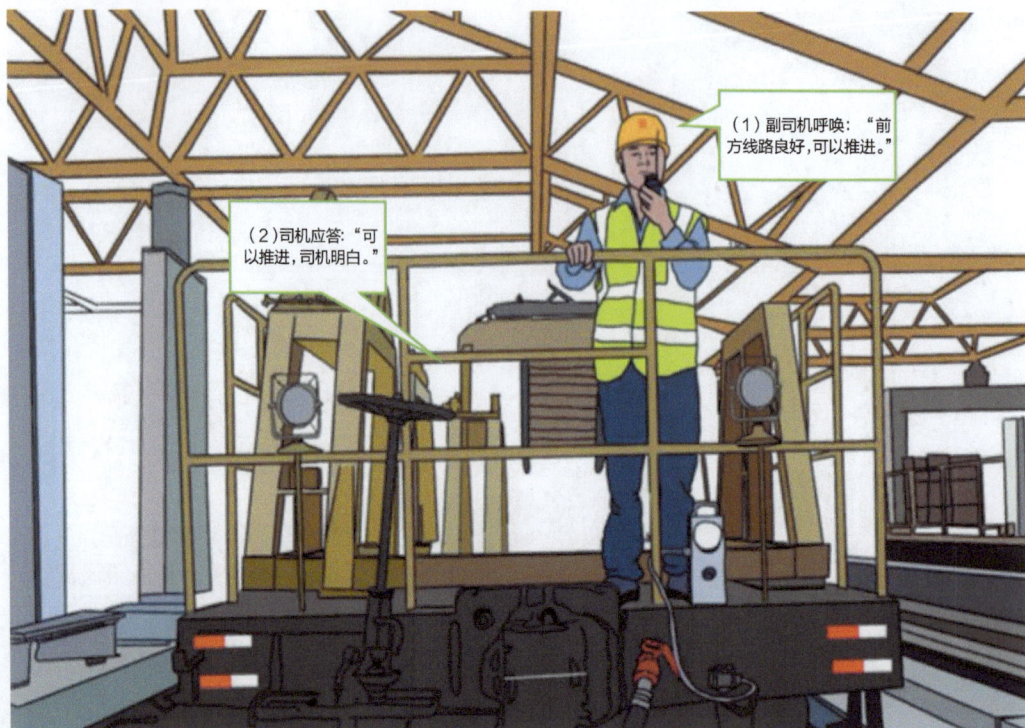

（2）通过道岔区段。

（1）先看到道岔信号标的司机呼唤："注意，前方道岔，距离××m。"

（2）另一司机应答："明白。"或鸣笛回示。

（3）先看到道岔距离标的司机呼唤："距离道岔××m，减速停车。"

（4）另一司机应答："一度停车，下车确认。"

（2）车上司机应答："可以走车，司机明白。"或鸣笛回示。

（1）下车检查的司机呼唤："道岔开通方向正确，岔尖密贴，锁闭良好，可以通过。"

（3）行车中遇到侵限物。

（1）先看到侵限物的司机呼唤："前方物体侵限，距离××m，减速停车。"

（2）另一司机应答："准备停车，司机明白。"或鸣笛回示。

（2）司机应答："可以走车，司机明白。"或鸣笛回示。

（1）副司机将侵限物处理完毕后呼唤："侵限物处理完毕，可以走车。"

（4）车辆连挂。

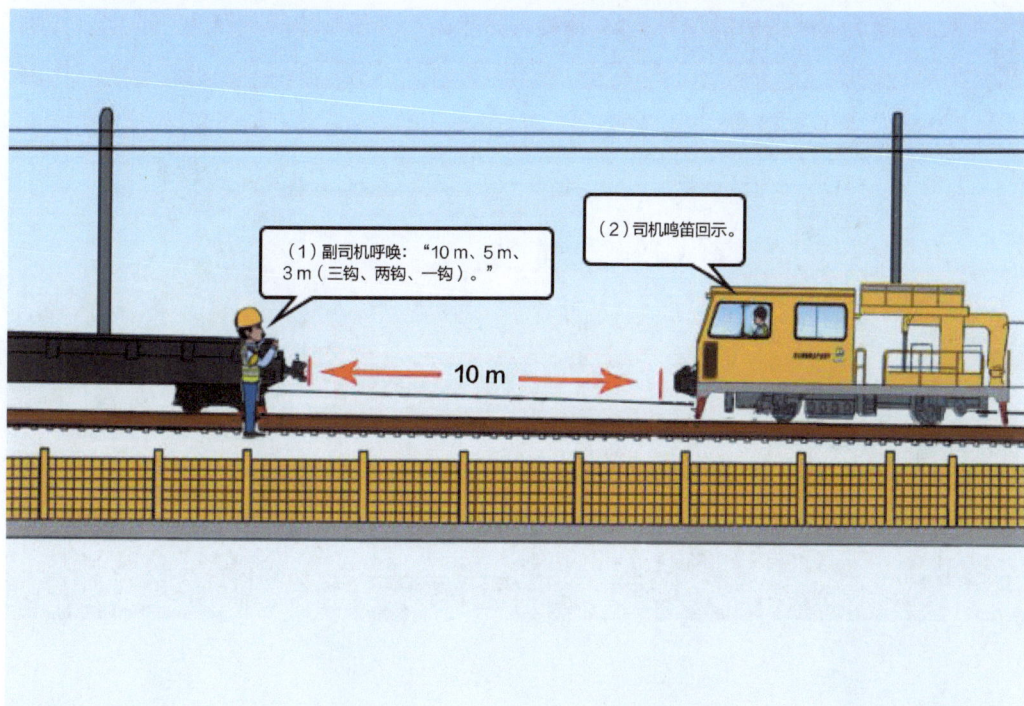

（5）遇减速标。

（6）遇防护灯。

（7）接近站台。

（2）另一司机应答："限速10 km/h。"或鸣笛回示。

（1）先看到站台标的司机呼唤："前方注意，距站台××m，注意限速。"

（8）接近上坡道。

（2）司机鸣笛回示。

（1）副司机呼唤："前方上坡、严守速度"。

35

（9）接近曲线路段。

（10）进出隧道。

（11）紧急停车。

4. 收车作业

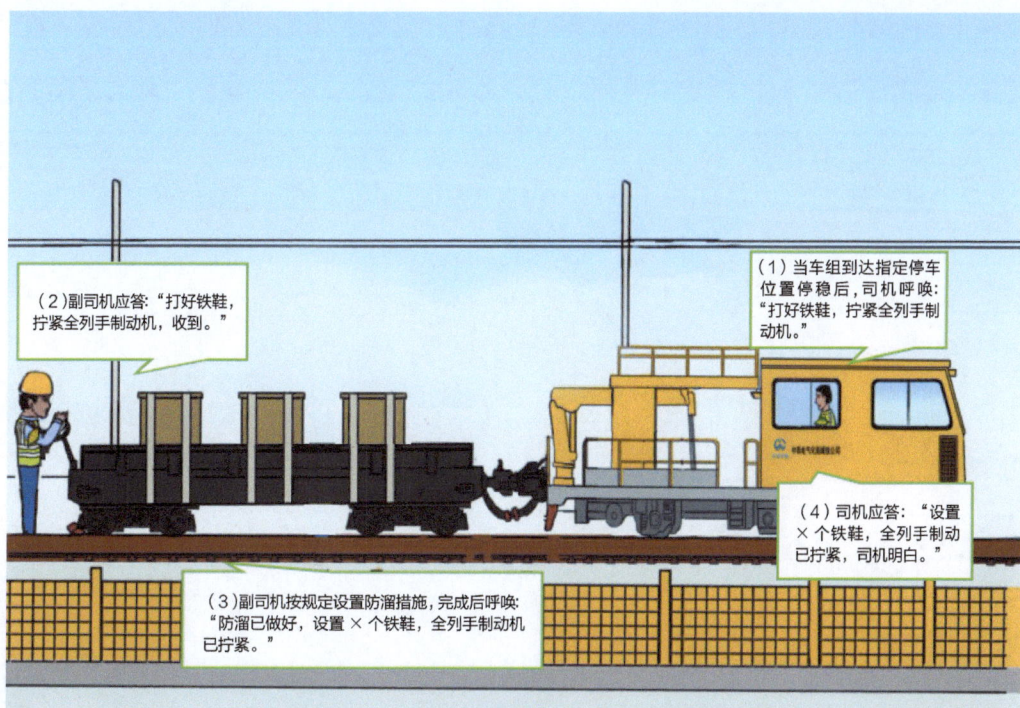